谢柏梁 主编

中国京昆艺术家传记丛书

烟花三月
扬州昆曲人物评传

林鑫 林喆 著

上海古籍出版社

《中国京昆艺术家传记》丛书
指导支持单位与编纂委员会名单

丛书指导单位

中华人民共和国文化部
中国人民政治协商会议全国委员会京昆室
中国文学艺术界联合会
中国戏剧家协会

丛书财政支持与直接领导单位

北京市教育委员会
北京市财政局
中国戏曲学院

丛书顾问委员会

曾永义　龚和德　洪惟助　薛若琳　齐森华　廖　奔
季国平　赵景发　舒　晓　周　龙　巴　图　吕育中

丛书主编

谢柏梁

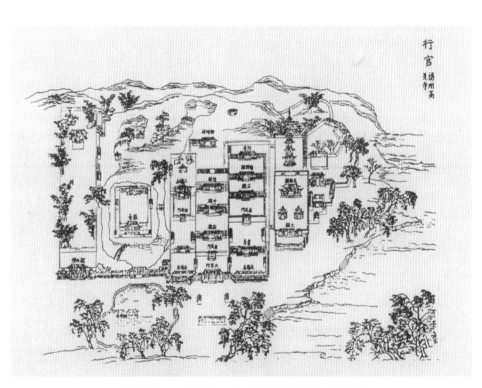

清乾隆第一次南巡（1751），扬州高旻寺行宫古戏台图

扬州木刻年画《金山寺》

扬州唯一留存的古戏台
（在今扬州广陵区永宁巷23号）

永宁宫
（原为"福缘寺下院"，供奉火神。戏台建于山门之上，面对大殿，演戏给神看，借娱神而娱人。）

《红梨记·醉皂》，华传浩饰陆凤萱

（《醉皂》中主人公陆凤萱唱念俱用扬州方言，受到广大观众的欢迎，称为"北醉"。
在苏州演出时，演员也改用苏州方言，因苏州在扬州之南，故谓"南醉"，主人公许仰川。）

1988年，第一届"广陵曲会"

上世纪80年代末，邰钟衡指导"广陵曲社"学员排练

本书作者林鑫（右）与苏州大学王永健教授合影

2006年，参加第三届中国昆剧艺术节，于苏州文庙前合影
左起：(前排)路应昆、沈沉、周育德、赵山林，(后排)陈学凯、周秦、林鑫

总　序

一

在宇宙的浩瀚星空中，我们人类所居住的地球，无疑是最有灵性的星球之一。

人类作为地球的主人，其源远流长的创造与发展变化的历史，主要由各行各业的杰出人物所代表，由各色各样的奋斗历程所体现。

在美丽地球的东方世界，在古老而又年轻的中国，历朝历代的历史大家们，一向以对各式各类人物事迹的记述与描摹作为己任。我国的人物传记体裁丰富多样，大致可以分为纪传（皇家大事记）、文传（文学化传记）、史传（历史家所写人物传记）、志传（各地方志中所记载的本地人物传记）这四大类别。四类传记彼此发明，互为补充，构成了中国传记文化的多元谱系。

从左史记言、右史记事的专业化分工，到《左传》、《国语》、《战国策》式的整体氛围感的描述，最后由司马迁振臂一呼，以人物传记体为中心的《史记》横空出世。《史记》记载了地球东方的上自传说中的黄帝时代、下至汉武帝元狩元年（前122年）共3000多年的华夏历史。概述历代帝王本末的十二本纪，记录诸侯国和汉代诸侯兴废的三十世家，描摹重大历史人物的七十列传，使之成为号称"史家之绝唱，无韵之《离骚》"的中国历史上第一部纪传体通史。

在《史记·孔子世家》所记载的夹谷会盟中，孔夫子面对"优倡侏儒为戏而前"的表演场面，在非常严肃而力图放松的外交场合下，做出了特别粗暴野蛮的极端化处理。这也成为历代梨园界对于孔子不够恭敬的源头。此后历代史书方志，都不同程度地涉及到优伶们的言行事迹。

魏晋以降，文史两家由混成到分野，自一体而两适。文者重藻饰心曲，史家倡材料事实，各臻其至，泾渭分明。隋唐而后，碑铭行传，五花八门，高手操觚，佳作如云。韩愈的《祭十二郎文》情深委婉，柳宗元为慧能所作的碑文机趣横生。

北宋乐史作《太平寰宇记》，分地区而织入姓氏人物，因人物又详及诗词、官职，"后来方志必列人物艺文者，其体皆始于史"（《四库全书总目提要》）。

太平世界，因人物而繁盛；梨园天地，赖优伶而生存。

美妙绝伦的中华戏曲艺术从唐代的梨园开始，至少存在了漫长的10个世纪。千百年来，戏曲艺术一直在蓬勃兴旺地发展，成为中国人民雅俗共赏的朵朵奇葩、民族文化中不可忽视的重要部类、戏剧天地内中华文化的闪亮名片、国际社会审美天地中的东方奇观。

较早对优伶进行分类撰述的史书，是宋代大文学家欧阳修的《新五代史》。该书包含了分类列传四十五卷，这种分类传的体例较有特色，其中就包括了《伶官传》。

一向被人们所津津乐道，甚至还被收入到中学教科书的《五代史伶官传序》云："《书》曰：'满招损，谦受益。'忧劳可以兴国，逸豫可以亡身，自然之理也。故方其盛也，举天下之豪杰，莫能与之争；及其衰也，数十伶人困之，而身死国灭，为天下笑。夫祸患常积于忽微，而智勇多困于所溺，岂独伶人也哉！"尽管欧阳修的本意是说祸患之起乃多方面的原因所累积爆发而成，但还是对表演艺术家们带来了较大的负面影响。

与东土中国的情形完全不同，西方世界对于戏剧艺术家的看法与评价完全不一样。对于以三大悲剧家和一大喜剧家作为代表的古希腊戏剧家，对于以莎士比亚、歌德、席勒等的西方戏剧界的灿烂星座，西方人给予了无限崇敬和由衷热爱。

晚清以来最早睁开眼睛看世界的中国人，是那些在西方世界出使、考察或者读书的官员士子。当他们瞻仰到西洋剧院的建筑艺术之华美绝伦、内部装饰之金碧辉煌后，不由地发出由衷的赞美，感叹西洋剧院其"规模壮阔逾于王宫"，特别是舞台上的机关布景之生动逼真，变幻无穷，"令观者若身历其境，疑非人间"；至于西方的戏剧艺术家地位之高贵，更是令国人叹为观止：所谓"英俗演剧者为艺士，非如中国优伶之贱"，"优伶声价之重，直与王公争衡"！

人类的艺术天地原本皆是可以共同分享的，何以东西方对于戏剧艺术家的认同度与景仰度，相差之大犹若天壤之别呢？泱泱中华，文明古国，难道就没有有识之士站出来振臂一呼，为戏剧艺术家们说几句公道话吗？

二

江山代有才人出，是非终有识者论。

我国历史上，首度给予戏曲艺术家们全方位高度评价的文人，是元代的钟嗣成（约1279—约1360）。这位祖籍大梁（今河南开封）的人士，长期生活在素有天堂之称的杭州城。他先在杭州官学读书，师从于邓文原、曹鉴、刘濩等名家宿儒，又与对戏曲有着共同爱好的赵良弼、屈恭之、刘宣子、李齐贤等人同窗攻书，其乐融融。有记载说，钟嗣成曾一度在江浙行省任掾史。他自己写过《寄情韩翊章台柳》、《讥货赂鲁褒钱神论》、《宴瑶池王母蟠桃会》、《孝谏郑庄公》、《韩信泜水斩陈余》、《汉高祖诈游云梦》、《冯驩烧券》等7种杂剧，但不知为何皆已散佚。

真正使得钟嗣成开宗立派、名传青史的著作，还是其为中华民族有史以来第一代剧作家描容写心、传神存照、树碑立传的《录鬼簿》。

《录鬼簿》上卷分"前辈已死名公有乐府行于世者"、"方今名公"、"前辈已死名公才人有所编传奇行于世者"三类，这三类名公才人之情形，乃其友陆仲良从"克斋吴公"处辗转所得，故"未尽其详"。下卷分为"方今已亡名公才人余相知者为之作传，以【凌波曲】吊之"、"已死才人不相知者"、"方今才人相知者，纪其姓名行实并所编"、"方今才人闻名而不相知者"四类。这上下两卷书大体依据时代之先后加以排列，一共记述了152位元杂剧及散曲作家的基本情况，同时也记录了400余种剧目。

我很欣赏钟嗣成的"不死之鬼"说。在他看来，天地开辟，亘古及今，自有不死之鬼在。何则？圣贤之君臣，忠孝之士子，小善人功，著在方册者，日月炳焕，山川流峙，及乎千万劫无穷已，是则虽鬼而不鬼者也。

不死之鬼，是为不朽之神或曰永恒之圣。在钟氏的神圣谱系中，那些门第卑微、职位不振的剧作家，那些高才博识、俱有可录的梨园才人，都值得传其本末，叙其姓名，述其所作，吊以乐章，使之名传青史，彪炳千秋，泽及后世。

因此，写作《录鬼簿》更为重要而直接的意义，还在于对于后学的直接指导和充分激励。"冀乎初学之士，刻意词章，使冰寒于水，青胜于蓝，则亦幸矣。名之曰

《录鬼簿》。"惟其如此，则杂剧戏文创作之道，才可能被一代代年轻的才人们所自觉自愿地衣钵相传，推陈出新，生生不已，得到更加健康的发展。

元杂剧作为中国戏剧史上第一个黄金时代，需要有人进行认真的归纳和总结。从此意义上言，钟嗣成在中国的地位，因为其成书于至顺元年(1330)的《录鬼簿》之横空出世，甚至可以与西方的大学问家亚里斯多德的《诗学》等书相提并论。

有明一代，在贾仲明所增补的天一阁蓝格钞本《录鬼簿》之后，又附有约成书于洪熙、宣德(1425—1435)年间的《录鬼簿续编》一卷。该书直接受到《录鬼簿》的影响，以相同的体例记述了元、明之间一些戏曲家、散曲家的大致事迹，接续前贤，踵事增华，令人欣慰。

自兹之后，从总体上对于当代戏曲作家进行专门记载和研究的著作，从明清两代至中华民国，皆未得见。中华人民共和国建国以来，安葵的《当代戏曲作家论》和谢柏梁的《中国当代戏曲文学史》等相应的专著，都属于《录鬼簿》的悠远传统在新时代的传承、师范和发展。

三

与《录鬼簿》蔚为双璧的元代重要戏曲典籍，是生于元延祐年间、卒于明初的华亭(今上海松江)人夏庭芝所撰的《青楼集》。前书论作家，后者集演员，正好勾勒出元代戏曲艺术家中两个最为重要部类的旖旎景观和绰约风采。

《青楼集》成书于元至正乙未十五年(1355)，该书记述了从元大都到山东，从湖广武昌到金陵、维扬以及江浙其他地方的歌妓、艺人共110余人的简约事迹。这些女演员们各自身怀绝技，有的在杂剧、院本、诸宫调方面负有盛名，有的在嘌唱、乐器和舞蹈等项目上造诣颇深。有的演员如珠帘秀的弟子赛帘秀在双目失明之后，依然能在舞台上正常表演，"出门入户，步线行针，不差毫发"；脚步地位，规范犹在，这是多么高深的艺术造诣！

也正是因为她们的色艺双绝，声名鹊起，所以才引起了社会各界的热切关注和诸多应酬往还。书中除了记载与她们有过合作关系的20多位男伶之外，还记录了她们与诸多戏曲散曲作家等文人士子的交情。甚至有50多位达官贵人、名公士大夫，都与这些女演员们有着或多或少、或深或浅的广泛交往。一部《青楼集》，作为第一部比较简练而系统的表演艺术家史传，对研究元代演剧、表演艺术、演员行迹与时代风尚等多方面的话题,都具备非常重要的史料价值和文化意义。

明清以来,与关于戏曲剧作家的记录相对寂寥的研究局面不一样,类似明代潘之恒《鸾啸小品》之类关于演员与表演艺术的文献相对较多。表演艺术家们的优美声容及其较大的社会影响力,使他们得到了较多的关注和充盈的记载。

清代,戏曲艺术进入另一个鼎盛时期,演员记录极为丰富。《清代梨园燕都史料》中所收录的《燕兰小谱》、《日下看花记》等几十种书,都对演员予以了主体性的关注。如小铁笛道人在《日下看花记》自序中论及其作传缘起云:

> 唐有雅乐部。宋时院本始标花旦之名,南北部恒参用之。每部多不过四、三人而已。有明肇始昆腔,洋洋盈耳。而弋阳、梆子、琴、柳各腔,南北繁会,笙磬同音,歌咏升平,伶工荟萃,莫盛于京华。往者,六大班旗鼓相当,名优云集,一时称盛。嗣自川派擅场,踽踽竞胜,坠髻争妍,如火如荼,目不暇给,风气一新。迄来徽部迭兴,踵事增华,人浮于剧,联络五方之音,合为一致,舞衣歌扇,风调又非卅年前矣。……录成一稿,名之曰《日下看花记》。梨园月旦,花国董狐,盖其慎哉。余别有《杨柳春词》一册,备载芳名,以志网罗,无俾遗珠之叹。凡不登斯录者,毋怼予为寡情也。

这段序言,既有史识在,又有人情浓,令人为之莞尔首肯。

民国以来,由于出版业的发达与报刊传媒业的勃兴,又使得关于演员的记载、评选和评论蔚为大观。民国27年(1938)由徐慕云编著的《中国戏剧史》(上海世界书局出版)卷一专列《古今优伶戏曲史》,以编年体形式,研究家的眼光,纵述自先秦以来直到民国戏曲演员的大的历史线索与知名演员,颇具史家眼光。

近些年来,北京学者孙崇涛、徐宏图等人合著的《戏曲优伶史》(文化艺术出版社1990年)和上海学者谭帆的《优伶史》(上海文艺出版社1995年)先后问世,这都是关于中国历代演员事迹的研究著作。

四

中华人民共和国成立以来,戏剧艺术家的位置得到了前所未有的大提高。在全国政协委员和全国人大代表的席位中,戏剧家特别是戏曲表演艺术家都占有一定的比例。

与此同时，关于戏曲表演艺术家的各种传记资料愈来愈繁盛起来。最富盛名的自传性著作，是梅兰芳的《舞台生活四十年》。关于盖叫天的《粉墨春秋》，也激励过业内外的诸多读者。

20世纪末叶到21世纪初叶以来，戏曲艺术家的传记纷纷面世。诸如河北教育出版社、中国戏剧出版社、中国青年出版社、文化艺术出版社等多家单位，都出版过不少戏曲家传记。

有鉴于目前出版的一些戏曲家传记，还存在着收录偏少、体例不全的遗憾，随着新资料的发现、新人物的涌现，社会各界迫切需要一套相对系统、完整些的戏曲人物传记资料。这既是对于钟嗣成、夏庭芝等人开拓的曲家与伶人传记之风的现代传承，也是在国学与民族艺术学越来越受到全民重视的前提之下，从戏曲艺术家传记方面所做出的积极呼应。

在中国已经崛起为世界上第二大经济体的今天，在中国商品出口多、文化输出少的不对称情形下，在国际社会与世界戏剧界关于中国民族戏剧的热切关注下，一部系统的中国戏曲家传记丛书呼之欲出。

作为中国戏曲人才培养与学术研究的专业化最高学府，中国戏曲学院理所当然地应该担当起编纂中国戏曲艺术家传记丛书的重任。而且今天的戏曲艺术家丛书，既包括了演员与编剧在内，也同样不会遗漏著名的戏曲音乐家和舞美设计家等不同专业的代表人物。

中国戏曲学院的表、导、音、舞、美等不同系科，都对本专业的佼佼者了如指掌。在教师、研究生和本科生三结合的编纂模式下，在文献资料收集、当事人采访调查、专辑文本写作修改等较为漫长的过程中，学院都有着较为雄厚的人才基础。有道是铁打的校园水流的学生，也只有中国戏曲学院才能一直具备较为丰富而新鲜的专业化人力资源。

在北京市财政的大力支持下，在北京市教育委员会的慧眼关照下，在中国戏曲学院领导与师生的有效指导与大力参与下，在社会各界贤达众人相帮、共襄盛举的积极姿态下，中国戏曲艺术家丛书终于正式立项，并将从2010年开始，由上海古籍出版社推出首批25种人物传记。

五

本辑丛书首批推出的25种传记,都属于中国京昆艺术家的可观序列。

昆曲,既是京剧之前最具备代表意义的"前国剧",又是戏曲剧本文学性较强、表演艺术趋于典范精美的大剧种,还是2001年起首批被联合国教科文组织列入到"人类口头与非物质文化遗产"名录、具备较大国际影响的古典剧种。

从1917年开始,吴梅先生在北大开辟了戏曲教学的先例。在他的指导、启发和参与下,由上海的实业家穆藕初赞助,昆剧传习所在苏州正式开班,培养了承前启后的"传"字辈演员。设非如此,兰苑遗音,古典仙音,险些儿做广陵散,斯人去矣,芳踪难寻。至于北昆的韩世昌、白云生等人,也都是正式拜过吴梅先生的嫡传徒弟。这些人,这些事,不可不写,不可不传。

京剧,至今被公认为中国戏曲最具备代表性的剧种,海内外的不少人索性将其称之为"国剧",也能得到社会大众的认同。京剧表演艺术家,流派纷呈,各称其盛,具备非常广泛的群众基础,也在世界各国都具备较高的知名度。这些角儿,这些流派,不可不述,不可不歌。

因此,昆曲类传记中,首先推出的是近代戏曲学术大师吴梅、昆剧表演艺术大师俞振飞和素负盛名的昆剧"传"字辈老艺人;京剧类传记中,梅、尚、程、荀等四大名旦的传记当然也名列前茅。王卫民、唐葆祥、张永和、翁思再等戏曲传记方家给了我们莫大的支持,在此要致以衷心感谢。

细心的读者很快将会发现,在本套丛书中,既有众所公认的戏曲界名家大师,也有还正处在发展过程中的年方盛年的代表人物。或许有人要问:既然曰传,树碑立传,盖棺才能论定,中年才俊尚还处于发展过程之中,缘何仓促为之写传?

此问有理,但又不全正确。须知任何一时代较有影响的人物,首先是被同时代的人们所热爱。举例说来,于魁智、李胜素和张火丁等人都还处在发展前进的艺术路上,可是他们也确实拥有大量的观众群。那些忠实的粉丝们,迫切需要知道他们心中偶像的更多情形。那么,为同时代的人们的戏曲界偶像树碑立传,实属必要。再比方今天我们的诸多梅兰芳传记,实际上更多的是具备历史文献的意义,因为现存的大部分观众再也无缘得睹梅大师演出的现场风采了。

更有甚者,我们与《中国京剧》的朋友们总是在计划某月某日去采访某一位德高望重的艺术家。可是每当我们如期去实地采访时，常常会发现老人家年事已高，对于昔日的风采与精彩的艺术，已经很难清楚地加以表述了。英雄暮年，情何以堪？

至于有时候看到讣告上的名家，原本已经列入我们要拜访的日程表上，但是拜访者尚未成行，受访者却已经远行，远行到另外一个遥远而不可及的世界中去也！天壤永隔，沟通万难，那就更属于永远的遗憾了。

有鉴于此，我们提倡两次写传法或曰多次写传法。此次先写名家的壮年时期，未来再补足传主的晚年事迹，这样的传记，也许更加齐备可靠一些。若必要年老而可写，若必等盖棺而论定，却使后人对前辈艺术家知之甚少，叙之渺渺，称之信史，恐也非理想之传记。

我们打算用三年时间，首先推出京昆艺术家当中的重要评传。三年之后，评传工程将向着越剧、黄梅戏和豫剧、粤剧等地方戏的各大剧种之领军人物转移，持续推进。积之以时日，继之以心力，伴随着梨园界各方贤达和社会各界有识之士的支持，中国戏曲艺术家的系列评传就一定能够在太平盛世当中积少成多，聚沙成塔，共同托举出中华文化中戏曲艺术家的辉煌群像。

评传的生命力在于讲述一个个真实的故事，演出一幕幕人生的大戏。但是如何讲好故事，怎样使得故事讲得精彩动人，令人读后余香满口，味道袭人，实属不易。《史通》说："夫史之称美者，以叙事为先，至若书功过，记善恶，文而不丽，质而非野，使人味其滋旨，怀其德音，三复忘疲，百遍无斁。"

戏曲艺术家们在舞台上创造了富于美感的各色人物形象，但在生活中却还是一位凡人，或者说往往是一位烦恼更多的凡人。如何使得生活中的凡人和舞台上各色才子佳人、贤士高官和其他或正或邪的人物形象有机地对接起来，更是亟需在传记写作过程中不断探索的难关。

评传包括家族身世、教育承传、艺术人生和舞台创造等部分，也酌选精彩而有历史价值的照片，以期图文并茂，赏心悦目。评传强调文献记载、口述历史与适度评述相结合。附录包括大事年表、源流谱系、研究资料索引等。每位传主的评传大约15万字，俱以单行本方式印行出版。

本套丛书所收人物的时间跨度，大抵在20世纪初叶到21世纪初叶。百年之间，风云变幻，梨园天地，名家辈出。区区一套丛书，尽管编者力图使之相对完整系统一些，但挂一漏万、沧海遗珠的现象，还是不能避免。即便收入本丛书中的名家大师，由于多侧面历史的诸多误会以及材料的相对匮乏，由于诸多热情有余、经验不足的年轻人的参与，错讹之处，在所难免。尚求方家不吝指正，遂使学问一道，有所长进；梨园群星，光芒璀璨。这也正好呼应了马克思的人物传记理想，那就是写人物应当从感情气势上具备"强烈色彩"、"栩栩如生"，力求达到恩格斯关于人物形象应当"光芒夺目"的审美理想。

尽管为梨园界的艺术家们作传，从理论上看厥功甚伟，但是实际工作却常常会举步维艰。甚至梨园界的一些同仁乃至某些传主的家属学生，也都会存在着一些不一致的想法。尽管前路漫漫，云雾遮蔽，甚至常常山重水复，坎坷难行，但是坚定的追求者和行路人还是会历经千辛万苦，抹去一路风尘，汇聚锦绣文章，迎来晨曦微明。

彼时彼刻，仰望戏曲艺术的长空，那一颗颗晶莹的晨星正在深情地闪烁着动人的光华。晨钟响起，无限芳馨远播，那正是全体传记写作人和得以分享传记的读书人，以及关心本套丛书的戏迷和社会各界朋友们的无量福音。

谢柏梁

2010年3月21日

写于中国戏曲学院戏文系

序 一

　　2011年元旦后的第二天早上，林鑫先生冒雪屈尊舍下，畅谈了有关"扬州昆曲"和近作《烟花三月——扬州昆曲人物评传》的情况，并命我作序。我极犯难：林先生是我的师辈，我来写序，于理不当；说来惭愧，我虽在扬州生活多年，但出于教学需要，研究戏曲多集中于戏曲史和文学史的主流形态，对扬州地域性戏曲未作专题性研究，了解不多，因此怕作门外之谈，更怕说错，贻笑大方！但林先生盛情难却，我只好勉强承应。转而思之，这也是一个极好的学习机会，可补我之遗阙。所以，寒假之后，摒弃杂务，凝思静神，通读了全部书稿，大有收获，颇多体会。

　　中国古代戏曲，无论北曲杂剧，还是明清文人传奇、花部地方戏，都具有地方性剧种的本质属性。就明清文人传奇而言，自魏良辅改革，昆山腔渐为主流，流播南北，最终形成了"国剧"形态，成为继元杂剧之后的第二座高峰。但它的地方性剧种的本质属性并未改变，而且海盐、弋阳、余姚、宜黄等诸种声腔在民间仍然表演不绝。因此，研究戏曲史，必须在加强文本研究的同时，更加关注舞台的实际表演；必须在加强戏曲主流形态研究的同时，更加注意区域性、地方性传播的具体研究。林鑫先生的《烟花三月——扬州昆曲人物评传》，以明清时期的扬州府为特定空间，以明清至近现代为时间长链，以传奇的创作、演出和理论总结为具体内容，系统描述了昆曲在扬州地区的历史演变轨迹，详尽展现了扬州昆剧在整个明清传奇历史阶段的杰出贡献，深刻揭示了扬州在昆曲发展进程中的历史地位。从这个意义上讲，此著名曰"人物评传"，实则是一部扬州昆剧发展史：惟其具有了戏曲史的意识，因此视野博大、宏通，已经远远超出了扬州地域性的局限；惟其立足扬州，详细梳理昆剧在扬州的来龙去脉、存世形态、表演方式、演化路径等等，因此可以弥补传统戏曲史研究之一些缺失。

剧本的生命在舞台。案头之作，只能算作"死"的剧本。从事文学研究的学者，多与教学互动，较为擅长的是文本和历史文献研究，而对于场上表演，较为疏离，由于经验不多，知识不够丰富，往往关注不够充分。我当年从袁世硕、徐沁君两位先生研习明清传奇，就以"文学派"文本、文献研究和"艺术派"舞台表演研究的结合、兼长为目标，虽不能及，心向往之。从这个意义上讲，林先生此著的另一个特点，就是从剧本的舞台本质属性出发，既重视文本分析，追源溯流，条分缕析，联系创作，切中肯綮；又重视剧目文献，多方搜罗，颇多补益；更重视剧本的舞台实际表演，在演员表演的特点、角色的本工和旁工、说白语言、舞台穿关、表演艺术流派等方面，考镜源流，梳理承传，辨析演化，归纳特色，因此可以补充传统戏曲史研究之一些不足。这其中有两点是值得特别提出的：

一是对于《审音鉴古录》、《梨园原》的高度重视。昆剧发展到清代乾隆年间，已经形成了十分完备的表演体系，舞台表演艺术精益求精。此时出现的《审音鉴古录》和《梨园原》，作为相对稳定的表演艺术程式和剧目表演身段谱，代表了当时最高的艺术水准。前辈学者对此即十分关注，林先生在已有研究成果的基础上，结合《扬州画舫录》和扬州昆剧表演等具体材料，相互印证，深入阐释，多有新的贡献。

二是对于艺人在舞台表演中再创造的高度重视。我们今天多称导演对剧本的舞台演出设计为二度创作，古代戏曲演员在舞台实际表演中对剧本也多有改动，以更加适应观众的审美趣味和表演要求，这实质也是一种再创造。这既有传统剧目的改编，以陈嘉言父女改编《雷峰塔》、无名氏改编《铁冠图》等为代表，又有传统剧目的增衍，以《红梨记·醉皂》、《儿孙福·势僧》、《绣襦记·教歌》、《孽海记·下凡》、《借靴》、《拾金》等为代表。如果只有一两个例证，或许仅为个案；但林先生收集较广，辑为一卷，则较为真切地反映了扬州昆曲艺人对繁荣昆剧艺术所作的杰出贡献。林先生由此揭示出一个独特的历史艺术现象：昆剧在舞台实际表演中多改造传统文本而成新剧，且叙述详细，分析明晰。这是极有意义的，由此可以生发出许多十分深刻的学术命题。

戏曲传播以舞台表演和文本刊行为两种主要方式。舞台表演又可分为家班和职业戏班两种主要形态。胡忌师、刘致中先生《昆剧发展史》的一个突出贡献，就在于十分关注并详细考证了明清时期昆剧家班的有关情况。相比之下，林先生在此方面用力更勤，收获也更大，因此堪称又一大特点。林先生广泛收集各种材料，剔抉爬罗，刮垢磨光，分类整理，蔚为壮观，以十分丰富的文献史料，详实梳理了扬州昆剧在各个历史阶段家班和职业戏班实际表演的具体情况，为我们展现了一幅幅真实、生动、丰富、热烈的历史画卷。我们当然希望作者更加努力，进一步挖掘出更加丰富的材料，但根据我们自己的研究体会，文献资料做到目前的样子，已经十分不容易了；进一步讲，即使以后还会有所发现，但基本格局已经奠定于此。

至于文献、资料之丰富，分析、研究之细致，新认识、新观点之叠见，只要细读全书，自会各有所得，无须赘言。

当然，林先生的论述不能说都十分确切，但这毕竟是对扬州昆剧作出了一次极为认真的综合性研究，系统地提出了新的观点，是值得高度重视的。即便有些问题还可再斟酌，甚至大可商榷，也为推动更为深入的学术研究，提供了许多极有意义的启发。

由此再讲一点读书体会。学术要繁荣发展，学术讨论和学术争鸣便是应有之义。古人所谓"如切如磋，如琢如磨"，所谓"奇文共欣赏，疑义相与析"，此之谓也。学术讨论应围绕共同的学术目标，学术争鸣也应有公认的逻辑前提。我主张讨论和争鸣应以学术研究为疆界，不赞成意气之争，因为这不仅无助于学术进步，反而会影响乃至损害学术研究。过去在这方面已经有过十分沉痛的教训，我们应当力求避免再次发生，特别是我们身上或在我们身边发生。学术研究是个体性的创新性、创造性工作，目前学术界也具有了重视实际工作、重视研究成果而反对空论、怪论的整体氛围。我们应该沉心凝神，潜心学术，实在不必笔作刀枪，批亢捣虚，不必愤愤不平，破坏心情，客观上也影响行文。加强沟通，齐心协力，为扬州地方文化事业的建设和发展出力，既是我辈之责，也可合作双赢；如果不行，亦可各干各事，以研究成果说话。扬州地方不大，要在全省、全国争取应有的地位和影响，实在不易，内斗内耗，最终受损害的还是扬州的文化建设事业。

林鑫先生年近七旬，鹤发童颜，精神矍铄，读书不止，笔耕不辍，时发新论、新解，为我们后学树立了榜样。新年将届，衷心祝愿林先生身体健康，为扬州的文化建设事业，为我们祖国的学术繁荣和发展，作出更大的贡献！

是为序。

许建中

2011年1月30日

于瘦西湖畔

序 二

　　扬州林鑫先生赐函并寄来书稿,嘱我为他及其爱女林喆小姐合著的大作《烟花三月——扬州昆曲人物评传》一书作序,甚感难以胜任,权且说上几句读后感,聊表心意吧。

　　不佞自幼学戏,至今从艺垂垂六十余年,始终酷爱昆曲,也学过昆曲,演过昆曲,然而对扬州昆曲却知之甚少,不敢妄说。只是从清人李斗的《扬州画舫录》一书中读到过一些关于昔日扬州昆曲伶工们演艺的概述,所知寥寥,极为有限。我作为一名京剧人,后又研习京剧历史,知道京剧的母体——徽班,就是扬州徽商把它送进京城的,故而"扬州"这座城市的名字深深印在脑海里。况且,业师萧长华先生的祖辈曾经多年客籍扬州(原籍江西新建,后移居扬州),在他珍藏的剧目手抄本上,都钤有"江都萧章"的印章,"江都"即是扬州旧称;在他居室的壁上也张挂着"记游扬州瘦西湖"的画卷,抬眼可望,印象深深。1999年,他以扬州籍名人的身分,应江苏省文联之约,由我为他撰写了从艺传略,收入由江苏文艺出版社出版的《20世纪江苏文化名人》一书。由于上述种种缘由,我对"扬州"别有一番情怀,尤甚关注在那里发生的剧事活动。

　　我知道,扬州自打戏曲形成后就成为孕育戏曲的摇篮,至明清两代进入鼎盛时期,戏曲活动成为扬州人生活的重要组成部分。戏班、家班犹如雨后春笋,比比涌现,它们搬演的绝大部分是昆曲剧目。昆曲虽然源自苏州(其实并不尽然),而扬州却是它展演的大市场。扬州是当年皇上屡次南巡必到之地，是各方商贾云集经营之所，成为全国经济文化发展的要津、我国的东南重镇。戏曲演艺活动的兴旺昌盛，涌现了大批剧坛俊彦，有本地土生土长者，也有从外地引进加盟者，演出了大量绝妙好戏，堪称精品佳构，光耀氍毹，在中国戏曲史中作出了显赫的建树，为后人留下了丰厚的文化遗产。然而，众多伶工不见经传，名声不扬，默默无闻。这是旧时代，戏曲艺人社会地位低下使然。时至今日，这种状况该当改变了，应由今人加以弥补，免得埋没前贤。目下，林氏父女这部洋洋十数万言的精心力作《烟花三月——扬州昆曲人物评传》正好弥补了这项空白。这件工作意义重大，为昆曲研究工作做了一桩功德无量的好事，价值不容低估。应当谢谢他们，致以敬意！至于书中内容可能会出现某些可以切磋的地方，我看无妨，毕竟瑕不掩瑜，无伤大雅。只要作些善意的择检，加以严饬的修润，当会益臻完善的。为此，我愿诚挚地向各业内外人士推荐这部值得一读的好书和可供参考的读物，谨赘数语，以告读者。

钮　骠

2011年3月于北京

自 序

　　扬州处于长江与大运河的结合部,具有优越的地理位置,自唐代以来就是南北通衢。在铁路还没有兴起之前,盐与漕运给扬州带来了经济的繁盛。扬州每年上缴国家的税收,仅盐税一项就占清代全国财政收入的四分之一。经济的繁盛带动了消费,给民间的艺术活动创造了极为有利的物质条件,故而"扬州在昆曲传入以后就成为演唱的中心[1],而且昆曲也渐渐地发生了变化。这与剧作家的创作、家班主人的导演和剧评家的指点、观众的要求,特别是艺人的辛勤努力分不开"[2]。

　　扬州的观众主要是商人和市民,那些句句用典、词义艰深的骈俪派作品,他们难以听懂。他们要演新戏,要演通俗的戏。这就促进了剧本创作的繁荣,传奇作家的群体兴起,出现了伟大的理论家李渔;出现了昆曲表演戏剧化的倾向:变唱曲为做戏,增加说白和热闹场次;丑脚率先将扬州方言(江淮官话)用于念白和唱曲,而在苏州演出的昆曲演员也受"扬丑"的影响改说吴语——昆剧"传"辈字艺人吕传洪就曾对我明言"许多戏中的苏州白,就是根据你们的扬州白改的";出现了缩长为短的倾向,减少唱曲以增加做工。

　　"经过明末清初的一百年(1621—1722),扬州昆坛竞演新戏,它的整体演出

---

[1]昆曲演出,明代以苏州、南京、扬州为中心,清代以扬州、苏州、杭州为中心。详见陆萼庭《昆剧演出史稿》

[2]见拙著《扬昆探微录·绪论》,中国戏剧出版社,2004年10月,页2。

水平已比发祥于苏州时有所提高,而且通过长江和运河向全国各地辐射。那时尚未有什么'南昆'、'北昆'、'京昆'、'湘昆'、'川昆',乃至'晋昆'之说,她的一些剧目如今也是大家公认的昆剧的传统剧目。此后的一百年,由于清廷大兴文字狱,乾隆在扬州设局修改词曲,剧本的文学创作显然寂寞得多,故而青木正儿把它视为昆剧的余势时代。扬昆艺人只好在家喻户晓的传统剧目里,利用折子戏的演出形式找出路。这样,表演反而因此又比明末清初时向前推进了一步:脚色分工细密,载歌载舞日渐形成。加之乾隆的南巡,扬州成了全国的戏剧中心,更是'扬昆'的鼎盛时期。整个昆剧也因此声誉远播,促使陆萼亭先生在《昆剧演出史稿》中发出了:'扬州剧坛在这时几乎成了昆剧第二故乡'[1]的感叹。"[2]扬州之于昆曲,犹如上海之于京剧和越剧。

　　诚如苏州大学王永健老师所指出的:"众所周知,研究昆曲艺术不能不研究昆曲艺术在扬州地区的流变及其隆衰的历史,研究'康乾盛世'的昆曲艺术,更不能不研究扬州地区的昆曲艺术。"而研究京剧艺术,又不能不涉及到徽班的进京。想当初,我刚到扬州工作时,仅仅是因为扬州这样一个在中国戏曲史上两度居于中心地位的城市,竟然没有人研究昆曲和京剧,而且扬州曲友还错误地认为"扬昆是昆曲支流"[3],深感恢复扬州在戏曲发展史上应有的地位,责无旁贷。于是,我就萌发了要填补这一空白、纠正扬州曲友错误看法的愿望[4]。孙昕校长要我在讲授古典文学和古代汉语两门课的同时,和朱捷、陈午楼一起分别在校内开设戏曲、小说、美学三门选修课。我乘此良机,对"扬州昆曲"这一历史阶段的存在,从各个不同的侧面进行了辩证考究。只不过后来另一孙校长执政时,认为教师的主要职责是上好课,搞研究是不务正业,而不得不蛰伏。后来在蔡德荣书记的鼓励下(前后找我谈话不下十次),才将这些研究成果发表了出来,以就教于海内外方家。在这一系列论文中,我对耿鉴庭的"扬昆"之说,可以说是几乎全部改造和发展了。但我对耿鉴庭的态度依然是尊敬的,故而其子耿刘同也默认我对其父"扬昆"的发展改造,　直和我保持着通讯联系。

　　2001年,中国昆曲成为世界非遗,扬州市政府对我的"'扬昆'系列论文"发给社会科学成果奖;市委有关领导认为,相比较而言,我的这些成果均以单篇论文为

---

[1]陆萼庭《昆剧演出史稿》(修订本),(台湾)"国家出版社",2002年12月,页330。
[2]见拙著《扬昆探微录》"绪论",中国戏剧出版社,2004年10月。
[3]扬州人习惯把在扬州流传的昆曲叫做"扬昆",而且写入了年鉴。
[4]详见《扬昆探微录》"绪论"(页3—4)和"后记"(页298),中国戏剧出版社,2004年10月。

主，缺少从全面的角度对"扬昆"进行深入研究的力作。遂由社科联专门立项，要我就此问题进行全面系统的研究，这才有《扬昆探微录》问世。

拙著《扬昆探微录》出版时，适逢扬州市委宣传部、市文化局、市文联刚刚成立"扬州特色文化和民间工艺普查办公室"。于是，立即邀请我参加撰写《扬州特色文化》一书中的昆曲部分。2005年元月，扬州市领导将拙著寄了两本给"江办"。江泽民同志看后极为高兴，2005年春回到扬州时，指示要成立专业剧团，恢复演出。因为扬州市扬剧团团长李政成，当时已在上海、北京恢复了昆剧《夜奔》演出，获得好评，所以，栾虹处长果断地将这一任务落实到扬州市扬剧团的身上。苏州大学王永健、扬州文化研究所所长李坦、扬州大学许建中、徐州师范大学李昌集等教授，谬奖拙著"填补了昆曲艺术研究中的学术空白"，"确立了扬州在昆曲发展史上的地位"，"对昆曲史的研究和'昆曲学'的建立，皆具有推动和促进的作用"。美国马里兰大学的郭安瑞教授和加州州立大学的李林德教授，也先后专程来扬访问我；南京的书市竟然把拙著炒到了六十元一本（翻了一番）；"醉夜"网还曾提供"电子版"供读者下载，获得了一些鲜花；市政府要将我研究考证出来的"扬州昆曲"列为首批非遗由扬州市扬剧团进行保护时，更得到了专家们的力荐。这一切，都是我始料未及的。想不到，几十年的执著，就那么一点点的探索，居然引起了大家如此的关注，这要归功于具有深厚历史文化底蕴的历史文化名城——扬州。其实，这一空白，即使我不补，迟早也会有人来补的。正因为我是"第一个吃螃蟹的人"，所以大家对拙著都存着一个"恕"字罢了。

现承中国戏曲学院戏文系主任、博士生导师谢柏梁君不弃，邀我撰写《扬州昆曲人物评传》。我拟出纲目后让小女林喆写出初稿，我修改后再寄请苏大王永健老师审稿。王永健老师认为，谢柏梁君的丛书名为《中国京昆艺术家传记》，这有关扬州昆曲的第三本书，"虽然包括《扬昆探微录》和《扬州曲话》的主要内容，但因为写作目的和方法的不同，故论述的广度和深度、文献资料的整合，以及书稿的篇幅均有所变化。它不是前两部专著的重复，而是它们的扩大和深化"。再则，"评传一般均以一人为传主（以二、三人为传主的评传亦可）"，而由于历史的原因，扬州昆曲艺术家的生平资料太少，只能从管理者、研究者或其他相关从业人员（家班主人、剧作家、剧评家、清曲家）加以评述。"故评传传主多达百人以上。如此评传，如何撰著，不啻是个新课题。既无成功的先例可资参考，也不妨独别一格。只是为数以百计的昆曲人物作评传，如何区分主次，突出重点，还是必须慎重斟酌。……但如此众多且各异的昆曲人物，实难符合评传的写作规范"。捧读王永健老师的手谕，如醍醐灌顶，茅塞顿开。于是，勉为其难地在扬州昆曲发展史的各个阶段（章节）中，对原先选出的稍具代表性的人物再进行推敲、斟酌，就其贡献加以"评"述；而将其他人物，略附于后。目前这样的写法，只能是泛泛之谈。不足之处，敬请昆曲界前辈、专家不吝指正。

林探微

2010年12月

写于不舍斋

目　录

第一章　昆曲热兴起前后

一、概　述

　　原先人们研究扬州古文化，只谈扬州府城及其直辖的三个县。近来稍有扩大，称之为"扬泰文化"，但又不能历史地看待泰州，而以今人眼中的泰州视之。殊不知，这是研究古代文化的大忌。研究之初，就应该了解扬州的历史及历代的行政区划沿革：在清雍正六年（1728）以前，扬州并不像现在这么小，而是东到海边。明及清初时，扬州辖三州七县：泰州、高邮州、通州；江都、仪征、泰兴三县直辖于扬州，还有如皋（属泰州）、宝应、兴化（属高邮州）、海门（属通州，康熙十一年圮于海，其县废，余剩土地并入通州）。今如皋、海安、东台、大丰、姜堰等地，当时尚未从泰州划出去。后来越划越小，现在真正成了"小小的扬州"。

　　元末的泰州，是张士诚的发祥地和重要据点，而一江之隔的苏州，则是张士诚的国都（易名隆平府）。两地的市民，对张士诚均极有好感。在元至正二十五年（1365）时，朱元璋曾派徐达、常遇春水陆并进，攻打泰州，遭到张士诚部将夏思恭等人的顽强抵抗。所以，攻破泰州城后就大肆烧杀，将昔日繁华的东门到西门烧成了一片焦土。而朱元璋不知泰州城已被攻破，又派人扒开了洪泽湖上的高家堰。于是，滔滔洪水淹没了战火后的泰州城："城头三尺水，坡子（街上只剩了）七人家。"而明代，苏州的市民则被"洪武赶散"——阊门一带的"罪民"，被迫迁至泰州（含今姜堰、海安、如皋、东台、大丰）及兴华、盐城、阜宁等地。这就是王锜所说的"自张氏所据,天兵所临,虽不被屠戮,人民迁徙实三都戍远方者相继"[1]也。这样,早在明代初年,含今姜堰、海安、如皋、东台、大丰的泰州,就成了经过顾坚"善发南曲之奥"的"昆山腔"的"第二故乡"。而泰州当时属扬州府(仅距五十里),且有一条如皋蟠溪抵扬州茱萸湾的运盐河,交通十分便利。

当时,扬州相对闭塞,经济萧条,民风淳朴。由于朱洪武的残暴,老百姓生活俭素,房子和衣服都没有大的纹饰;害怕打官司而尽力地劳作;婚丧交际,虽然见识浅薄,犹存淳朴之风。就是士大夫,也恭敬谨慎地遵守礼节而对势利毫不动心,即使是变更徭役这类的小案件,也不敢去找有关方面疏通关系。平民布衣,也多爱护自己的名节,以找人疏通为耻辱。这都是其他郡县所没有的。

到了明中叶成化(1465—1487)和弘治(1488—1505)年间,这种状况因为实行盐业专营而得到改变。大批盐商"辐集扬州",扬州府成了两淮盐业的运营中心,很容易富裕起来。有了钱就装饰居室,蓄养美女,不仅仆从、车夫和饮食丰盛,连佩带的饰物和穿的衣服都与王者相等。又用钱财买好官,结纳掌握政权的大官,出入非轿即马,随从成群。但是,直到万历四十四年(1616),袁世振在两淮推行纲运法,确立了窝商(拥有窝本的内商)世袭行盐的垄断地位以后,才形成了一个"扬州盐商"的集团,资本渐渐积累,富可敌国。近人邓之城《中华二千年史》卷五下《盐商》云:"扬州盐商,至万历以后,日见兴盛,皆徽人也。"这时,在模仿、消融苏州文化的同时,扬州文化中也掺入了徽州的乡土习俗[2]。

明孝宗朱祐樘(1470—1505)是一个励精图治的皇帝。他在位的十八年间(1488—1505),政治清明,史称"弘治中兴"。他广开言路,拔奇抢才,由政治到学术文化,不满传统和时弊者多有革除之举。文人从依附贵族之骥尾,转向借平民以自重。之前,明代诗坛为备受宠信的宰相杨士奇、杨荣、杨溥所把持,歌功颂德,点缀升平,毫无生气。而弘治年间,李梦阳、何景明等"前七子"崛起,以复古为旗帜,倡言"文必秦汉,诗必盛唐",反对明初台阁体浮靡的文风,以文人为主角的社会文化模式逐渐取代了以贵族为主角的社会文化模式。

弘治一朝,北曲渐盛,作者日多,派别不一。康海、王九思诸家是粗豪的北方

---

[1] [明]王琦《寓圃杂记》,卷五"吴中近年之盛"条。
[2] 王振忠《两淮盐业与明清扬州城市文化》,《盐业史研究》第三期,自贡市盐业历史博物馆,1995年,页19、24。

人，有关汉卿、马致远的遗风；陈铎、王磐等人则是清丽的南方人，有张可久的风致，其中又当以王磐为首。

康海因为仕途上的失意，曾隐居扬州旧城外东南的土山上，故此山被扬州人称为"康山"。明代有好几位写过中山狼的题材，除王九思的《中山狼》是单折外，均为金元旧制的一本四折、一人主唱的北杂剧。但以康海的四折杂剧《东郭先生误救中山狼》成就最高。在他们之后，杂剧创作进入了一个从内容到形式均有所改变的新阶段。从这个意义上说，康、王之作，恰如金元以来正统杂剧之"终结"。而王九思的单折院本《中山狼》，可以说是继朱有燉开南杂剧、短杂剧先河之后，带来了明代短剧的繁荣。徐渭的《四声猿》，则是明代南杂剧创作繁荣的主要标志。

而南直隶扬州府高邮州王磐的散曲，是明人中最诙谐风趣的。所著【中吕·朝天子】《咏喇叭》，历来为人们所称道：

> 喇叭、锁哪（唢呐），曲儿小，腔儿大。官船来往乱如麻，全仗你抬声价。军听了军愁，民听了民怕；哪里去辨什么真和假。眼见的吹翻了这家，吹伤了那家，只吹的水尽鹅飞罢。

至于《康熙扬州府志》说他"与金陵陈大声并为南曲之冠"，评论是不当的。因为"南曲"是专指南宋初年发展起来的戏文的音乐，而当时的南曲只有"剧曲"，没有"散曲"（"清曲"）；明之中叶（正德、嘉靖年间），魏良辅对南曲进行改革，"刻意求工，别为清曲"[1]——指改革后的昆曲，才有了散曲（"清曲"，但不是"扬州清曲"，详见附录一《"清曲"考》）。王磐写的与陈大声唱的、写的都是散曲，在明代未有昆曲以前，是北曲。所以，刘大杰在《中国文学发展史》中只说"弘治以还，曲风渐盛"，郑振铎的《插图本中国文学史》则直言"到了弘治正德间，北曲的作家们忽又像泉涌风起似的出来了不少"。至于作者，两书都是以地域南北而分的（因为前提都是北曲）。郑振铎的《插图本中国文学史》还说与王磐同时，济南有个王田（字舜耕）也号西楼，王世贞和陈所闻常常把他们二人混为一谈，"但鸿渐（王磐）不作南曲，以此可别于舜耕"[2]。这有王骥德的《曲律》为证。《曲律·论咏物第二十六》

---

[1]《乐府传声》胡德清序。魏良辅《曲律》自诩："不比戏场借锣鼓之势，全要闲雅整肃，清俊温润"。

[2]参见郑振铎《插图本中国文学史》，人民文学出版社，1963年，页800。

说："小令北调，王西楼最佳。"《曲律·杂论第三十九下》列举"近之为词者"时（古人常把"曲"说作"词"），"北词""维扬则王山人西楼"。又说："客问今日词人之冠，余曰：'于北词得一人，曰高邮王西楼。……'"再则，任中敏校阅《王西楼乐府》后记中也说："观于此本内无一南曲。"

这时，平民化的南曲戏文也日渐兴盛，并逐渐吸取北曲杂剧的特点而形成"传奇"。而同一戏文，各地歌唱的腔调也不同，出现了相互竞争的格局。[1]南戏在各地繁衍为新的声腔，除有一定适宜的社会条件外，南曲"随心令"的特点和联套形式的灵活性，也易于与各地语音及民间音乐相结合，适应当地群众的要求而发生变化。而北曲曲韵的规范，也不能取消因地域语音而产生北曲系统的声腔派别。无论南曲与北曲，在各地衍变产生的声腔派别，都具有当地语音和地方特色。这是规律。同样，昆山腔经魏良辅改革后，又随着各地的不同语言发音习惯而"声各小变，腔调略同"，向地方化衍变。此是后话，暂且不提。

一种文艺体裁的兴盛和衰亡，都有一定的社会、政治、经济和文化原因。明代中期之所以兴起昆曲热，就与"泰州学派"有关。正德六年（1511），泰州安丰场（今属江苏东台）贫苦灶户之子王银（1483—1541），师从王阳明，更其名为"艮"，字汝止，号心斋。八年后，他成为"泰州学派"的创始人。"泰州学派"的创立，与明代中叶政治腐败、王阳明学说兴起有关。

弘治死后，年仅十五岁的朱厚照于正德元年（1506）即位，史称武宗。这位小皇帝有自己的寻欢作乐的办法，他宠用佞臣、私出宫廷、自任将领，来势之迅猛，竟使刘健、谢迁、李东阳三位大学士想要反对都措手不及。正由于武宗即位以后就忙于游乐，造成了太监刘瑾的专权。

中国戏曲应该"特别感谢"明武宗正德皇帝，他在位十六年，一直忙于游乐，造成了太监专权，民不聊生，那是一个悲剧时代、黑暗时代、野蛮时代。朝中大量人士惨遭贬谪、坐牢、廷杖，凡给皇帝提供忠告和弹劾宦官专权的，均丢了性命。一切为国为民的理想，都变得不合时宜。因而王守仁（1472—1528）倡导"心学"，重塑了明代士人的心态。这对明代中期的社会风气以及小说、散曲和戏曲创作的影响是巨大的。昆山腔的革新、弋阳腔的衍变，都发生在正德、嘉靖年间。

---

[1] 参见祝允明《猥谈》"歌曲"条，在记载"数十年来，所谓南戏盛行"的情况时，就提到了海盐腔、昆山腔，以及余姚腔、弋阳腔。祝允明卒于嘉靖五年（1526），所云之"数十年来"，当指弘治、正德年间。

王守仁心学和泰州学派，促使一大批因种种原因退出仕途或根本放弃了仕途追逐的士人，像欧洲的文艺复兴那样，重新安顿自己的生命，高扬主体意识，摆脱程朱理学的束缚，淋漓尽致地发泄内在的真实性情。于是，明中叶的士人，其心理状态和生活作风都起了很大的变化。一方面表现为对物质享受的追逐，另一方面则表现为对感官娱乐的追求。于是，讲美食、好女色、畜声伎、治园亭、乐山水、精书画、爱闲书、印书籍……成了士风。康海、王九思、陈铎、徐霖、唐伯虎、祝枝山等士人，由于对政治的失望和个人仕途的挫折——世事已无可为，便抛弃读书做官的框框，摆脱八股的束缚，张扬个性，放浪形骸，纵情声色，鄙视假道学，主情、尊情、言情，不以谈论情爱（性生活）为耻，不以"留心词曲"为耻。于是，"三言"、"二拍"、《金瓶梅》之类的小说，以及汤显祖《牡丹亭》之类的戏剧应运而生，制曲、度曲、听曲、观剧，渐成风气。

王阳明的"致良知"学说和泰州学派的肯定人欲，不仅影响了明代中叶的士人，也影响了普通人们的价值观念。于是，普通人们一改明前期"民俗勤俭，不竞浮华"的风俗，追逐着与日俱长的"去朴从艳，好新慕异"[1]的风潮，在衣食住行各方面也都出现了明显的变化。而这一切，都推动了民间演剧活动的发展，一批爱好戏曲的市民文人应运而生。从嘉靖年间开始，伴随着戏文向传奇彻底蜕变，南曲诸声腔也由于"异调新声"的时尚而发生变迁。余姚腔被弋阳腔吸收而消亡，海盐腔被昆山腔融合也渐次失去流传的力量。梁伯龙等人将魏良辅"刻意求工，别为清曲"的"水磨调"运用到自己创作的传奇中去，进一步加工为剧曲，为昆腔格律系统化、规范化作出了贡献[2]，使新昆山腔由拍曲的几案重新登上了剧坛，扩大了影响，出现了传奇创作的高潮。沈璟提倡本色挽救了日趋绮丽的骈俪派，汤显祖的天才则造就了传奇的黄金时代：论律者归沈，尚才者党汤。吕天成、王骥德则力持"守词隐先生之矩矱，而运以清远道人的才情"（参拙著《扬州曲话》）。冯梦龙墨憨斋重订戏曲，兼顾曲律文辞。所作之《双雄记》、《万事足》，适典谐俗，不典、不鄙，恰到"本色"的好处。沈自晋的《南词新谱》纠正、增订了《南九宫谱》，《翠屏山》、《望湖亭》、《耆英会》三剧尤露才情。

扬州（府）和苏州（府）只有一江之隔，特别是泰州的如皋与通州。昆曲是从明嘉靖甲寅（1554）前夕流入扬州的。隋唐以后，中国的农业经济重心南移，但都城长

[1]正德《大名府志》卷一《风俗》。
[2]此时，南曲才有了"引子"。

5

安、洛阳、开封或者元以后的北京，依然在北方。随着人口和官员数量及驻军的增加，京城粮食的需求量也不断上升。这些粮食大多由南方盛产稻米的省份如鄂、湘、赣、浙、苏等供给，漕粮的转运制度由此产生。漕运既关系到朝廷的日用开支，也涉及到民间南北货物交流。明代的漕运制度，就准许漕船加带二成的"随船土宜"而免征税钞，有时也允许搭载客商。由于扬州府处于长江与运河交界的枢纽地位，成为漕运的重要传输中心、南北财货的集散地。由南往北带的大多为手工业品，如丝棉织品，纸张、竹木籐器、钢铁器，还有油、酒、干鲜果品等；由北而南，大多为农产品和农副产品。这些"随船土宜""沿途下卸，客商买卖"，有的则干脆不准带过黄河，"令其于淮扬一带卸卖"。运丁将货卖给商人，商人再批销或零星出售，扬州就成了热闹的商品交易市场。

而扬州的繁荣，一开始又和盐分不开。由于扬州滨江临海，早在西汉吴王刘濞时，就开始"煮海水为盐"，又增挖今天称为通扬运河的邗沟支道（盐运河）——"开茱萸沟（今湾头镇）通运至海陵仓（今如皋蟠溪）"，使扬州成为淮南海盐的转运枢纽、一方都会。随着后来经济中心南移，江淮不断开发，沿海滩涂延展，人口增长，淮南盐生产的规模也随之日益扩大。扬州在唐时已成为盐商汇集、盐监众多、盐船密集的运销中心。

所以，昆曲一传到扬州以后，就一直以其为演出中心。只不过，当时的扬州昆曲"举步收音，一钗横，一带扬，无不曲尽其致"，都是亦步亦趋模仿苏州。而这时扬州文人创作昆曲传奇的，先后有陆君弼与王纳谏。我们这里只重点介绍陆君弼。

二、传奇作家陆君弼

陆君弼（1493—1577），江都（今扬州）人，名弼，号无从，以字行，贡生。在永乐至成化年间，诗坛为位居宰相备受宠信的杨士奇、杨荣、杨溥所把持，毫无生气。弘治十四年（1501），九岁的陆君弼因为写了一首清新活泼的咏紫牡丹的诗而知名于世，与唐伯虎并称为两才子。陆君弼家境清寒却治学不倦，潇洒豪放，交游广阔。先后参加江都训导欧大任开创的竹西社、龙膺等主持的横山社、李维桢的淮南社，结纳贤豪长者。正德初年，正是太监刘瑾专权的时候。当时的相国李东阳，位列户部尚书和吏部尚书之尊而不敢立异。陆君弼正值少年，血气方刚，到京师游玩的时候，就曾到相府，在名刺（今称名片）上写下讥讽李西涯（李东阳的号）是"伴食中书"的话，投给门官后就离开了。他接受了王阳明心学的影响，不把出仕为官当作生命意义的全部，多次放弃厕身官场的机会：隆庆年间廷试，授州刺史，不就；沈蛟门相公折简招之，不往；后神宗万历举山林隐逸，不赴。他追求山水审美，游历广泛，著述丰富，有《正始堂集》二十六卷、《毛诗郑笺》、《广陵耆旧传》、《芳树斋集》四卷、《北户集补注》等书。他修的《江都县志》，证疑考信，后世赖之，世称"陆志"。钱谦益《列朝诗集》丁集有《陆征士弼传》。

吕天成《曲品》记载陆君弼作有《存孤记》，扬州府城第一个有书面记载的昆曲传奇，故事截取《后汉书·李杜列传》中太尉李固托孤保孤的一段事迹而写成的。

起因是公元147年，东汉第九个皇帝——八岁的质帝被外戚梁冀毒死后，太尉李固与杜鸿胪都认为，清河王刘蒜为人贤而且年长，乃众望所归。然而，梁冀身为大将军，执掌朝政，为了能让自己的妹妹继续以太后之名临朝，强行立幼弱的小妹夫蠡吾侯为君，并将太尉李固与杜鸿胪罢职。

李固被罢职后，顾忌梁冀不会就此善罢甘休，于是差人去河南偃师，教李基与李兹两个儿子弃官还乡南郑（今陕西汉中市）；并把身边的幼子李燮，也打发回乡去见姐姐李文姬。并告诉他，有一门生王成，弃官隐居在汉阴，是个义士，可悄悄访他。李文姬见三个兄弟先后回到家中，感到很奇怪。等到李燮把父亲已被策免的经过告诉了她，才明白父亲把三个兄弟遣回家中的用意。于是叫李燮按父亲的嘱咐，前去拜访王成。王成见到李燮后谈及朝中的情况，已知李固有托孤于他的意图。

果然，梁冀又陷害李固和杜鸿胪与清河王同谋叛逆，下狱赐死。这时，清河王刘蒜已经自杀，后来清初朱佐朝所撰的《渔家乐》传奇，说刘蒜未死，为避校尉追捕，藏身渔舟，在邬飞霞协助下得以逃脱。被义兵拥登皇位后，立邬飞霞为正宫等等，乃是戏说。剧中人马瑶草也是虚构的。

这时，李文姬将王成请到府中，以六尺之孤（李燮）相托，并定下一计：请亲邻到场，公开与兄弟三人饯行，让三人上京。然后在途中让李燮变服，与王成逃匿他方。而南郑太守接到诏书，要他收杀李固的三个儿子。于是，李基与李兹二人中途被押回南郑，毙于狱中。这就是中国政治斗争残酷的特色。

王成与李燮乘船东下，北渡江淮，在彭城（今徐州）潜身。王成将李燮变姓名为酒家佣，自去市中卖卦。酒店主人滕咨，因奸佞当朝，故藏身酒肆，以尽余年。家中只有一个女儿，名叫幼鸾，年方二六，尚未许人。时日一长，父女都发觉李燮言行不同寻常。一天晚上，滕公盘问李燮来历，李燮知滕公为人侠义，便以真情相告。滕公敬重他是忠良之后,当即以幼鸾招赘。

李固的门生,汝南布衣郭亮,甘冒斧锧,伏阙上书,请求营葬李固。皇太后被他感动,接受了他的请求。郭亮求得李固尸首后,扶枢来到南郑。见到师姐文姬,得知李燮出逃在外,便决心寻访。三年后来到徐州,求卜问卦时巧遇王成。王成得知来人就是义士郭亮后,便以实情相告,并让他与李燮相见。郭亮决定回到京师,寻机为老师上疏理冤。

朝中梁冀权势越来越大,皇帝深感不安。后来太后归天,皇后失宠,皇帝与内侍左绾等五人啮臂为盟,密谋除梁(在这里,陆君弼是借写历史来反映明代的现实)。郭亮闻讯,便来到午门外参奏梁冀。于是,皇帝派出军校将梁冀府第团团围住,杀了梁冀,大赦天下,被梁冀所害之忠良均获昭雪。李燮拜为议郎,王成拜为大理评事,文姬封为南郑郡君,郭亮特授为徐州刺史。

托孤保孤的故事,当然以元杂剧《赵氏孤儿》为最。陆君弼的《存孤记》,结构比较平淡,缺乏《赵氏孤儿》那种剑拔弩张的气氛和义无反顾的精神。故而吕天成《曲品》定陆君弼为"中之中"[1],定其《存孤记》为"中中品",谓其"事甚奇,词亦雅,且有风致;但稍浅略,未得畅耳"[2]。其中,梁冀惧内、岳母缓颊调解,以及妻子孙寿爱府中少年秦宫(虽是府中奴,却已累官至太仓令),春燕、秋鸿二婢为之牵引,趁家中宴客之机,与秦宫幽会等等,俱为穿插调笑而已,是受当时剧作的影响,从一个侧面反映了那个时期剧作的特色而已。《曲品》亦提到:"其序似天池旧有稿而无从演之者。"[3]

《存孤记》已佚,《怡春锦》(即《缠头百炼》)"礼"集收其《私期》一出(即写梁冀妻在春燕、秋鸿二婢牵引下,与秦宫幽会事),《南词新谱》卷二十三收其【仙吕入双调水金令】一曲。

在昆曲传入扬州之初,扬州文人创作昆曲传奇的还有王纳谏。

王纳谏,字圣俞,号观涛,江都人。万历三十一年(1603)乡试第一,三十五年(1607)进士,官吏部主事。焦循《北湖小志》有传。著有《初日斋集》七卷,撰有《英雄慨》传奇[4]。

---

[1] [明]吕天成《曲品》卷上,《中国古典戏曲论著集成》(六),中国戏剧出版社,1959年12月,页216。

[2] 同上,页238-239。

[3] 同上。

[4] 张慧剑《明清江苏文人年表》,上海古籍出版社,1986年12月,页403。

三、汪季玄家班

"整整明神宗万历一朝五十年中"（1573—1620），昆腔迅速发展，不再株守吴中一带，苏州、"陪都的南京和素有繁华之称的扬州"，是昆曲演出的三个中心[1]。其时，士大夫畜养声伎已成普遍风气，成了明代戏曲史上的一大特色。汤显祖（1550—1616）为情作使，反对以理格情。冯梦龙鼓吹以"情教"代替礼教。李贽更大胆地提出以"欲"为人的本性，让天下之民，各遂其生，各获所愿。晚明个性思潮的代表人物，皆疏于礼法，蔑视名教，自称狂人，以"异端"自居。他们的艺术创作也往往悖乎名教，鼓吹以男女之真情，发名教之伪药，所以晚明戏曲、小说对名教礼法的破坏性很大，直闹得艳篇满目，邪教横流，传奇十部九相思。

明万历年间的扬州昆曲，正值传奇的勃兴期。昆曲不仅成了士大夫的宠儿，而且也成了广大城乡民众文化生活中（敬神和宴客）不可或缺的内容。无论是府城（今扬州）还是通州（今南通），"竞效吴腔"成为市井、官府的同好。扬州府城第一个有书面记载的昆曲家班是汪季玄家班，"所未能胜吴歙者一间耳"（潘之恒语）。

汪季玄，生平不详，只知是寓居扬州府城的徽商，名犹龙（一作"独龙"），字季玄，徽州歙县人，曾为戏曲评论家潘之恒校勘过《黄海》[2]。

万历三十九年（1611）仲夏，潘之恒访李维桢于京口（今镇江），汪季玄邀潘之恒至扬州，具十日饮，观其家班演出。事后，汪季玄请潘之恒对其家班品评。潘之恒赋诗十三首[3]，对班中的名伶进行了点评：

国琼枝，在潘之恒的《广陵散》"前品"中，被列为榜首，表演特点可以概括为"婉至"二字。谓其"有场外之态，音外之韵。闺中雅度，林下风流。国士无双，一见心许"。其诗赞曰："何处《梅花》笛里吹，歌余缥缈舞余姿。涉江聊可充余佩，攀得琼台带露枝。"说明其风格确是深婉曲致。

慧心怜，在潘之恒的《广陵散》中列为"后品"榜首，表演特点可以概括为"格高"二字，与"前品"中国琼枝"才有殊长，何嫌媲美"。"慧心怜，音叶鸾凤、步骎骎

[1]陆萼庭《昆剧演出史稿》（修订本），（台湾）"国家出版社"，2002年12月第一版，页73。
[2]潘之恒喜欢游历，大江南北，齐楚燕赵，都留下了他的足迹。在游历过程中，他还喜欢"随得随录记之"，并进而撰写地史，曾获得过"地史之董狐"的美誉。《黄海》一书，是迄今所能见到的关于黄山历史地理的第一部专著，对于后来相继出现的几部《黄山志》有重要的影响。
[3]均引自潘之恒《鸾啸小品》卷三《广陵散》。

骝，千人中亦见，卓乎超距之士"。其诗赞曰："音如环转体如弦，个是场中最少年。莫怪同侪心为折，纵令垂老亦知怜。"

曼修容，潘之恒说他："徐步若弛，安坐若危。蕙情兰性，色授神飞，可谓百媚横陈者矣"。诗曰："宛转歌喉态转新，莺莺燕燕是前身。已怜花底魂销尽，漫向梁间语撩人。"

希疏越，潘之恒说他："修然独立，顾影自赏。叙情慷慨，忽发悲吟，有野鹤之在鸡群之致。"诗曰："年少登场一座惊，众中遗盼为多情。主人向夕频留客，百尺垂杨自选莺。"

元靡初，潘之恒说他："云衢未半，秋舟方升。孤月凌空，独特清啸。倘谓同欢毕轮，毋蕲发艳于三岁矣。"诗曰："黄鹄高飞不可呼，羽衣潇洒髻悬珠。曾栖句曲三峰顶，肯傍淮南桂树无。"

掌翔凤，潘之恒说他："颜如初日，曲可崩雪。巫峰洛水，仿佛飞越，岂直作掌中珍耶？"诗曰："风前垂柳斗腰低，一剪青丝覆额齐。含意未申心已醉，高云堕砌月沉西。"

瑶萼英，潘之恒说他："色艳若桃（苟且），气吁以畅。如飘渺仙人，乍游林水，而纤尘不染。"诗曰："美艳由来自有声，众中识曲不知情。若教蔺子亲操璧，肯博秦庭十五城。"

直素如，潘之恒说他："锦文自刺，冰操同坚。宠或驰于前鱼；怨每形于别鹤。无金买赋，为献长门者接踵。悟后之欢，自溢于初荐尔。"诗曰："淡泊无由表素心，聊将贞操托孤琴。相如不浅临邛意，托讽何尝为赐金？"

正之反，潘之恒说他："松筠挺秀，笙簧自鸣。如徒逐靡丽，亦几于玄赏。"诗曰："松声竹韵杂笙簧，箕踞长林古道旁。不独尘嚣能尽隔，顿令丘壑有遗光。"

昭冰玉，潘之恒说他："美秀而润，动止含情。水静而心澄，云遏而响逸矣。"诗曰："一束宫绦一串珠，风前美度擅吴趋。排空群玉君应见，曲罢湘灵定有无？"

粉郎，二净（副）。潘之恒说："二净，色中之蒜酪也。颦笑关乎喜怒，谑浪亦云微权。古称施、孟能近人情，则二子庶几矣。"诗曰："解识吴侬善滑稽，憨情软语态如痴。略加粉色非真面，便放机锋不自持。"

和美度，净角演员。潘之恒赞他："身不满五尺，虹光缭绕，气已吞象，壮夫不当如是耶？"诗曰："公孙浑脱舞氍毹，气索登场为大巫。不独喑呜惊客座，生来胆略与人殊。"

寰无芳，丑角演员。潘之恒说他："跳波浪子，巧舌如簧，脱逢吴儿，尚当掩袂。"诗曰："乍作冰山乍火轮，朱唇才启翠眉颦。古来三语堪为椽，价抵丹楼两玉人。"万历四十四年，被汪季玄赠给苏州范允临。

从潘之恒《鸾啸小品》卷三《广陵散》看来，汪季玄家班的演员都是亦步亦趋，模仿苏州。而且到了万历四十四年（1616），徽商汪季玄又将家班赠给了苏州的范长倩[1]。

四、其他家班和艺人

南曲诸腔演唱的曲调，基本格式是一致的，剧本是通用的。故而，昆腔新声盛行之时和之后，各地诸种声腔仍竞鲜斗艳，各领风骚。例如，扬州南门钞关税监徐太监就蓄有弋阳腔家班。万历十年（1582），钱岱离京返家乡常熟，徐太监从弋阳腔家班中选四名十二岁的女优相赠，其中两人是扬州本籍。后来，这四名女优都改学吴语唱昆腔，足见李渔关于昆剧人才并不一定都出在苏州一地的观点是正确的。

冯翠霞，扬州人。成为钱岱家女乐的艺人后，改名观舍，唱昆腔。性聪慧，不足一个月就能说常熟乡语。初充副末，唱开场词，然后就吹笛弹弦或扮旁人。后因外角王仙仙身材微矮，教师让二人交换，于是冯观舍演外角，大见所长。擅演《开眼》、《上路》、《训女》。因姿色出众，被命为钱岱侍妾首领。钱卒后，冯亦卒于钱家。

张五儿，扬州人。十二岁时，被作为礼物赠送给钱岱，成为钱岱家女乐的艺人后，改名五舍，改学吴语唱昆腔。工二净，姿色红晕，身材短俏，足稍弓。未嫁人而终于钱家。

韩壬壬，北京人，正旦。成为钱岱家女乐的艺人后，改唱昆腔。丰姿绰约，与钱岱家人女张素卞（宙舍）共演《芦林相会》、《伯喈小别》。

月姐，贴旦。十二岁时，被作为礼物赠送给钱岱，成为钱岱家女乐的艺人后，改唱昆腔。

万历十年（1582），泰州如皋的张勉学以岁贡授福清知县，后辞归故里，兴办起扬州府第一个士大夫家班。而山西在扬州以盐商起家中最为豪富者的亢氏，则稍后

---

[1]苏州范允临，字长白，一字长倩，华亭人，居吴县，以奇丑著。见张岱《陶庵梦忆》卷五《范长白》。万历二十三年进士，嗜曲工书，耽游园林，有园林在太平山下。所蓄两副家班，其一即于万历四十四年（1616）来自扬州汪季玄，共十二人。

也办起了家班。

张勉学，字汝循，泰州如皋人。万历十年，张勉学以岁贡授福清知县，后辞归故里，兴办家班。有别业露香园，位于如皋县城北。该园四面环水，建筑典雅精致，园中亭台楼阁均有回廊相通。张勉学常与文友雅集于露香园内，主人挂红灯于玉兰花盛开的枝上，命家伶度曲佐觞。

亢氏，是山西在扬州以盐商起家中最为豪富者。据《清稗类钞》记载："亢氏为山西巨富，自明已然。""亢氏号称数千万两，实为最巨。"蟫伏老人《康熙南巡秘记》说他山西老家"宅地连云，宛如世家"。俞樾《茶香室续钞》卷七，说他家"先世得李闯所遗辎重起家"。其实，亢氏本是山西平阳（今临汾市）一个富有的大地主，仓庾多至数千，人称"亢百万"。马国翰《竹如意》（下）云："时晋省大旱，郡县祈祷，人心惶惶。亢独�诡然[1]，对众扬言：'上有老苍天，下有亢百万。三年不下雨，陈粮有万石'。"早在明成化年间，亢氏就寓居扬州业盐。在扬州和平阳原籍，就分别建造了规模宏大的"亢园"，并且培养了远近闻名的家庭昆班，在扬州和平阳两地演出。扬州的亢园在小秦淮外城脚。城脚有五敌台，亢园长里许，自头敌台起，至四敌台止（小东门桥至萃园桥）。临河造屋一百间，当地的土人呼为"百间房"。

其实，山西盐商在扬州的势豪望族，还有明代大官僚张四维、王崇古家。但未见有家班的记载，不敢妄言。

杭州包涵所死后，家班散去。有一"为云中君所赏"的女姬胡白苧，跟其情人杨生，来到了扬州。对扬州的昆曲演出，有积极的影响。

杨生，明万历年间扬州人。善歌，歌不甚扬，而为剧殊有逸态。

胡白苧，明万历年间人。在家中是老大，所以又称胡一。原来杭州包涵所家的女乐，就独擅舞艺。而胡白苧除了"擅舞艺"外，还"善吴歌"。胡姬为人刚直，不喜逢迎："其性憨而戆，恃骄宠，少不当意，辄掷食器于波，左右莫之谁何。"尽管胡白苧的唱，"按拍或未尽合魏家（良辅）调口，虽为雌黄，不改吴态"，"每登场"演戏，能"专一不乱，四座为之倾"[2]。

除胡白苧之外，扬州人在外地度曲和外地人在扬州度曲的还有：

---

[1] 诡诡然，自满自足的样子。

[2] 据[明]潘之恒《亘史·外纪卷之三十四·艳部淮艳》。见汪效倚辑注《潘之恒曲话》，中国戏剧出版社，1988年8月，页142。又见《四库全书存目丛书》子部第193册，齐鲁书社，《亘史钞》"淮上"卷三十一，页655。

宋尼，"广陵（今扬州）人，幼落娼籍，来新安（徽州的旧称）依刘家。长成，学新声度曲。行一，人称曰一枝，居休宁之东门。"[1]

　　赵文，字"掌卿"，因其"身轻，能舞掌上"也。"初有声清江，号曰昭燕。其母小红，角妓也。""音响遏云，吴人善歌者闻之为气缩。""方度曲时，气甚充且亮，殊无病容，曲终稍觉倦。""避名来维扬，依陇右外宅，以歌给事主家，月季一至焉，召不欲频。"[2]

　　王节，金陵人。"喜习吴曲，若黄问琴、许倪诸家，莫不参调新韵，经其喉舌即遏云流汉，众皆敛避，不啻青出于蓝，姐妹辈未有与之颉颃者"。万历三十九年（1611）来扬州盘桓数月，扬州人惊呼"广陵烟月何得有此人"！[3]

[1]〔明〕潘之恒《亘史钞》"外纪"卷八，《四库全书存目丛书》"子部"第193册，页585。
[2]〔明〕潘之恒《亘史钞》"淮上"卷三十一，《四库全书存目丛书》子部第193册，页655。
[3]同上，页563。

第二章　明清之际的扬州昆曲

一、概　述

　　上一章我们说到，明代中叶由于社会危机日益深重，程朱理学日益衰微，王阳明"致良知"学说和泰州学派的肯定人欲，不仅影响了士人，也影响了普通人们的价值规律，出现了由俭转奢的明显变化，推动了民间演剧活动的发展。从嘉靖年间开始，伴随着戏文向传奇的彻底蜕变，魏良辅对旧昆山腔进行了全面而成功的改革，接着，梁伯龙等人又相继将之运用到自己创作的传奇中去，使昆腔格律系统化、规范化，从而由拍曲的几案重新登上了剧坛，出现了传奇创作的高潮。于是，海盐腔被昆山腔融合而渐次失去了流传的力量，余姚腔被弋阳腔吸收而消亡。

　　昆曲从明嘉靖甲寅（1554）前夕传入扬州，由于扬州处于长江与大运河的结合部的优越位置，和汉代以来已数度繁华，故而一直成为演唱的中心。其中，泰州的如皋县和通州，与苏州距离最近，标准的只有一江之隔，远比扬州府城近得多。因而万历年间在扬州有名目可考的三个家班中，如皋张勉学的家班可算是扬州府的第一个士大夫家班。

　　明代后期，阶级矛盾和民族矛盾斗争异常激烈。辽东地区满州贵族发动侵明战争，中原广大地区是农民起义军驰骋之地，于是，江南地区成了地主富室的避风港。他们携带大量的财富移居江南，继续过着奢侈的享乐生活。昆剧也就成为他们声色之娱的主要内容，此吹洞箫，彼度妙曲，出现了一反常态的繁荣。而士大夫阶层见政治已不可为，转而享受生活之奢靡，借歌筵以释放其末世之情感。南北两京和南直隶地区一些官僚士大夫对昆剧的爱好，几乎达到疯狂的程度。扬州属南直隶，设宴观剧早已成为社会风俗和社交礼节。富商大贾不仅陈声伎佐客饮，治丧甚至用戏。扬州的妓女更是与南京秦淮的李香君们一样，"以串戏为韵事，性命以之"[1]， 歌演昆剧是其必习伎艺；一些寻常百姓家也乐于观赏、习唱昆曲。这时，扬州已不再只有一两个昆曲家班和昆曲传奇作者了，而是出现了许多昆曲家班和昆曲传奇的作家群体。

按理，昆曲的发展始终与民间班社的盛衰有着密切的关系。因为他们和广大观众有着广泛的联系，不像家班只从属于少数人的意志；观众是他们的衣食父母，观众是否喜闻乐见，对剧种的兴衰、发展都具有重要的影响。家班的主人，隆衰不定，一般寿命都不长，一个民间班社数十年不散却是常见的。然而，家班的情况在文人的诗文中屡屡有所记述，民间由艺人组成的江湖昆班，文献数据中却很少记载。例如，祁彪佳在崇祯六年（1633）曾看到过扬州民间昆班演出的《疗妒羹》（见《祁忠敏公日记》）。但这个民间昆班的名称、班主及组成人员的姓名一无所知，有哪些擅演剧目也无从知晓。到了清代乾嘉年间，由于扬州成了全国戏曲活动的中心，与扬州盐商的家庭昆班并驾齐驱的扬州民间职业昆班，才有幸在文献资料中出现。然与家班相比，其记载仍少得可怜。因此，本书所搜集到的伶人是很不完全的，真正是挂一漏万。

当然，我们也要看到，家班经常在文人雅士们中间活动，家班的主人一般是官僚士大夫，往往精通音律，熟悉关目，懂得表演，因此，家班主人（名人才子们）不仅仅清唱拍曲、粉墨登场，在过一下编剧、唱曲、观剧之瘾的同时，也在培养戏班的过程中贯彻自己的戏剧主张，使本质上属于俗文化的戏曲艺术向雅文化靠近。例如伶人经冒襄指点，演出水平都得到了提高。阮大铖家优讲关目、讲情理、讲筋节，与他班孟浪不同。故所搬演，本本出色，脚脚出色，齣齣出色，句句出色，字字出色。而彭天锡则由于通书史、解音律，具有较深的文化艺术修养，对如何深刻地理解剧本和反映生活，如何创造完整的舞台艺术形象，以及如何提高表演艺术的各个方面，起到了一定的积极作用。《陶庵梦忆》记载："天锡多扮丑净，千古之奸雄佞幸，经天锡

[1] [明] 张岱《陶庵梦忆》卷七"过剑门"，上海古籍出版社，1982年11月，页69。

之心肝而愈狠，借天锡之面目而愈刁，出天锡之口角而愈险，设身处地，恐纣之恶不如是之甚也。皱眉眠眼，实实腹中有剑，笑里有刀，鬼气杀机，阴森可畏。"因此，对待家庭厅堂红氍毹上的东西，要透过奢华铺张的迷雾看到严整精巧的一面，汰除繁琐纤巧的杂质，选取逼真细致的优点，重视它们相互影响的事实。确切地说，昆剧正是通过这两种演出方式的盛衰消长而发展起来的。

当时除通州及其所辖的海门县未见记录外，有下列家班：

扬州府城及其直辖的三个县有亢氏家班、郑侠如家班、张永年家班、吴绮家班、季氏家班、李虚中家班、查继佐家班，高邮州及其所辖的兴化、宝应两县有兴化的李长倩家班，泰州及其所辖的如皋县有明末袁天游家班、清初粲者班、如皋李之椿家班、如皋冒氏家班。另外，如皋李渔回祖籍浙江，后迁家至杭州、南京，也办一家班。

其中，冒氏家班在昆曲史上是极其有名的，自明末至清乾隆中，前后长达近一个半世纪。在这近一个半世纪的历程中，又以入清以后冒襄经营的四十余年为最盛。伶人经他指点，演出水平都得到了提高。

二、冒辟疆家班

冒辟疆（1611—1693），名襄，辟疆是他的字。万历三十九年（1611辛亥），和李渔同年出生于如皋。父起宗，崇祯末以吏部郎出镇郧、襄。冒辟疆少有文名，与方以智、陈贞慧、侯方域（一说吴次尾）并称四公子。崇祯末年（1644甲申），在江左文坛领袖人物钱牧斋支持下，冒襄与秦淮旧院昆曲歌姬董小宛结为夫妇。

冒氏家有水绘园，在如皋城东北，中有逸园、梅塘、湘中阁、妙隐香林、壹墨斋、枕烟亭、洗钵池、玉带桥、寒碧堂、小三吾、小浯溪、月鱼基、烟波玉亭诸胜。四方宾至如归，若东林、几社、复社故人子弟，下逮方伎、隐逸、缁羽之伦，来未尝不留，留未尝辄去，去亦未尝不复来。冒氏家班常在得全堂、寒碧堂、三吾堂演剧，红烛高烧，笙歌不歇，以娱董其昌、吴伟业、黄宗羲、王士禛[1]、孔尚任等名士。据梁绍壬《两般秋雨庵随笔》统计，"如皋冒辟疆《同人集》，自胜朝至国初名士，斯为极盛。……始董其昌，终蔡启僔，共四百五十有六人"[2]。他们无不以到冒氏得全堂一

---

[1] 王士禛：初名"士祯"，死后避雍正讳，追改"士正"，乾隆命改"士禛"。以下径改回原名，不加注。

[2] [清]梁绍壬《两般秋雨庵随笔》，卷五"同人集姓氏"，上海古籍出版社，1982年8月，页269。

聆妙曲为幸。

　　冒氏家班，发轫于辞官归里的梦辰和梦龄兄弟俩。**冒梦龄**（1565—1635），字汝九，号元同。万历四十一年（1613），冒梦龄以选贡授江西会昌知县；天启元年（1621），调任四川丰都知县；三年后（天启四年，1634），授云南宁州知州，因不满朝政，弃官归里。广纳歌妓，蓄建家班，建有男女乐各一部，俱十五六妙龄[1]。在梦龄六十大寿及七十大寿时，家班陈九等人演《琵琶记·汤药、剪发》诸出贺寿，累月不倦。

　　陈九（生平、生卒年俱不详），冒氏家班的教习，是梨园前辈。后来不仅为阮氏家乐，还在明末弘光朝礼部教坊司供过职（阮氏家乐解体后又回到冒氏家班）。潘之恒说他："沉默韫奇，令人自溺。其善为决绝者，非深于情者也，不免令琅玡笑人。"[2]

　　扬州失守，冒辟疆年才三十，回到如皋，闭门不出，以诗酒文章自娱。入清后，冒辟疆在如皋城南龙游河畔依树结巢，自号巢民，又号朴巢，以示足不履大清的土地，身不做大清的臣民。清廷慕其才华，曾以博学鸿词召，冒辟疆也借词拒不应召，绝意仕进，奉父宪副公，两世称遗老。

　　扬州虽然没有经历农民起义的暴风骤雨，但明末战乱、清初屠城，曾使繁华的扬州城焚毁殆尽："十年旧梦，依约扬州，一片欢场，鞠为茂草"[3]。顺治十四年的"丁酉科场案"和康熙初年的"奏销案"，使江南（省）士大夫在经济上受到严重打击。冒辟疆的家班在顺治十七年（1660）时犹上演《邯郸梦》、《燕子笺》，大举声乐欢迎太仓陈瑚；到了"奏销案"后（1662），却不得不靠给别人家演戏赚银子来养活自己。冒辟疆晚年鬻宅移居陋巷，鬻书卖字，每夜灯下写蝇头数千，朝易米酒。日坐水绘园中，聚数十童子，亲授以声歌之技。毛泽东曾予以高度评价："所谓明末四公子中，真正具有民族气节的要算冒辟疆。冒辟疆是比较看重实际的，清兵入关后，他就隐居山林，不事清朝，全节而终。"他著述甚丰，行世者有《先世前徽录》、《朴巢诗人集》、《水绘园诗文集》、《同人集》、《影梅庵忆语》、《寒碧孤吟》等。

　　清顺治十六年（1659），二十五岁的王士禛（号渔洋山人，谥文简）来到扬州做

[1]冒梦龄《陈绍卿参军同诸社友饮逸园有作见贻，依韵奉答》："最喜同人开酒社，更怜选妓绕歌声。"转引自杨惠玲《戏曲班社研究·明清家班》，厦门大学出版社，2006年4月，页299。
[2][明]潘之恒《鸾啸小品》卷二，转引自汪效倚辑注《潘之恒曲话》上编"神合"，中国戏剧出版社，1988年8月，页48。
[3][清]余怀《板桥杂记·序》，上海古籍出版社，2000年12月，页3。

推官。王家和冒家是世交，王士禛的祖父王象晋[1]在扬州任兵备副使时就很熟悉冒辟疆，曾多次赞扬冒辟疆的才华。王士禛的伯父与冒辟疆的父亲又是同榜进士。王士禛到扬州后，与冒辟疆往来不断。冒辟疆经常往返于扬州、泰州之间，将扬州府城的剧本带回如皋排演，王士禛等人也频繁往顾冒家。冒辟疆曾作有《小秦淮曲》十首，陈贞慧的长子陈维崧、冒辟疆的三子冒丹书、王士禛、宗臣的从孙宗元鼎均有依原韵的和作。康熙元年，王士禛召集文友在扬州举行"虹桥修禊"，冒辟疆、陈维崧等人都曾参与了这次文人的雅集活动。康熙三年（1664甲辰）秋，冒辟疆携歌童赴王士禛扬州抱琴堂交流演出。次年（1665乙巳）春，王士禛又携尤侗新作《黑白卫》，请冒氏家班排演，与邵潜（通州布衣，侨居如皋）、陈其年、许嗣隆、毛师桂等人修禊于水绘园。康熙五年丙午（1666）仲春十六日，泰兴季因是设宴相邀，观女伎演剧。陈其年也曾在季沧苇宅夜看歌姬演剧。加之，扬州位于长江与京杭运河交叉点，四方昆曲界的贤达，无不荟萃于此。袁于令、汤显祖、祁彪佳、吴伟业、曹溶、孔尚任、李渔、曹寅、洪昇、尤侗、毛奇龄等著名曲家，亦往来或居住扬州，所谓"四方宾至如归"。冒辟疆为自己家班创作了《朴巢记》、《山花锦》，颇称于时。

康熙二十二年癸亥（1683），李素云曾在扬州仁安堂设宴冒襄等人，用昆曲演出了全本《北西厢》[2]。康熙二十七年戊辰（1688）中秋，冒襄又和大家聚会。详见《同人集》。

冒氏家班自明万历末到清乾隆中，走完了近一个半世纪的历程。冒襄本人也活到康熙三十二年（1693）。冒氏家班的终结，冒春荣在《与水绘园歌人金菊》中感伤地写道："水绘名园已久芜，弦断琵琶烛泪枯。"

董小宛（1624—1651）名白，字青莲，号青君，祖籍不详，客籍金陵。天资巧慧，容颜娟丽。母亲陈氏原为秦淮旧院南曲歌姬，在小宛七八岁时，教以诗书，过目不忘。父亲董原为富室子弟，不事生产，家业挥霍殆尽。所幸乃南曲司笛名手，因将女儿小宛留旧院中，教以昆剧演唱，入南曲行列，循例卖艺而不卖身，以"清馆人"身份为客人侑酒。以其所得，贴补家用。至十五岁时，便以唱曲知名。同时，琴棋书画，食谱茶经，针神曲圣，亦所知晓，且喜与文人交游。崇祯时，朝政昏暗，战祸蔓延，百姓流离失所，民不聊生。志士伤时愤世，组成"复社"。小宛与其首领人物张天如等

---

[1] 王象晋：王士禛的祖父，其名"象晋"。中华书局1960年版的《扬州画舫录》卷十，条8作"普"。
[2] 见冒辟疆《戊辰（康熙二十七年）中秋即事和佘羽尊长歌原韵》诗，场上用了琉璃灯彩，艺术效果很好。

引为知己，而每与复社人士议论国事，时有高见，故为复社著名文士冒襄所赏识，终致相爱。几经周折，结为夫妇。婚后，董小宛却管弦，洗铅华，不再登台，但夫妇二人皆钟情于昆山腔，郎按新词姜唱歌。冒襄自制词曲，教家部引商刻羽，小宛则协助冒襄，为家班小伶指点，先后排演了《燕子笺》、《邯郸梦》、《黑白卫》、《占花魁》、《空青石》、《北海记》、《秣陵春》以及"临川四梦"等数十部传奇及杂剧，以《燕子笺》、《邯郸梦》、《秣陵春》传奇演出次数为多。

蔡云生（1605—1685），字孟昭，吴人。明崇祯十四年（1641），蔡云生为冒氏家班的家乐兼教习。与苏昆生、朱音仙等人，一起为冒氏家班先后培养了徐紫云、杨枝、秦箫、陈灵雏、小徐郎、小杨枝、金菊、金二菊、徐彬如等三批家乐演员。冒襄曾作诗赞他的演唱艺术："此地无闻见，音节多差讹。自从依顾曲，下里竞笙歌。"崇祯十六年，冒襄盟兄、复社陈则梁来访，在得全堂观看蔡云生等演出《占花魁》、《燕子笺》诸剧。《同人集》卷三载陈则梁文："孟昭丰神如昨，吴侨麻点依然，演油郎、燕笺诸剧妙绝。"后来，蔡云生将独生女儿蔡含（字女萝）嫁给冒襄为姜，自己总管这一江淮巨族的家事，在如皋城中开设酒店，苦苦支撑。

冒氏家班的中兴，还缘于金陵一批原先在阮大铖家石巢园的歌童、曲师的加盟。

苏昆生（1600—1679），明末清初曲师。原名周如松，河南固始人，久寓金陵为阮大铖家班教曲。能将"玉茗堂四梦"板眼一字不差地唱出来，为吴伟业所力荐："大梁苏昆生兄，于声音一道，得其精微，四声九宫，清浊抗（亢）坠，讲求贯穿于微妙之间"，"水绘园中不可无此客"（《同人集》卷四）。徐紫云、杨枝、秦箫、陈灵雏等人，均受到他的悉心指点。后应左良聘，入其幕中唱曲。清兵南下，至九华山出家。旋又还俗，投杭州皖南籍文士汪然明。汪故，转走苏州，曾于虎丘曲会上"引喉一发，响遏行云。出字归音，绳尺严谨，感人肺腑。众皆瞠目咋舌，俯首拜服，当即求其为师者甚众"。一直到康熙二年（1663），还应名画家王时敏的邀请，跑到太仓去教王的家童唱时曲。陈维崧誉其"南曲当今第一"[1]，说他："愁似长空扬絮，泪比珍珠脱线。君休唱，惹青衫湿了，再无人管！"[2] 严长明（冬友）认为："自有昆曲二百余年，推苏昆生发口即中声，毕生所歌，皆正宫调。"（《秦云撷英小谱》小惠篇）吴伟业曾写古体长歌《两楚生行》，赞他和丁继之；另有《口占赠苏昆生》七绝四

---

[1] 见《赠苏昆生》，《迦陵词全集》卷二十六。
[2] 《喜迁莺·华汉章招饮听苏昆生度曲》。

首，对苏昆生的戏曲艺术才能做了很高的评价。

杨君（生卒年不详），明末清初人。明隶金陵礼部教坊司乐籍。明崇祯二年（1629），入阮大铖家班。清顺治二年（1675），清兵攻陷南京，杨君等人避乱如皋，投奔冒氏家乐班，成其"主讴"。杨君擅演《燕子笺》、《春灯谜》等剧。其子杨枝、孙小杨枝，分别是冒氏家班第二代、第三代演员。

朱音仙（生卒年不详），明末清初苏州人。明天启年间流寓金陵，为阮大铖家班曲师。清顺治六年（1679），阮大铖坠马死于仙霞岭，其家乐解体，朱音仙投奔如皋水绘园，入冒氏家乐。参与培养了冒氏家乐班自徐紫云至金菊等三代演员。他擅南北曲，冒氏家乐班中《燕子笺》、《春灯谜》、《清忠谱》、《秣陵春》、《空青石》、《渔阳弄》诸戏皆以朱音仙为教习。他并擅琵琶，在冒襄逝世后，仍从事度曲生涯。陈维崧《望江南》词曰："江南忆，最好是清讴。一曲琵琶弹贺老，三更弦索响柔奴，此事艳东吴。"

徐紫云（1644—1675），字九青，号曼殊。幼年善吹箫，"技擅郢州"（今湖北江陵县北），十五岁时即闻名江淮。歌喉好，演唱南北曲都有一定水平，风格缠绵，有"一声两声秋雁叫，千缕万缕春蚕丝"的韵味。顺治十五年（1658）入冒襄家乐班，师承陈九，为冒氏家班首席旦角，在得全堂北一小楼居住了十年。在前期演员中，享誉最高，擅演临川四梦诸剧。相传紫云善舞（《得全堂夜宴后记》），特别是经苏昆生悉心指点，擅演阮大铖家传谱的《燕子笺》传奇，久演不衰。冒襄有"燕子笺成极曼殊"之句。

前面提到，康熙四年春（1665），王士禛曾携尤侗新作《黑白卫》到泰州如皋，请冒氏家班排演。与邵潜、陈维崧、许嗣隆、毛师柱等人修禊于冒襄家水绘园，紫云曾捧研于湘中阁。（《扬州画舫录》卷十）在王士禛《紫云曲》、泰州邓汉仪《徐郎曲》等诗中，都有"法曲只从天上得"之类的赞誉，以致冒氏家班享誉大江南北。龚鼎孳亦有赠诗，陈鸿等还绘有《云郎出浴图》、《九青小像》。李斗《扬州画舫录》卷十载："徐紫云，字云郎，扬州人。冒辟疆家青童，儇巧善歌，与其年狎。""青童"，原指神话传说中的仙童，此处指徐紫云有灵气。"儇巧"，慧黠乖巧，机灵狡猾。"狎"亲近而态度不庄重。"其年"是陈维崧（1625—1682）的字（号迦陵），明末四公子陈定生（贞慧）的长子。清顺治十五年（1658），陈维崧奉父遗命投奔冒襄，为其门生。陈维崧自幼娇生惯养，夜晚不敢一人独睡。冒辟疆便命家乐歌童徐紫云伴读陪睡，二人结下了深厚的友谊。徐紫云从陈维崧那里汲取了不少艺术素养，有文学功底，扮戏注意深入角色，往往与人物的悲喜命运交融在一起，因而表演动人，使熟悉他的人"不敢当筵唤紫云"。陈维崧在如皋住了十一年，康熙八年（1669），陈维崧决意北上谋取官职。徐紫云一同前往，随陈维崧到北京，不久即名倾都下，菊部歌儿多摹其音，京邑剧风为之一变。徐紫云陪伴陈维崧宦游中州、京城，直至康熙十四年清明前夕，病逝于宜兴毫村陈宅。

杨枝（生卒年不详），冒襄家班中的前期演员，杨君之子。杨枝为陈维崧所赠之小名，"知是杨家子，我取杨枝作小名"，寓"杨柳枝本长相思"之意。[1]工且行，是徐紫云的长期合作者，表演有独到之处，"杨枝善舞，回风舞雪，落尘遏云"。唱做俱佳，"伶工犹记新翻曲，唱到杨枝声最哀。燕子风前依玉树，邯郸曲时醉金厄"。临川四梦是他常演的剧目，特别擅演阮大铖家传谱的《燕子笺》传奇。且富文才，词文"一泓秋水漾群鹅"被称为"独有千古"的佳句。

秦箫（1644—?），冒襄家班中的前期演员，生旦兼演，与徐紫云、杨枝合称冒氏家班三大台柱，有"秦箫善歌杨枝舞"之誉。他吐音激越，能度北曲。他的演唱，"或隽爽激越，或缓其声以激之，徐张疾缓，铺排有序。以致听者凄楚，如幻如迷，一座唏嘘"（《得全堂夜宴后记》）。

前面说到，"奏销案"后（1662），冒氏家班不得不靠给别人家演戏赚银子来养活自己。虽说其家班并没有解体，但一直服从于文人士大夫情趣的家班演出方式，却变成了民间职业戏班的演出方式，这必然促进了戏曲与舞台演出、平民观众欣赏的密切关系，从而接受当地群众的生活习俗、审美、欣赏情趣的影响，这就使戏曲演出更为职业化、专业化。

三、其他家班

（一）李之椿家班

明末时，泰州如皋有两个家班：除冒氏家班外，还有一个李之椿家班。

李之椿，字大生，号徂徕，明末任吏部稽勋司主事等职。天启二年（1622），弃官归里，置办家班。与其兄李之本以诗歌相唱和，"萧散夷旷，天下慕其风流"。其家班教习陈敬仲（生卒年不详），女优夏丽贞（生卒年不详），艺名茜姬，司琴韦东窗

---

[1]［清］金埴《不下带编》卷四，中华书局，1982年9月，页67—68。

（生卒年不详），皆技艺杰出。他家在如皋城的东南隅有别业指树园，园内有霞起楼及花月山堂诸胜。

明亡，李之椿积极参加抗清复明活动。清顺治十五年（1658），李之椿以"通海"罪（时台湾尚未收复）被捕，家乐班遂告解体。同年，李之椿及子旦因"湖城大案"屈死，花月山房和指树园随之荒落。明亡后就只剩下一个冒氏家班。

（二）袁天游家班

明末泰州城内有袁天游家班。

袁天游，明天启、崇祯间泰州人，家道豪富。王孙骎《蕊亭随笔》说："天翁极好兴土木，蓄优伶，一日不闻斧斤与管弦声，便头岑岑矣。"其婿宫伟镠《庭闲州世说》也说"妇翁家优童甚盛"。

（三）粲者班

清初泰州城有粲者班。

就在清兵攻破扬州城时，扬州城内有一职业昆班流亡到泰州，投靠王孙骎的父亲，遂为其家班。该班是清代泰州最早的家班，活动于清初顺治、康熙间。因为班中有三个女演员，而且最漂亮的一个名字叫"秀"，王孙骎的大哥哥就把这个家班取名为"粲者班"。王孙骎，字参马，又字受轩，号纯夫，康熙八年（1669）中举，曾任江西宜黄知县。后来，王孙骎的《蕊亭随笔》卷二，记载了这一史实以及有关女演员秀的一段婚姻惨剧。

秀是该班三位出色的女伶中最漂亮的。曾随王孙骎家避清兵至樊汊镇，这一家主母的舅母家的长子以八百金购秀为妾。未一年，秀与自己所爱之人窃得府库里的钱财一起逃跑。后被缉获，至邗关，秀自缢于关上。诸娼妓为之敛资控官，其家遂破（命亦殒）。

而扬州府城及其直辖的三个县，则有：亢氏家班、郑侠如家班、张永年家班、吴绮家班、季氏家班。

（四）亢氏家班

如前所说，早在明成化年间，亢氏就寓居扬州，以盐商起家。且在扬州和平阳原籍（今临汾市），分别建了规模宏大的"亢园"，和远近闻名的家庭昆班，在扬州和平阳两地演出。至清康熙年间，亢氏成了扬州盐商中的巨富。清俞樾《茶香室续抄》云："国朝巨富，有南季北亢之称。"（泰兴季氏见下）近人邓之诚《骨董琐记》卷三云：

> 乾嘉间海内富室，推宛平祝氏、查氏、盛氏，怀柔郝氏。康熙时平阳亢氏，泰兴季氏，皆富可敌国，享用奢靡，埒于王侯。祝米商也，郝起农田，余皆业醝典。

（五）郑侠如家班

郑侠如，字士介，号俟庵。明江都（今扬州）人，祖居安徽歙县长龄村。因家产为族豪霸占，祖父郑景濂始迁扬州，以盐业起家。父郑之彦，年十九时，补扬州郡秀才；被众盐商推为盐策祭酒。郑侠如有三个兄长，均以园林相竞：元嗣字长吉，构有五亩之宅、"二亩之间"及王氏园；元勋字超宗，复社在扬州的社长，构有影园；元化字赞可，壮岁以勋戚官右军都督府都督同知，构有嘉树园。士介于崇祯十二年（1639）中副榜，由是名与兄相等，构有休园。扬州诗文之会，以马氏小玲珑山馆、程氏筱园及郑氏休园为最盛。至会期，诗成请听曲。据《扬州画舫录》载，郑侠如有男女乐各一部，俱十五六岁妙年。扬州诗文之会，以马氏小玲珑山馆、程氏筱园及郑氏休园为最盛。至会期，诗成请听曲。

清乾隆五十三年（1788），郑侠如所著的《休园诗余》、《休园省录》等皆遭禁。个中原委，不得而知。

（六）张永年家班

张永年，生平事迹不详。祁彪佳曾于明崇祯十六年（1643）九月二十八日，"至张永年家。永年举酌，观其家优演数剧"；二十九日，"永年邀酌，观《疗妒羹》"。（祁彪佳《祁忠敏公日记》）

（七）吴绮家班

吴绮（1619—1694），字薗次，清代剧作家。顺治十一年甲午（1654）拔贡生，荐授秘书院中书舍人。十三年丙申，奉旨创作传奇剧《忠愍记》，得宠于顺治皇帝，因之任兵部主事。康熙五年（1666），出任湖州太守。在湖州太守任上，清正廉洁，卓有成效。任中严惩豪强，因此失上官之意，康熙八年己酉（1669）被劾罢官。

归扬州后，畜有女乐[1]，日事游宴观剧，以声伎自娱，如此二十多年。所撰传奇，当时多被管弦。曹溶的《摸鱼儿》词，反映了吴绮所蓄家班演出的情况：

　　高歌后，槽底梨花正熟，更阑四照银烛。红尘旧梦浮云散，少壮去如飞簇，闲是福。莫唤起，龟年重唱开元曲，新愁几斛。只买断婵娟，携多齿落，相约卧空谷。（《摸鱼儿·吴菌茨招集米山堂[2]》，下阕）

　　低回昼漏，恰翠暖氍毹，丹浮琥珀，屏侧焫香兽……教坊乐部何戡在，料理记歌红豆。（《摸鱼儿·集米山堂观剧》，节录）

（八）季氏家班

季寓庸，字因是，泰兴县季家市（今属靖江）人。族人三百余家，均有不少人出仕为官。季寓庸出身于一个官宦富豪家庭，祖父季缙，为山东乐安县县丞；父亲季三卿，为河南祥符县知县。季寓庸本人，明天启二年（1622）进士，历官余姚、临海、济源、祥符知县，升吏部主事。明亡不仕，筑有嘉树园别业，居园中。此园广袤三里许，据清人姜宸英《嘉树园记》称，维扬嘉树园"甲于天下"。季寓庸"日为诗文以自娱，暇则留意于翰墨声律之事，无不精到"（嘉庆《重修泰兴县志》卷六《古迹·园林》）。清初，曾从丹阳张范我处获得元代大画家黄公望的《富春山居图》，盖有"扬州季因是收藏印"多枚。今分藏于台湾"故宫博物院"与浙江省博物馆。

季寓庸有七个儿子，都"服官中外"（光绪《泰兴县志》卷二十）。长子季开生（1627—1659），字天中，号冠月。幼时读书以寸计，援笔千言，尤善画。顺治六年（1649）进士，改庶吉士。大发中秘之藏，以快读书之志。著有《冠月楼集》、《出关草》等著作。累迁礼科给事中，后调兵科右给事。《清代野史》第七辑《季给谏狱中》，记述了其五六岁时（崇祯年间）在家中观剧事。崇祯五年（1632）时，该班曾演《苏子卿持节牧羊》等剧。常熟的钱曾（字遵王，号也是翁）的《今吾集》里，曾提到康熙五年丙午（1666）"仲春十六日，季因是先生设宴相邀，观女伎演剧"，"未几，先生死，女优遂散"。（褚人获《坚瓠秘集》卷五）

季寓庸的次子季振宜（1630—1674），字诜兮，号沧苇。顺治四年丁亥（1647）进

---

[1] 冒襄《五君咏·吴菌茨水部》："盘马平山堂，炙兔山光寺。百金买管弦，千金聘歌妓。"
[2] 堂乃阳陵公子秋浦先生所建，见吴绮《米山堂赋》。

士(时年十八),授浙江兰溪县知县。不久,行取刑部主事,旋升户部员外郎、郎中。顺治十五年(1658)选为浙江道御史,寻改山西道御史,命巡视河东盐政。

清初泰兴季家以豪富名。昆山归庄(归有光的后人)《与季沧苇侍御书》称:"江南之称铜山金穴者首推季氏。"近人邓之城除在《骨董琐记》卷三中提及"康熙时平阳亢氏,泰兴季氏,皆富可敌国,享用奢靡,埒于王侯"外,还在《中华二千年史》卷五下《盐商》中说:"扬州盐商,至万历以后,日见兴盛,皆徽人也。清初,业此有名者,曾为御史之季振宜,穷奢极侈,藏宋版书至精。"季振宜以其雄厚的经济实力,大力搜访和购买图书典籍,为清初著名藏书家。钱曾在《述古堂书目自序》里记述说,康熙五六年间(1666—1667),"举家藏宋刻之重复者,折阅售之泰兴季氏"。但季振宜的藏书,有许多是钱曾所未见的。康熙御定的《全唐诗》,就是在季振宜所编《全唐诗》的基础上纂修而成的。邓之城说季振宜是盐商是不确的,季振宜没有经营盐业,他只是个巡视河东盐政的御史。但他是个贪官,陆陇其《三鱼堂日记》卷下说:"沧苇初任兰溪,得数十万,河东巡盐又数十万,狼藉异常。"龚鼎孳《定山堂诗集》卷二十八称,顺治十八年(1661),季振宜因河东巡盐任内贪赃罪被逮至京。据《清圣祖实录》卷十四,康熙四年正月,季振宜还任山西道御史。又据李玄伯《述也是园藏古今杂剧跋》考证,季振宜在顺治十五年至康熙六年,康熙八年至十年两任御史。可能被逮至京后,不了了之。据赵尔巽《清史稿》卷二百四十四《季开生季振宜传》记载,季振宜最后"乞归"回家,此事在康熙十年(1671)。季振宜康熙时告老回籍后,效乃父蓄有女乐三部。对此,钮琇的《觚剩》续编卷三"季氏之富"有极为生动而又具体的记载:

江南泰兴季氏与山西平阳亢氏,俱以富闻天下。季自沧苇以御史回籍后,尤称豪侈。其居绕墙数里,中有复道周巡,健儿执铃柝者共六十人。月粮以外,每夕犒高邮酒十瓮,烧肉三十盘。

康熙九年,霖雨连旬,恐霉气侵浥,命典衣者曝裘于庭,张而击之。紫貂、青狐、银鼠、金豹、舍利狲之属,脱毛积地,厚三寸许。

有女乐三部,悉称音姿妙选。阁宴宾筵,更翻佐酒。珠冠象笏,绣袍锦靴,一妓之饰,千金具焉。及笄而后,散配僮仆与民家子,而娇憨之态未能尽除。日至高舂,晨睡方起,即索饮人参龙眼等汤。梳盥甫毕,日向午矣。制食必依精庖为之,乃始下箸。食后辄按牙歌曲,或吹洞箫一阕,又复理晚妆、寻夜宴。故凡娶季家姬者，绝无声色之娱，但有伺候之烦、经营之瘁也。[1]

陈维崧《念奴娇·季沧苇宅夜看歌姬演剧》词，有"吾生讵料，也曾听诸姨法曲"句。从《泰兴县志补》卷五中，记述如皋黄济叔在席间观剧时死去一事，可见季家演剧活动之频繁。

清初，扬州城内不仅扬州本地有家班在活动，连外地的家班主人，也和他们的家班一起流寓扬州城内。

（九）李虚中家班

李虚中，名明睿，号太虚，江西南昌人。天启二年（1622）进士，入清，官礼部侍郎，不久罹罪去职归里，购苏州女乐一部。顺治五年（1648），南昌兵乱，他携带家班流寓扬州。其班有"八面观音"、"四面观音"，"见者莫不心醉"。[2]在扬州接待过吴梅村，吴梅村有《寿座师李太虚先生四首》，写到李虚中在扬州的生活与娱乐：

> 放怀天地总浮鸥，客里风光烂漫收。
> 一斗浊醪还太白，二分明月属扬州。
> 锦筝士女觞飞夜，铁笛关山剑舞秋。[3]

毛奇龄、曹溶也在李太虚的寓所看过戏。毛奇龄有《虞美人·广陵李宗伯寓观女剧作》词，云"芜城新曲勾栏浅，覆地氍毹软"[4]，点明厅堂演剧的特点。曹溶亦作有《青衫湿·广陵饮李太虚寓中出家姬作剧》："红桥旧日深情地，一片玉箫吹。画娥青敛，著人多处，不在歌时。教师催出，齐登绣毯，摆落游丝。"[5]

（十）查继佐家班

查继佐（1601-1676），浙东海宁县孝廉。崇祯十一年（1638）有处女雪儿，十四岁，家西泠，善歌舞，明眸皓齿，称得上艳丽二字，愿为先生校书。查继佐因留绛帐

[1] [清]钮琇《觚剩续编》卷三"季氏之富"，重庆出版社，1999年10月，页233。
[2] 刘水云《清代家乐考略》，《戏曲研究》第62期。
[3] 《吴梅村全集》卷十五，上海古籍出版社，1990年12月，页414。
[4] 李坦主编《扬州历代诗词》（二），人民文学出版社，1998年，页263。
[5] 转引自刘水云《清代家乐考略》，《戏曲研究》第62期。

中,于是有东山女乐。

康熙初年,查继佐携家乐遍游浙江、江苏、新安(徽州日称)各地,名闻遐迩。金埴《不下带编》卷六云:

> 康熙初间,海宁(县)查孝廉伊璜继佐,家伶独胜,虽吴下弗逮也。娇童十辈,容并如妹,咸以"些"名,有"十些班"之目。小生日风些,小旦日月些,二乐色_{俗误称}
> _{脚色,以乐色脚色音相似也。}尤蕴妙绝伦,伊璜酷怜爱之。数朔以花舫载往大江南北诸胜区,与贵达名流,歌宴赋诗以为娱,诸家文集多纪咏其事。至今南北勾栏部必有"风月生"、"风月旦"[1]者,其名自查氏起也。伊璜下去世已久,十些无一存者。庚寅(1710)秋,查太史德尹嗣琛,偕予饮秋雨楼,述之啧啧,因作八绝句以追艳之。兹录二首:
>
> 查氏勾栏第一家,十些新变楚词耶!
> 骚翁独绝歌郎绝,魂宕风些与月些。
>
> 生魂蚕为艳歌招,十色花曹双领曹。
> 睨杀月些歌乍吐,风些香到一作吹向郑樱桃_{风些姓郑,本名阿桃。}[2]

查继佐家班成员几经递变,唯"十些班"的记载较为完整,有柔些、留些、叶些、澄些、珊些、梅些、红些、云些、月些等。据其入室弟子沈起所作《查继佐年谱》,"戊寅(崇祯十一年,1638),先生三十八岁"条所附云:

> 先生妙解音律,家畜女伶,姬柔些尤擅场。……案,先生歌姬有"十些"之目。其见诸《外纪》者,蝶粉有妹曰留些,姿慧稍减其姐,然犹压群。李太虚先生赠叶些,年十五已登场,杜于皇作《叶些歌》以赠。又澄些,能歌《牡丹亭》,流丽幽遥。珊些能作高调,梅些小婉人情。又得红些,粤人也。粤人不可训,红些傅粉诙笑特佳。庄史之祸,柔些随北,几欲身殉。其余不及考。又有家童云些、月些。[3]

---

[1] 林按:如《扬州画舫录》卷五25条:"贴旦谓之风月旦"。
[2] [清]金埴《不下带编》卷六,中华书局,1982年9月,页116—117。
[3] [清]沈起、陈敬璋《查继佐年谱 查慎行年谱》,汪茂和点校,中华书局,1992年7月,页32。

顺治十八年（1661），庄廷鑨《史概》案发（庄史之祸）。查继佐无辜而被罪，[1]押往北京，在讯问中受尽折磨和屈辱。柔些随北，几欲身殉。凡有事于是书者，俱置极典。铁丐吴六奇为其奏辩得免。经过这一惨变，查继佐越发放情诗酒。尽出橐中金，买美鬟十二，教之歌舞，每于良宵开宴，垂帘张灯，珠声花貌，艳彻帘外，观者醉心。孝廉夫人亦妙解音律，亲为家伎拍板，正其曲误。以此查氏女乐，遂为浙中名部。[2]该班演出剧目新颖，女伶（雏伶）歌舞器乐皆有所长；场面华丽，班主与同好共赏。女旦柔些为其翘楚，深得汪懋麟、宗元鼎、毛奇龄等人激赏。毛奇龄有《扬州看查孝廉所携女伎》诗七首：

内部新歌教欲成，几年湖上听分明。
醉来忘却扬州路，犹道西陵风雨声。

新翻乐府最风流，簇拍新歌拂舞鸠。
当日紫云来锦席，今朝杜牧醉扬州。

金钗十二正相当，刚写蛾眉十二双。
著就舞衣临按鼓，一时填满碧油幢。

氍毹布地烛屏开，紫袖三弦两善才。旦色末尼善弹。
二十四桥明月夜，争看歌舞竹西来。

新歌教就费千金，歌罢重教舞绿林。
年小不禁提赶棒，花裙欲卸几沉吟。

青旷细齿绛罗单，作伎千般任汝看。
独有柔些频顾影，猜人不欲近阑干。旦色名柔些。

[1]因其在浙江知识界享有很高的名望，庄廷鑨印刷《明史》时，在没有通知他本人的情况下，自作主张地将他的名字印在扉页上，列为该书的"参阅者"。
[2]〔清〕钮琇《觚剩》卷七《粤剩》"雪遘"条误为其族弟培继，重庆出版社，1999年10月，页141—143。

是处琼花开满枝,琼台歌舞正相宜。

就中别有天桃嫩,开向东风迟复迟。

(十一)李长倩家班

在高邮州,其所辖的兴化则有李长倩家班。

崇祯十七年甲申(1644),李长倩以副使(携子李淦)视学福建。乙酉(1645),金陵破,长倩与黄道周、张肯堂、吴春枝等拥立唐王监国,为隆武皇帝,建国福州。明年举乡试,淦得乙榜。时吴越楚皆为明守,多起兵相应。闽帅郑芝龙拥重兵,怀贰不欲战。长倩忿甚,乃上书请出师,帝大悦,进长倩户部侍郎、摄尚书事,督饷建宁。军抵延平,芝龙已遣人约降清。长倩知事不可为,仰药死。他的家班早已遣散。

三、传奇作家群体

明代中叶,扬州的传奇作家仅陆君弼和王纳谏二人,可是到了明清之际,扬州则出现了传奇作家的群体,而且几乎全是昆山腔作家。他们创作的杂剧、传奇,使得扬州昆曲艺人演出的剧目不只限于宋元南戏、元明杂剧和明代传奇。

(一)明末传奇作家

扬州明末的传奇剧作,有瓜洲王光鲁的《想当然》,兴化李长祚的《千祥记》、《雪梅缘》、《翠烟记》、《红叶记》,江都(今扬州)郑小白的《金瓶梅》。

1.王光鲁《想当然》

王光鲁,字汉恭,广陵(今扬州市)瓜洲人。治学谨严,尤精考订,极受东南名士推重。诗宗杜甫。明崇祯七年(1634),著《阅史约书》十五卷成。崇祯十三年(1640庚辰),扬州城南影园内,放黄牡丹一支。园主郑超宗(元勋)大会词人赋诗,汉恭曾参加集会。所著还有《碧渐堂诗草》、《古今官制沿革图》一卷、《元史备忘录》一卷。王光鲁生卒年虽不详,但从此剧有明崇祯刊本,且崇祯七年(1634)已经著成《阅史约书》十五卷看,当为明末人无疑。而作《批点〈想当然〉序》的谭元春,卒于崇祯十年(1637),故此剧应为王氏青年时所作。清初两淮盐运使周亮工(1612—1672)在《书影》中说王光鲁是自己的"门人"(弟子),崇祯十七年(1644)甲申之变时周亮工才二十二岁,而王光鲁明崇祯七年(1634)已著成《阅史约书》十五卷,似乎又不太可信。

《想当然》，二卷三十八出，用昆曲谱写，现存明崇祯刻本：景陵谭元春友夏绘图批点的"茧室新书"。本事见吴敬所《国色天香》卷二《刘生觅莲传》。写会稽刘一春，文武全才，父母早亡，赴钱塘拜望老师赵思智时，在后园月下偶遇赵思智家甥女孙碧莲和侍女匀笺，一见惊为天人。不久，一春被父执金维贤留于府中读书。再度与随父借住金氏园庭的孙碧莲及匀笺相遇，几人对月盟誓，私定终身。同住金府的耿汝和出于嫉妒，在金维贤面前诋毁一春。金维贤试探一春后，认为他品节无亏，遂赶走耿汝和。一春怕事泄露，遂进京应试，得中状元。已成相府门客的耿汝和，又设计将他派为代州佥判，兼摄雁门参军。一春远赴塞外，与碧莲等消息隔绝。后耿汝和奸计败露，一春归来，被任为翰林院学士，始往故地寻觅碧莲主婢，却已人去楼空，遂到钱塘探访赵思智。时碧莲一家因金维贤去世，已转投赵府居住。碧莲之父将女许配之，而碧莲不明真相，坚决拒之。一日，碧莲夜间哭诉心事，一春寻声至，二人重逢，终于成婚。刻本卷首茧室主人《成书杂记》评云："先生兹本，取事未尝不奇，而回峰过峡，引水归源，恣意横皴，欢肠袍舌。更妙在嵌空着步，缠绵幽曲，必欲节节尽情，台上案头，共珍名作。"因《想当然》传奇是一本场上之曲，一时流行甚广。周亮工《书影》云："其曲分视之，则小令；合视之，则大套；插入宾白，则成剧，离宾白，亦成正曲，不似今人全赖宾白为敷演也。"云林老农《扬州梦传奇引》："《想当然》一依本事，不复借色，世艳称之，实心折。"祁彪佳《远山堂曲品》："此于离合关目，亦未尽恰，但时出俊爽，才情迫露。"高奕《新传奇品》："蜃楼杂沓，气势横生。"北师大郭英德先生认为，作者是在传说的男女风情故事中溶入自己的审美情趣，将自身的情感、意趣、观念、愿望等主体精神对象化，"借他人之酒杯，浇自己之块垒"。这种"情自我生，境由他转"的创作方法，在明清传奇作家中确有相当广泛的普遍性。

此剧卷首有疑思居士序，其序云：

　　大江以南有一君子，城愁以居，啖字为饱，淫淫于睡梦之乡。则常叹曰："人生几何，少冶难系。功名事业，会须有时，独此迟之不得，错之不可者，死心一佳丽耳。"……一日偶阅稗乘，见刘一春觅莲事，则抛书狂叫曰："是矣，是矣！人生有此一日，千劫后可无活也。烦卿作念，无用相酬，则酬之以歌。……"既慨许之，此数人者，遂坐我喉间不去。……总之，情自我生，境由他转，阅数月而尽矣。……要以心想取之,染作墨云,绣为声谱,按拍观场,呜呜作弥大王有驴耳尔。则此三十八折者,非刘郎、蓬姊、曹郎、许氏之词,而予之想也,遂命曰:《想当然》。

则为作者之言可知矣。但其序署嘉靖丙子,而嘉靖朝纪年,从无丙子干支,可见此序出于伪托。"景陵谭元春"绘图批点的茧室新书(明崇祯刻本),则在此序前另有谭所作的《批点〈想当然〉序》,对作者"疑思居士"有所说明:

> 卢楠,字次楩,作《想当然》而托名于陆尚书。尚书始治浚令,出次楩于嘉肺中。陆归,卢随之,客于吴。书成得名,不复自珍,旋又弃去。次楩生平倚酒漫骂,无故人、知己;遗文散而不收,至今始流传,余见之吴人客楚者箧中。或曰:"此陆少年所为,以其官久而高,不便以词曲传;得意之文,又不忍废,诡云次楩耳。"

《曲考》和《传奇汇考标目》亦署卢柚(楠)作。卢柚字少楩,一字子木。大名(河南浚县)人。《传奇汇考标目》说他:"诗名藉甚,所著有《蟋蟀集》。"卢柚卒于明嘉靖三十八年(1559),其时昆曲尚未兴起,当非卢柚所作。祁彪佳在《远山堂曲品》中对此已产生怀疑:"观其词气,是近时人笔"。而谭元春(1586—1637),字友夏,明竟陵人,天启七年乡试第一,反对公安派复古,主性灵之说,时称竟陵派。谭氏卒于崇祯十年(1637),如作者自序真的是"丙子"的话,则此剧或写于崇祯九年(1636)。那么,作者"疑思居士"是谁呢?

周亮工《因树屋书影》云:"元人作剧,专尚规格,长短既有定数,牌名亦有次第。今人任意增加,前后互换,多则连篇,少则数阕,古法荡然矣。惟予门人邗江王汉恭,名光鲁,所作《想当然》,犹有元人体裁,其曲分视之,则小令;合视之,则大套;插入宾白,则成剧,离宾白,亦成正曲,不似今人全赖宾白为敷演也。今托名卢次(少)楩之名以行,实出汉恭手。"王龙光《永仁集》、云林老农《扬州梦传奇引》、姚燮《今乐考证》亦持此说,皆谓此剧为王光鲁作。

2.李长祚《千祥记》

李长祚(1598—1671),字延溪(一作延明、延初),江苏兴化人,明首辅李春芳曾孙。据《晚明四百家遗民诗》小传记载,系"句容籍孝廉"。明崇祯十二年(1639)举人,崇祯十六年(1643癸未)应会试,"卷在刘文正公理顺房,争元不得,置副榜第一"。既怀才而负屈,乃隐居乡里,闭门不出,拒见宾客。明亡后更绝意进取,耕田而

31

食，凿井而饮。清顺治五年（1648），被迫出家为僧，作《云莫歌》，自号云莫延道人，别号无心子。著作有《四书正训》、《容照草堂集》，传奇《千祥记》、《红叶记》、《梅雪缘》和《翠烟记》四种，以及重编之《金雀记》。因清代常演《千祥记》以贺生子，故今存四种抄本（1955年出版之《古本戏曲丛刊》二集，即据其年代最早者印入），其余均佚。

《千祥记》三十出，乃凭空杜撰。写贾凤鸣年八十，迁长沙太守，娶妾生子，名贾谊，题诗千祥轩壁上，有"后来依旧管长沙"句。后贾谊长大，果然任梁王府太傅，兼理长沙府。贾氏父子请众人赴宴，庆贺千祥轩壁题诗应验，时贾凤鸣已百岁。祁彪佳（忠敏）家班，曾于崇祯八年（1635乙亥）、十三年（1640庚辰），在绍兴演出《千祥记》。

明传奇《红叶记》共有三种：王炉峰本、祝长生本、李长祚本，今均无传本。其本事见《青琐高议·流红记》，写唐僖宗时，于祐见御沟红叶上有诗。于是，也题诗二句于红叶上。后于祐娶宫女韩夫人，新婚之夕，韩夫人惊见红叶，于祐以实告，"方知红叶是良媒"。祁彪佳家班，曾于崇祯十二年（1639己卯）演出。

3.郑小白《金瓶梅》

郑小白（生卒年不详），明末清初江都人，事迹不详。作有传奇《金瓶梅》、《金压屏记》。《金瓶梅》，《传奇汇考标目》、《曲录》等著录，据兰陵笑笑生《金瓶梅词话》第一回至第十六回稍加增删而成，演西门庆、潘金莲事，穿插张清、琼英、以及田虎事。现存旧抄本，三十四出，为残本，《古本戏曲丛刊》三编据之影印。另有两种抄本，一题《金瓶梅下》，为乾隆间抄本，二十七出；一题《金瓶梅下卷》，十四出。不知这三种抄本，何者更接近原作。《金压屏记》，原有明刻本，《海澄楼藏书目》著录。今无传本，内容不详。

另据《中国古典戏曲论著集成·传奇汇考标目》，还有蒋世纪、程子伟：

蒋世纪（生卒年不详），明末剧作家，字玉行。《中国古典戏曲论著集成》（七）《传奇汇考标目》卷上注一○一，"别本第一百六十三"："从李氏（伯珩）《海澄楼书目》补得明人杂剧二目，传奇二十六目。"中有蒋世纪《雪涛记》传奇，内容不详。[1]

---

[1][清]无名氏《传奇汇考标目》。见《中国古典戏曲论著集成》（七），中国戏剧出版社，1959年12月，页277。

程子伟（生卒年不详），明末剧作家，字正夫，崇祯元年前后人，其余不详。《中国古典戏曲论著集成·传奇汇考标目》载有其《雪香缘》传奇，内容不详。[1]

（二）清初传奇作家

扬州清初创作的昆曲有：江都（今扬州）蒋易的《遗扇记》，徐石麒的杂剧四种《买花钱》、《大转轮》、《浮西施》、《拈花笑》，传奇四种《珊瑚鞭》、《九奇逢》、《辟寒钗》、《胭脂虎》[2]，吴绮的《忠愍记》、《绣平原》、《啸秋风》、《秦楼月》[3]，汪楫的《补天石》[4]，程梦星的《后牡丹亭》；泰兴季孚公（名式祖）的《紫薇》；兴化李栋的《犊鼻裈》[5]、《七子缘》；泰州张幼学的《青楼恨》，陆舜的《一帆》、《双鸳》等七种（焦循《剧说》卷四），浙江徐旭旦在泰州作的《芙蓉楼》和《灵秋会》杂剧，如皋冒襄的《朴巢记》、《山花锦》，李渔的《笠翁十种曲》：《怜香伴》、《风筝误》、《意中缘》、《蜃中楼》、《奈何天》、《玉搔头》、《比目鱼》、《凰求凤》、《慎鸾交》、《巧团圆》，通州张异资的《崖州路》、《麒麟梦》、《鸳鸯榜》、《黄金盆》（《剧说》卷四）等，颇称于时。[6]

由于康熙年间扬州经济的复苏，相对于全国家班衰落江湖班社兴盛而言，还是家班林立的，所以扬州的传奇作家们大多是为自己的家班演出而创作的。明末清初扬州的这些家班中，除冗氏家班的主人是寓居扬州府城的盐商外，均是明末清初的士大夫。他们都具有丰富的文学、音韵方面的学识，例如李书云与苏州派剧作家朱素臣合编了《音韵须知》；朱素臣校订的《西厢记演剧》，李素云为之作序，而且由自己的家班排练演出。吴绮也与苏州的李玉和朱素臣交往。他们于艺事也无所不能，尤工书画弹琴。加之，扬州位于长江与京杭运河交叉点，四方贤达，无不荟萃于此。袁于令、汤显祖、祁彪佳、吴伟业（梅村）、曹溶、孔尚任、李渔、曹寅、洪昇、尤

---

[1]［清］无名氏《传奇汇考标目》。见《中国古典戏曲论著集成》（七），中国戏剧出版社，1959年12月，页232。

[2]见姚燮《今乐考证》。《中国古典戏曲论著集成》（十），中国戏剧出版社，1959年12月。

[3]［清］无名氏《传奇汇考标目》，见《中国古典戏曲论著集成》（七），中国戏剧出版社，1959年12月，页238。

[4]即《易水歌》改本，《传奇汇考标目》姓名下原注："字舟次，号悔庵。江都人。由敕谕举博学鸿词，入翰林，官检讨，仕至福建布政使司。所著有《悔斋集》"。同上，页242。

[5]［清］管庭芬《销夏录旧五种·重订曲海总目》作《犊鼻禅》，《中国古典戏曲论著集成》（七），中国戏剧出版社，1959年12月，页369。姚燮《今乐考证》亦有"兴化李某一种《犊鼻禅》"，《中国古典戏曲论著集成》（十），中国戏剧出版社，1959年12月，页301。窃以为："禅"与佛教有关，而古代有一种裤子名"裈"（音"昆"）；字形相似。"犊鼻裈"者，像小牛的鼻子一样的短裤，一说是短裙。

[6]这里的"清初"，并不包括整个康熙年代，而是直到康熙二十年为止。所以，宝应乔莱的《耆英会记》，曹寅的《北红拂记》、《太平乐事》、《表忠记》和《续琵琶》即《后琵琶》等，见下文。

侗、毛奇龄等著名曲家，亦往来或居住扬州。他们也对演员们的演出进行指点。冒襄和王士禛等人又频繁来往于扬、泰之间。所以，这个时期扬州的戏剧创作特点是，昆山腔戏剧作家的大批出现，而且密切联系实际——舞台演出实际和社会实际。联系舞台实际，所以故事性强，情节变幻多端，讲究穿插激动人心的场面描写；联系社会实际，所以或多或少地反映了时代特征，直接抒发作者的爱憎。

1.徐石麟

研究明末清初时期的扬州昆曲剧作家，徐石麒（1610？—1675至1681前后）和李渔（1611—1680）两个人不能回避。他们都是明末清初的重要曲家，对戏曲有很深的造诣，而且传奇创作的风格也大致相近。这两个人都祖籍浙江，都和扬州有关系，徐石麒终老于扬州府甘泉县北湖（今扬州市邗江区黄珏乡），李渔出生于扬州府泰州的雉皋（今南通如皋），却于清初先后移家杭州和金陵，最后又终老于杭州。他们之间虽有交往，却又因对人生的态度不同而有点儿抵牾。在《淮海英灵集》中，就记叙了李渔仰慕徐石麒对于音律的造诣："特游扬州，访又陵于湖中。又陵默坐终日。渔告人曰：'又陵有道君子，向以词曲取之，失之远矣。'"徐石麒的孤傲，以及不屑与李渔为伍的品格，跃然纸上。

徐石麒，字又陵，号坦庵（别号坦庵道人）。原籍鄞县（今浙江宁波），明初迁扬州。幼承父学，明贡生。明亡后隐居甘泉北湖（今邗江区黄珏乡），沉谧寡言，以诗酒自遣，著书自娱。善制曲，工诗词、绘画，"画花卉有天趣"（《扬州画舫录》卷二）。康熙年间的《扬州府志》，和雍正、嘉庆年间的《江都县志》，"麒"均作"麟"。嘉庆《重修扬州府志》卷五十三有徐氏小传，内载：

> 父心绎，字纯之，从陈履祥授王艮之学。兄宗麟，字蕙庵，明崇祯十三年（1640）武进士……国变后……屡征不起。石麒承父教，精研名理，好著书，尤精词曲，入白仁甫、关汉卿之室。

传后按语："旧志误作徐石麟，入于明。"旧志之所以误作徐石麟，可能与"兄宗麟"，以及《明遗民录》卷三十一有徐石麟传有关。孙静庵《明遗民录》卷十九有小传，说他是天启丁卯（1627）武举人，则他起码生于万历三十八年（1610）。其传末云：

时王玉藻[1]同隐湖中，湖民罕知其贤，而石麒独与交；高晫[2]、陈卓均以世家子出仕，而石麒独退隐；及王贻上司理扬州[3]，招致湖中名士高人，吴嘉纪[4]、雷士俊[5]、邵潜均诣其门，而石麒独不往。时兄子元美、女元端皆工诗词，石麒间与倡和，以供笑乐。始与罗然倩[6]、刘子祉、陈圣茹、吴菌茨、宗鹤问交，后菌茨出湖州守，以书招石麒，石麒作《浣溪沙》答之，有"杖履逍遥懒出山"之句。以康熙某年卒于家。子元声、元佑、元吉，均知名，而女元端才尤高，能传石麒词律之学。

吴绮（菌茨）官湖州知府在康熙五年至八年（1666—1669），徐石麒如活了六十几岁，当卒于康熙十五年（1676）至二十年（1681）前后。所以我推断他的生卒年当为1610?—1681前后。

这几篇传记材料中，都附载了徐石麒的著作目，总数有四十余种之多，达二百余卷（《坦庵续著书目》）。焦循的《北湖小志》和《剧说》，以及李斗的《扬州画舫录》，对他都有所记载。郭士璟说他："感愤之怀，寄之诗赋；滑稽之致，寄之南北剧。"后徽人凌廷堪，于词曲之学造其微，最称石麒，谓其合於元人本色。

徐石麒的词集《坦庵词》三卷，由焦循辑入《北湖三家词钞》。作于嘉庆庚午（1810）夏六月的焦廷琥（焦循的儿子·1783—1823）的《北湖三家词钞跋》，提到这样一些事实：

> （范）石湖名荃，年七十三卒于康熙乙酉，坦庵、霞汀（林按：指罗煜）已先没。问三家之本末，莫能言之者。去岁，于裔向之处见《徐氏族谱》，又晤徐君崇礼。徐为向之外家，崇礼于坦庵为六世孙，问其遗书，不复能详也。……

"康熙乙酉"，即1705年；《徐氏族谱》在嘉庆中犹存世，如能保全至今，则有关徐石

---

[1] 王玉藻，字质夫，号螺山。江都人，明崇祯进士，授慈溪知县。金陵破，鲁王监国，他起兵。浙东再破，遂归隐北湖，誓不易衣去髪。

[2] 高晫，字苍岩，顺治十五年进士。始仕云南曲靖县推官，迁徽州府同知，后任苏州知府。

[3] 王士禛，字贻上，号阮亭，晚号渔洋山人。山东新城（今山东桓台）人，顺治十二年进士，官至刑部尚书。司理扬州在顺治十六年至康熙三年（1659—1664），为当时文坛的领袖人物。

[4] 吴嘉纪（1618—1685），字宾贤，号野人。泰州人，明时为诸生。家于安丰盐场，晨夕啸咏自适。诗风劲健，语言朴素。郡人汪楫（1636—1699）、孙枝蔚（1620—1687）与友善，时称道之，因而为王士禛知。

[5] 雷士俊（1611—1668），明末诸生，字伯和，江都人。明亡闭门著书，与王士禛相通问。

[6] 罗煜，字然倩，号霞汀。其先歙人，清初隐居北湖，与徐石麒、范荃以词相角，称为北湖三词家，有《北湖三家词钞》。

麒的种种疑点，便皆可涣然冰释了。

徐石麒的散曲有《坦庵乐府黍香集》一卷，存小令五十二首，套数十套。除两套套曲为南曲外，其余均为北曲。散曲内容多为避世感怀，诗酒自遣。风格似张可久，大部分作品清新秀美，也不乏萧爽之作。与另一散曲集《坦庵诗余瓮吟》，和《坦庵词曲》（杂剧四种）合刻，题为《坦庵词曲六种》，现存顺治间南湖享书堂原刊本。另有《词府集统》、《诗余定谱》十卷、《天籁谱》二卷、《坦庵订正词韵》、《蜗亭杂订》等。《坦庵琐笔》四卷和《古今青白眼》三卷等，明亡时毁于兵燹。清顺治二年（1645），曾冒死入城，检拾所著书稿残本，自负以归北湖；后所居草堂遭灾，幸存无几。自谓所撰得之疾病、愁苦、呻吟、涕泪者为多。

徐石麒的戏曲作品有杂剧和传奇各四种。传奇有《珊瑚鞭》、《辟寒钗》、《胭脂虎》和《九奇逢》（一名《九奇缘》）四种，《今乐考证》著录。今存《珊瑚鞭》康熙间刻本，《古本戏曲丛刊》五集据之影印，余三种均佚。

《珊瑚鞭》，三十三出。传奇本事出明末荑狄散人（张匀）《玉娇梨》小说，叙明朝才子苏友白与才女白红玉、卢梦梨的爱情故事。徐石麒自称，"难遇风流偶"，"聊借他缘，塑我擎花手"（第一出《作者意》【蝶恋花】）。借苏友白的姻缘遇合，抒发一腔情怀与无限幽思。全剧仅取小说中富于戏剧性的场面，而删去铺叙文字，甚得简洁之法。形象鲜明，结构稳称，曲词清丽。传奇写成后，徐石麒邀袁于令（字箨庵）观之（袁卒于康熙十三年，此剧当作于是年前），袁作《拂霓裳》词云：

尽商量，人生万事熟黄粱，收拾在春风锦绣一奚囊。英雄啼有泪，儿女笑生香。杜韦娘，趁当筵歌舞拂霓裳。风流况，是客座上有周郎。摧拍了，不教弦管误宫商。调高人语静，烛短酒杯长。谩端相，绣帘开，明月绕歌梁。

徐石麒的戏曲作品还有杂剧四种：《买花钱》、《大转轮》、《拈花笑》、《浮西施》，合为《坦庵词曲》。顺治刊《坦庵四种》，今《清人杂剧二集》影印。

《买花钱》，是徐石麒杂剧中的杰作，替失意人扬眉吐气，四折。取材于周密《武林旧事》"西湖游幸"条以及《警世通言》中的《俞仲举题诗遇上皇》。写南宋时怀有真才实学的俞国宝屡试不第，一天，约好友韦子隽同游西湖，在断桥酒楼题《风入松》词一阕。宋孝宗微服游西湖，见词颇为欣赏，亲笔为改数字，并命人访国宝，授翰林。驸马都尉杨震深爱其才，以歌妓粉儿赠之。徐石麒之侄元美作《风流子》词题之：

　　　　千秋同抱怨，风流事知否几人经？羡座上酒豪，佳人意许；楼前诗句，天子情
　　倾。相逢处，眼波娇欲溜，眉宇韵偏生。雅调唱酬，债偿闺阁；才华艳潋，价重墀
　　庭。借于（俞）生佳话，传幽愤不觉彩笔纵横。意近叩壶王子，击筑荆卿。爱清商响
　　若，九皋唳鹤，新词柔似，百啭流莺。咳唾尽成珠玉，高调谁赓？

　　《大转轮》，四折。取材于《梁史平话》、《三国志平话》以及《古今小说》中的
《闹阴司司马貌断狱》。叙洛阳才子司马貌屡试不第，郁愤填膺，作诗咒天。玉帝差
太白金星将其捉拿问罪。司马恃才傲物，历数世间不平。玉帝乃命其往地府勘断汉
朝四百年疑狱，限六个时辰办妥。于是，司马貌当了半天阎罗，将韩信告刘邦、吕后
等七起历史疑案一一审明发落。玉帝大喜，悉令依拟施行。不仅为失意人鸣不平，也
含有对现实的感愤。
　　《拈花笑》，一折。叙杜得锦嫁与封鏐，情如胶漆。不久，封又娶年轻美貌的冒
如花为妾，恋新厌旧，将杜氏冷落一旁。杜氏妒意大发，冒氏亦不甘示弱，两人唇
枪舌战，互相辱骂，丑态百出。"排击怒骂之语以韵文写之，挥斥纵横，几与口语无
别。……语其伎，亦可谓滑稽之雄矣"（孙楷第《戏曲小说书录解题》）。剧本用白描
手法写一家妻妾争风吃醋，暴露了明末社会士人家庭中荒淫腐化生活的一面，于滑
稽中寓含讽世之意。
　　《浮西施》，一折。内容与明梁辰鱼《浣纱记》传奇、汪道昆《五湖游》杂剧相
反，而与清初艾衲居士《豆棚闲话》中第二则《范少伯水葬西施》同。史载范蠡偕西
施泛舟五湖隐去，此剧作翻案说范蠡认为西施是个"妖孽女子"，留之于世，终为祸
本，乃将其沉于江中。剧中西施的辩词，气概很盛，反显得范蠡是个狠毒无理的小
人。孙楷第评称"事取奇玮，而词律谐畅，有激越发扬之音，在清初实埒与西堂、梅
村诸乐府伯仲"（孙楷第《戏曲小说书录解题》）。
　　2.吴琦
　　吴绮，祖籍徽州歙县，长期寓居扬州。少读书于康山之麓。五岁能诗，及长善属
文，工骈体与南曲。因名句"把酒瞩东风，种出双红豆"，脍炙人口，辗转传入深闺，
为不少知识女性所喜爱，所以获得"红豆词人"的称号。
　　顺治十一年甲午（1654）拔贡生，荐授秘书院中书舍人。顺治（清世祖福临）非

常好学，对汉文小说、戏曲与佛教禅宗尤感兴趣。顺治十三年，命将明代忠臣杨继盛的事迹谱为传奇，且要以杨继盛为主角，歌颂其高风亮节，弥补日本《鸣凤记》的缺失。有文献可据的，应诏的至少有两位。除吴绮外，就是山东诸城的丁耀亢。丁耀亢（1599—1672），字西生，号野鹤，传世的传奇有四种：顺治四年作的《化人游》、顺治六年作的《赤松游》、顺治十年作的《西湖扇》、顺治十四年作《表忠记》（全称《新编杨椒山表忠蚺蛇胆》），显示出逐渐解脱遗民情结而迫不及待地向清廷诚心效忠的思想演变轨迹。但丁耀亢当时只是个小官：容城教谕，是冯铨大学士和同乡傅以渐（清代第一个状元）的推荐，才受命执笔的。而且其第二十二出《后疏》"指前代弊政，揩绅陋习"，措词过于激烈露骨，推荐者怕因文字惹祸，没有送呈顺治过目。这样，吴绮奉旨创作的传奇剧《忠愍记》，就深中帝意，即以当年杨继盛官位（武选司员外郎）封之，因之任兵部职方司主事。一时盛传，誉为"江都才子"。《忠愍记》似乎没有刻出来，而丁耀亢的《新编杨椒山表忠蚺蛇胆》却刻出来了，扉页上有"奉命进呈，未敢自炫"。[1]后来，丁耀亢升任广东惠安县县令，因酷爱长篇小说《金瓶梅》，给这部书写了个续集，被上司指责为"身为令民之首，而不务正业"，于顺治十七年秋撤职还乡。

康熙五年丙午（1666），吴绮出任浙江湖州太守。在湖州任上，清正廉洁，卓有成效。公务之余，仿效前贤，在三月初三上巳节召集风雅之士在水边修禊，积极开展群众性的文学创作活动。比吴绮年长十岁的吴梅村，十分欣赏吴绮的才华，抬举他是继王羲之兰亭修禊之后的又一领军人物："右军胜集今谁继，仗有我家季重才。"吴梅村不仅引吴绮为同道，而且直接把他当作自家弟兄。吴梅村每回路过湖州，吴绮总要设宴招待，召唤一批名士在一起觞咏赋诗，欢畅至极。吴绮为人豁达洒脱，高风亮节，生活饶有风趣，人称"多风力，尚风节，饶风趣"的"三风太守"。然而，任中严惩豪强，因此失上官之意，康熙八年己酉，上官托词"四方名流过从，赋诗游讌无虚日"，将其罢归。

吴绮罢官后，曾填一小令《茅山逢故人·醉题》云："满目乱山无数，一片寒潮来去。故业何存？故人何在？故乡何处？　　《离骚》一卷长怀，莫向西风空诉。才子无时，美人无对，英雄无路。"词中的"乱山"，就是比喻来访的"四方名流"，"其去官亦坐此。"吴梅村为之鸣不平，赋诗《家菡茨罢官吴兴有感》。其一云："官随残梦

[1]见郭棻《表忠记·弁言》，《古本戏曲丛刊》，中华书局，1964年，影印本。

短，客比乱山多。"吴梅村追忆当年雅事盛况，《赠家蔺茨湖州守五十韵》云："笙歌前队引，宾客后车乘。"（《吴梅村全集》卷十八）流露出无限感慨与思念。

吴绮罢官后，到苏州与李玉和朱素臣交往。归里后，婿为之筑室；康熙二十四年乙丑，粤东制军吴留村赠钱购赵氏废园移居（在旧城粉妆巷）。有求诗文者，多以花木为润笔，不数月而成林，因名其围曰"种字林"[1]。孔尚任来扬，吴绮与之交游甚欢。

归扬州后，畜有女乐[2]，以声伎自娱。所撰传奇，当时多被管弦。晚年目盲，自号听翁。康熙二十九年庚午，隐居黄珏桥（北湖之滨）。瓜田豆畦，扁舟溯流。著有《林惠堂集》十二卷、《亭皋集》十卷、《艺香词》三卷、《南曲》一卷（《忠愍记》、《绣平原》、《啸秋风》各一本）。以上合编为《林惠堂全集》二十六卷刊行。

此外，还有一些文人，也创作了杂剧和传奇。

张幼学（1614—1669），字词臣，一字仪伯，泰州人。顺治三年（1646）举人，官知县，有政声。他精通音律，善解人情，撰有《青楼恨》一种，佚。陆舜曾为之序，中有"秦淮河曲，箫声夜半落扬州"之句。

陆舜（？—1692），字符升，号吴州。泰州人。明崇祯十四年（1641）与同里张幼学、张一侨等结曲江社。顺治十一年（1654）举人，康熙三年甲辰（1664）进士。授刑部主事，多所平反，迁郎中。历官浙江提学，所拔多贫寒知名之士。两浙文为之一振。旋以疾乞归。家居二十载。十七年（1678）举博学鸿词，不就。所作《吴州文集》（一作《双虹堂文集》）总目中有传奇七种，因当时未刻竣，传奇未及载入，剧名不详。《剧说》卷四载："泰州张良御作《陆吴州墓碑》云：'公以余力，作为词曲，《一帆》、《双鸳》，流传各部'"。《国朝文汇》甲集卷十九收其文四篇，《海陵文征》卷十五收其文七篇。

徐旭旦（1659—1720），字浴咸，号西泠，别署圣湖渔父，浙江钱塘（今杭州）人。康熙十一年（1672）拔贡士。有《世经堂集》。康熙二十七年，在泰州作的《芙蓉楼》和《灵秋会》杂剧。洪昇署名校正。康熙三十三年，在兴化担任县丞，五年后，升任兴化知县。后任广东连平知州，兼摄海丰令。

张异资，通州人。康熙初为崖州知州，有感于寇莱公事，作《崖州路》传奇，词

---

[1][清]梁绍壬《两般秋雨庵随笔》卷五，上海古籍出版社，1982年8月，页246。
[2][清]冒襄《五君咏·吴蔺茨水部》："盘马平山堂，炙兔山光寺。百金买管弦，千金聘歌妓。"

甚奇崛,宾白整齐。又作《麒麟梦》、《鸳鸯榜》、《黄金盆》三种。[1]

泰兴**季孚公**(名式祖)有《紫薇》。

---

[1]焦循《剧说》卷四第8条,见《中国古典戏曲论著集成》(八),中国戏剧出版社,1960年1月,页155。

第三章　伟大的戏曲理论家李渔

中国戏曲自形成以来，到明末清初已将近五百年。在这五百年中，经过了两个黄金时代：一个是元杂剧的繁荣时代，以关汉卿、王实甫、马致远、白仁甫为代表；一个就是明清传奇的繁荣时代，以《宝剑记》、《鸣凤记》、《浣纱记》开其端，以"临川四梦"为其高峰，并由苏州派作家的《清忠谱》、《万民安》、《千钟禄》、《琥珀匙》、《十五贯》等大批作品壮其声势。这两个时代，都是名家辈出，杰作如林，而且在作品所反映生活的广度和深度上，在舞台艺术的创造和唱做念打等表现手段的综合运用上，在风格、流派、形式的多样化上，都积累了丰富的经验。系统地总结这些经验，进一步推动戏曲艺术向前发展，是时代的要求。

其实，把戏曲创作和演出的经验上升为理论，早在戏曲形成之初就开始了。元代钟嗣成的《录鬼簿》、夏庭芝的《青楼集》、燕南芝庵的《唱论》，以至明初朱权的《太和正音谱》，就是对元杂剧的剧作、表演、音乐等方面成就所进行的理论探讨。明代中叶以后，徐渭、魏良辅、李卓吾、王骥德、臧晋叔、吕天成、潘之恒、祁彪佳、冯梦龙、卓人月、袁于令、凌濛初、金圣叹等人，以其丰富的著作和锐利的评点，积极影响着剧坛的创作思潮和艺术思潮。明末清初这六十年中，家庭班社纷纷解体，与广大的市民有了广泛的接触，促进了传奇创作和舞台演出的关系空前密切，所以传奇的剧本体制、文学要素、语言风格和音乐都发生了新变。因此，历史发展到明末清初，无论从创作、演出方面来看，还是从理沦、批评方面来看，系统总结我国戏曲艺术的实践经验的条件已达到了水到渠成的程度，而李渔恰逢其时，于是，他的戏曲理论就应运而生了。

一、生 平

李渔（1611—1680），原名仙侣，字谪凡，和冒辟疆同一年出生于扬州府泰州如皋县（今属南通）。当时，在阳明心学、特别是泰州学派的影响下，文人追求自然与惬意的生活，讲美食、好女色、畜声伎、治园亭、乐山水、精书画、爱闲书、印书籍、着褰衣、嗜茶酒、披僧袍、作雅事，成了晚明的士风。整个扬州府是昆曲演唱的中心，竞效吴腔成为市井和官府的同好。在如皋城北，有张勉学家班在别业露香园演出；在如皋城东北，有冒氏家班在别业水绘园演出；在如皋城东南隅，有李之椿家班在别业指树园演出。李渔就出生在这样一个时代环境里，耳濡目染，"童而习之"，对戏曲产生了浓厚的兴趣。他的家庭，虽不像张勉学、冒襄、李之椿那样，是官宦人家，但幼年时家也素饶。因为伯父李如椿受雇于如皋"养济院"的医院，是如皋的一名"冠带医生"，他的父亲李如松，就开了一爿药材店。在旧社会，肥水不流外人田，中医往往兼开药店者颇多。用今天的话说，这弟兄二人所从事的正是商业上的连锁，可以说是最佳搭档。所以，李渔家的园亭也罗绮甲邑内，与城北张勉学家的露香园、城东北冒襄家的水绘园、城东南隅李之椿家的指树园可以媲美。另外，在老家浙江兰溪夏李村，也有一些田地和房产。

崇祯八年（1635），二十四岁的李渔回祖籍应童子试，入金华府庠。崇祯十二年夏，赴省城杭州乡试不第。顺治二年（1645），清兵入杭州，明屯兵掠野。李渔乱后无家，暂入金华府同知许檄彩幕。许为李渔纳妾曹氏，妻妾相处无间。顺治三年，城破，接着浙江全境被清军攻克。战线南移，炮声远去。除西南边境和台湾最后挣扎外，中国境内大规模有组织的抗清复明武装斗争都已放弃。经过一阵东躲西藏的徘徊观望之后，李渔从深山密林中走了出来，返回祖居之地夏李村，归农学圃。顺治四年，生二女，为子嗣计，复纳妾纪氏。一次为修渠事去金华，请时任司法行政长官的旧友李芝芳援手。见仅仅两年时间，古老的婺州就在战争废墟上又欣欣向荣、百业繁茂、物阜民安，引起了李渔的深思：自己不像冒襄是簪缨世家，在朱明王朝没有得到过仕途的实惠，因而也就没有遗民那样的家国之痛；再则，"自知不是济川材，早弃儒冠辟草莱"[1]；但他却深受晚明士风的熏染，不仅会写诗作文，而且晚明士人所乐于追求的种种时尚，"凡窗牖、床榻、服饰、器具、饮食"诸技艺，李渔无一不热爱，无一不精通。凭借这些本领，他完全可以像在许敬彩幕中一样，靠出售智慧和艺能结交名流才望，做清客、山人，靠打抽丰过日子。

什么叫清客、山人？"有明中叶以后，山人墨客，标榜成风。稍能书画诗文者，下则厕食客之班，上则饰隐君之号，借士大夫以为利，士大夫亦借以为名"[2]。孙楷第说："明季山人甚多，最阔气的是陈继儒；清初山人著名的，便是李渔。"（《李笠翁与〈十二楼〉》）陈继儒是一个书画家，李渔《意中缘》传奇中曾以其为主人翁，写得一手好字，画得一笔好画，士大夫以有其字画而面子上有光。于是，陈继儒就"隐居"西湖，以书画为生。这在今天看来，非常正常，物有所值，各取所需嘛。何谓"打抽丰"？就是以某种名义向有钱人索取财物。比如，陈继儒给你画两张字画，你得给陈继儒财物。在今天叫交换，时间稍前一点儿叫交易，说白了叫买卖。在明清叫"打抽丰"，说得不好听点儿，还可以叫敲竹杠（你没有要我写、没有要我画，但我要钱用了，送你两张；你过生日了，办喜事了，我上门给你写个贺联，画幅画儿。对不起，你得给我财物）。据传说，扬州城内，有一盐商为母做寿。郑板桥知道了，上门祝贺。郑板桥是个有名的书画家，请都请不来。既然来了，当然得请他"赐"墨宝。郑板桥来了个狮子大开口，盐商来了个对折拦腰砍。郑板桥也不坚持，提笔就写贺联。上联是"这个婆娘不是人"，下联是"养的儿子都是贼"。写完搁笔。大家都傻眼了。怎么办？盐商只好求郑板桥。郑板桥说："你给半价，只能给你半副。"盐商乖乖地捧出银子，郑板桥这才将下半副贺联续写出来。上联是"这个婆娘不是人，九天仙女下凡尘"，下联是"养的儿子都是贼，偷来蟠桃献母亲"。后来，凡是投靠豪门大户的，统统被称为"打秋风"。打秋风的人，有的叫师爷、清客、山人，有的叫管家、账房、护院，难听一点的，叫"食客"、"帮闲"、"篾片"。他们"非工非商，不宦不农，家无恒产而须要和士大夫一样享受。一身而外，所有费用皆取之干人。所以游荡江湖，便是他们的职业"[3]。

"技无大小，贵在能精；才乏纤洪，利于运用。能精善用，虽寸长尺短亦可成

---

[1]李渔：《六秩自寿》之二。
[2]《四库全书总目》卷一八〇，赵宧光《牒草》条。
[3]孙楷第《李笠翁与〈十二楼〉》，见《中国古典小说资料丛书·十二楼》附录，上海古籍出版社，1986年4月。

名。"[1]经过深思熟虑，在广大士子继续煞费苦心地为"仕途经济"而奔波钻营的时候，李渔虽不再把文章和"国事"、"功名"联系在一起，却也不是像徐石麒、冒襄那样隐居乡村，而是作出了不同流俗的选择，于顺治六年（1649）秋，带着他的三妻二女，自兰溪移家杭州，将精力投入为正人君子所不齿的戏曲、小说一道，卖文为生。

二、传奇创作

杭州是个风光秀丽而又充满浪漫艺术情调的城市，12世纪末以来，南戏就是从这里发源的，此后一直涌现出色的剧团和剧作家。李渔选择杭州作为他事业的出发点是正确的。顺治二年（1645）许橄彩曾为李渔纳妾曹氏，妻妾相处无间，于是李渔以之为蓝本，虚构了一些故事情节，写下了第一部才子佳人的剧作《怜香伴》（见《一家言·贤内吟》十首），鼓吹妻妾相怜相爱，于顺治八年问世。

《怜香伴》，三十六出（《新传奇品》作《美人香》）。写扬州秀才范介夫，与妻崔笺云两情弥笃。山阴曹介臣之女曹语花，遇崔于庵堂，一见如故，结为姐妹，愿同嫁一夫，不分嫡庶。曹与崔别后，天各一方，思念成病。而范被诬陷，外逃避祸，改名石坚；崔则隐瞒身份，混入曹府，被曹父认作义女。两女重圆，曹病霍然而愈。后，范中进士，曹父为其房师，以女语花许之。最后，范出使琉球归，两女不分妻妾，并封夫人，故名《怜香伴》。

《怜香伴》是李渔第一部才子佳人剧作，众人评价不高。但我在这里只是强调它是一部以李渔自己家庭生活为蓝本的戏：许橄彩为他纳的妾是曹氏，戏中的妾也是曹氏；他出生在扬州府泰州的如皋，这个戏的男主人翁也是扬州秀才。这不是巧合，而是以自己的家庭生活为蓝本，承认自己是扬州（府）人。我们有什么理由反而把他拒之于扬州昆曲之外呢？

顺治八年（1651己酉），李渔四十岁以后，因"担簦戴笠""终年托钵"，正式将自己改名为"渔"（原名李仙侣），字笠鸿，号笠翁，别署笠道人、湖上笠翁、觉世稗官、新亭樵客、随庵主人等，承接明代狂士之余绪，做一个戴着斗笠、靠自己的智慧和艺能谋生的老翁。此后，他又创作了《风筝误》（顺治九年）、《意中缘》（顺治十年）、《蜃中楼》（顺治十六年）三种传奇，和小说《无声戏》一集、二集。

---

[1]［清］李渔《闲情偶寄·词曲部》"结构第一"，见《中国古典戏曲论著集成》（七），中国戏剧出版社，1959年12月，页7。因下文引用较多，只随文括注，不再详注页码。

《风筝误》，三十出。又是写才子佳人的，是李渔代表作。它以风筝为线索，通过误会、巧合等喜剧手法，组织全剧的矛盾冲突，显示了李渔高超的编剧技巧。全剧结构严谨，针线细密，情节新奇，排场热闹，终场不懈，语言浅显易懂，适合演出。

男主人翁韩世勋，人品俊逸，才华出众，赖同乡戚天衮抚养成人。而戚子友先，却是酒色之徒。戚在同里有一同年詹烈侯。詹有二女，长女爱娟，"貌即不扬，性又顽劣"；次女淑娟，才貌双全，聪慧端庄。由于詹烈侯正夫人早丧，这两位小姐是两位如夫人所生，而且这两位如夫人又各不相让，詹烈侯不得不把院子用粉墙隔开，梅夫人（二娘）住东边，柳夫人（三娘）住西边，因此才闹出后面的许多笑话。这是针线的细密。

因为时近清明，人们都到户外活动，踏青、上坟、放风筝。戚友先嫌家童糊的风筝太素净，要家童央求韩世勋在风筝上画一幅画。而韩正在作诗，不耐烦作画，就把诗写在上面糊差。谁知，戚友先放风筝断了线，为詹府西院淑娟拾得。其母柳氏见上面有诗，就命女儿淑娟在上面和了一首。正在这时，爱娟的奶娘奉小姐之命邀请淑娟过去谈一谈，因而得知事情始末（伏笔）。淑娟写完就随爱娟的奶娘走了。不料，风筝被戚府的管家讨回，所以柳夫人就把风筝上的诗误当作是戚公子所作的了。而淑娟回来责怪母亲，这闺中笔迹是不应付与外人的。这既是针线的细密，又显示出淑娟的品质。就由于柳夫人这一看似失于检点的动作，才引出韩世勋的下文。

风筝讨回后，韩见和诗，十分赞赏。听书童抱琴说詹府二小姐才貌双全，惊喜不已。于是，别作一风筝，按书童的设计，冒充戚友先再题诗一首，故意落进詹家。阴差阳错，却为东院爱娟所得。爱娟听奶娘说起前因，就依奶娘的设计，冒充淑娟约"戚公子"夜间来相见。这边爱娟冒美相约，那边韩冒丑赴约。由于是漆黑的夜晚，韩世勋和詹爱娟两相试探。直到奶娘持灯上场，韩世勋才为其貌丑而惊逃。于是，又种下了日后种种误会的前因：戚天衮为子聘爱娟，为韩聘淑娟；韩误以为是爱娟，虽迫于戚命入赘于詹府，却誓不同床共枕。最后发现新娘就是题和诗于风筝上的二小姐，大喜过望。

按理，这里戏在吉庆中应该终场，可是，李渔却又安排了一场"释疑"，让詹烈侯衣锦还乡，掀起阵阵波澜。先是梅、柳两位夫人明争暗斗，接着是两位姑爷见面时的尴尬。当局面稍有缓和以后，淑娟得知爱娟使她蒙受不白之冤，气愤不过，捅穿一切。于是，两对母女唇枪舌战，直到爱娟的奶娘急得要跳井，两家母女才握手言和。最后，詹烈侯回府，岳婿、公媳见面，这才在大团圆中落幕。

《意中缘》，三十出。写能伪作董其昌书画的杨云友和能伪作陈继儒书画的林天素一同寓居西湖，中经种种奇幻曲折，杨嫁董，林归陈，"各自成双"。京剧《丹青引》即据此改编。这个戏更典型地反映了李渔的生活理想。杨云友、林天素虽然与董其昌、陈眉公是同时代人，也曾先后以卖画谋生，但她们与董其昌、陈眉公仅有笔墨上的交往，并未因此成为董、陈的侍妾，是作家"鼓怜才之热肠，信钟情之冷眼，招四人芳魂灵气，而各使之唱随焉"（黄瑷介《意中缘·序》）。在李渔看来，杨云友、林天素只有给董其昌、陈眉公作妾，才是士大夫生活中一段理想的风流佳话。

《蜃中楼》，三十出。把柳毅传书、张羽煮海两个神话故事杂糅在一起。写洞庭龙王女舜华与东海龙王女琼莲是堂姐妹，游于蜃楼，望见在海边闲行的柳毅，舜华遂与之定盟，琼莲亦许嫁柳之友人张羽。后舜华错嫁泾河小龙，誓死不从，被罚在泾河岸上牧羊。张羽代柳冒险传书，以救舜华。又煮海水使沸，龙王始许婚事。

《蜃中楼》亦被视为李渔杰作之一，写的虽然还是爱情婚姻故事，但已经不再是纯粹供人娱乐了，而是从"帮闲"（陪人娱乐叫"帮闲"，如《绣襦记》中陪郑元和上京赶考嫖妓的乐道德）转为"帮忙"，即要转移人心，整顿风俗，担当起教化的作用。用他的话说，借优人说法，药人寿世，救苦弥灾。于是，极力宣扬封建伦理道德，刻意在风流故事中作反面文章——《蜃中楼》里，李渔意在"砥淫柔暴，敦友谊而坚盟言"（《总评》），但已失去柳毅重诺的侠义风度与张羽追求幸福生活的执著精神，变成了平庸的才子佳人恋爱故事。这是由李渔的生活与情趣决定的。

李渔此时的创作，还有《玉搔头》（顺治十二年）、《奈何天》（顺治十四年）、《比目鱼》（顺治十八年）和《凰求凤》（康熙四年）等。这些作品虽然仍以男女爱情婚姻为主要内容，但主人翁不再是多情美貌的才子佳人了。

《玉搔头》，一名《万年欢》，三十出。焦循《剧说》卷二云：

> 明武宗幸太原，取晋府乐工杨腾妻——刘良女，大喜之，携以游幸。江彬及八党辈，皆以母事之。及南征，刘氏以一簪赠武宗为信，驰马失去。比至临清，召刘氏，刘氏以无信不肯行；轻舸疾至潞河，挟以俱往。笠翁《玉搔头》传奇本此。胡缵宗亦有诗咏其事："惊喜君王至，西华夜启扉。后车三十乘，载得美人归。"[1]

---

[1]《中国古典戏剧论著集成》（八），中国戏剧出版社，1960年1月，页116。

剧写武宗正德皇帝微行山西，托名威武将军，幸妓女刘倩倩。临别时，刘倩倩以玉搔头为信物，矢志不渝。武宗归途不慎遗失，为范女拾得。当武宗派内侍宣召倩倩时，倩倩不知威武将军即当今天子，死不奉诏，逃往外地。武宗绘图各地访寻，范女因与倩倩容貌相似而被送入皇宫。后来刘倩倩经过一番曲折，也进了皇宫，与范女同封贵妃。后来昆剧"传"字辈艺人演出时，曾改名《正德游龙传》。此剧将武宗冶游与许进守国、王守仁平乱二事合写，以示劝于臣、示诫于君。主线与副线，一写风流，一写道学。李渔希望能创造出风流与道学紧密结合在一起的正面人物来。不过，无论是武宗，或者是王守仁、许进，风流与道学总不能在他们身上完美地结合起来。李渔也承认，武宗这个皇帝，如果没有王守仁、许进的辅佐，内有阉宦的弄权，外有藩王的启衅，是可能亡国的。

《奈何天》，三十出，是这一时期创作的代表。本事见李渔小说《无声戏》中的《丑郎君怕娇偏得艳》（亦即《连城璧》中《美妇同遭花烛冤，村郎偏享温柔福》）。写阙素封诨名阙不全，五官四肢均有残疾，奇丑无比，但家极富有，所以能一而再、再而三地作践妇女。初娶才女邹氏，又娶美女何氏，皆嫌其人丑陋，不愿与之同居；阙又欲娶周氏，周氏上吊，媒婆施调包计，以才貌双全的吴氏女代周；吴以死威胁，阙只得任其与邹、何同居静室。吴氏曰："我们三位佳人，一同受此奇厄，天意真不可解，总是无可奈何之事，就把'奈何天'三个字，做了静室之名罢！"宣扬三从四德，红颜薄命是天意难违。只有像阙不全那样，后来听从忠仆的劝告，安于天命，广行善事，才能使玉帝为之改形美容，由不全一变而为明白事理之俊男。这时，朝廷封阙为尚义君，三妇转嗔为喜，互争封诰，都被封为一品夫人，是李渔剧作中最为露骨的说教。

《比目鱼》，三十二出。本事见李渔小说《连城璧·谭楚玉戏里传情，刘藐姑曲终死节》，写书生谭楚玉钟情于玉笋班女伶刘藐姑，投身班中学戏。后因刘母逼嫁，二人相继投河，神道使之变成比目鱼。被莫渔翁网得后，复现人形。莫为二人完婚，并资助谭生赴试；在谭高中得官、赴汀州司李任时，又假托神道之名，授以治民剿贼之法。结局《骇聚》出，谭误将恩人莫渔翁当作叛臣审理，高潮迭起。事白后，莫劝谭要在热闹锣鼓中收场。

《凰求凤》，三十二出。本事见李渔小说《连城璧·寡妇设计赘新郎，众美齐心夺才子》，写金陵名士吕曜（哉生），才貌双全，只与名妓许仙涛一人来往。吕欲娶一绝代佳人为妻，以许为侧室。许乃为吕物色，寻得良家女曹婉淑。时有宦官女乔梦兰

47

慕吕才，拟使吕入赘。许得知消息，促吕与曹成婚。事为乔知，即派人向吕传递信息，以图破坏。李渔将传奇中一夫多妻的熟套，来了个反其道而行之，写三女争夺一男。并把三女分为对立的两方，相互勾心斗角地争夺追求吕曜。经过一番争夺，三女齐嫁吕曜。

康熙元年（1662）始，李渔又因阻止盗版和避祸而移家金陵，在城南周处读书台附近开设"芥子园"书铺（龚鼎孳题额），编写出版书籍，结交了不少社会名流，和他们有唱和之作。

康熙五年至七年间（1666—1668），李渔完成了《慎鸾交》和《巧团圆》的写作，认为自己的创作达到了思想追求的最高境界。

《慎鸾交》，三十六出。写吴中名士侯隽定花榜，以王又嫱为魁，邓蕙娟次之。世家子华秀属意于嫱，以诗定交，约十年后来娶；侯则娶娟归。二人高中后，华坚守约，侯又娶内监家二女，怜新弃旧，作书绝娟。后经华父子设计讽喻，侯始悔过。

《巧团圆》，三十三出。写秀才姚克承，孤身一人，与邻居曹玉宇的养女私订婚约，赠以家藏玉尺。姚外出谋生，遇尹小楼。尹妻曹氏，被乱军掳去。姚怜其年老孤独，认作义父。后尹妻被乱军所卖，姚买回认作为母。又因玉尺得买回曹女，与之成婚。几经周折，尹夫妇相会，方知姚即十几年前丢失之亲子，终于夫妻、父母巧得团圆。焦循《剧说》卷三对其本事有所记述：

> 《香祖笔记》云："顺治初，京师有卖水人赵逊者，未有室。同辈醵金，谋为娶妇。一日，于市中买一妇人归，去其帕，则发毿毿白，居然妪也。逊曰：'妪长我且倍，何敢犯非礼？请母事之。'居数日，妪感其忠厚，曰：'醵钱本欲得妇耳，今若此，反为君累，且奈何？吾幸有藏珠一橐，纫衣中，当易金为君娶妇，以报德。'越数日，于市中买一少女子，入门，见妪，相抱痛哭，则妪之女也。盖母子俱为旗丁所掠而相失者，至，皆归逊所。妪即为之合卺成礼。妪又自言：'洪洞人，家有二子。今尚存珠数颗，可鬻之为归计。'乃携婿及女俱归。二子者固无恙，一家大喜过望。妪乃三分其产，同居终其身。"李笠翁演此事为《奇团圆》。[1]

李渔以帮闲文人的身份，大讲封建道学，看来似乎奇怪，其实是可以理解的。

---

[1]《中国古典戏剧论著集成》（八），中国戏剧出版社，1960年1月，页144。

李渔的传奇创作主要是供自己的家庭戏班演出,并刊刻出售以牟利,其审美趣味不论如何求新求奇,归根到底总要迎合达官贵人、文人学士和市井平民的口味。尤其是达官贵人和文人学士,是李渔传奇的主要观众和读者,他们特有的文化心态必然制约着李渔传奇作品的审美趣味。这种审美趣味突出地表现为:风流道学思想追求和嬉笑诙谐的喜剧精神。

《笠翁十种曲》,一般分三种类型。第一类,继承明末才子佳人戏曲的遗风余韵,以才子佳人的风流韵事向封建士大夫供笑殷勤。《怜香伴》写妻子热心为丈夫娶妾,妻妾相怜相爱,共事一夫;《风筝误》写斌瑜混淆、妍媸难辨,最后"媸冒妍者,徒工刻画;妍混媸者,必表清扬";《意中缘》写莫须有、想当然的才子佳人配合,让历史上毫不相干的才子和佳人终成眷属;《蜃中楼》调侃婚姻门第观念,赞扬才子佳人的忠贞不渝。这些作品都以大团圆结局,且对才子佳人的才貌加以赞美,这是由李渔的生活与情趣决定的。第二类,大力宣传封建伦理道德,从"帮闲"转为"帮忙",《玉搔头》写武宗冶游风流,示诫于君,写许进守国、王守仁平乱,示劝于臣;《奈何天》要红颜知薄命,丑旦联姻;《比目鱼》以贞夫烈妇之思,寄之优伶杂伎之流;《凤求凤》以吕曜慕色不淫,卒中高魁,三女互让封诰,来劝人止淫已妒。这对一个投靠封建统治阶级的知识分子来说,在立场和观点上是完全相通的。只不过前者更多地表现在趣味、情操方面,后者更多地表现在思想、道德方面。第三类,李渔力图把风流与道学结合起来。这在创作上就不能不堕入反现实主义的泥坑,把恶当作善来礼赞,把丑当作美来歌颂。《慎鸾交》写华秀虽然力持伦理道德,却不拒绝游逛妓院,嫖妓却又忸怩作态,择交而不变心;《巧团圆》居然将"顺治初""旗丁所掠"的罪行改写为李自成农民起义军所为,技巧上过于追求离奇巧合,出现了勉强拼凑的痕迹,思想越来越趋于庸劣。其前期作品,如《风筝误》、《意中缘》、《蜃中楼》、《比目鱼》,思想倾向虽然不好,但在具体描写中,尚有可取的片段。而且这些戏的戏剧性强,与他的编剧理论可以相互印证,技巧上也有可以借鉴的地方。李渔自己最满意的《慎鸾交》和《巧团圆》,其实最不耐看。事实证明,李渔企图在舞台上创造一个"道学风流合而为一"的理想境界的努力失败了。

为什么会出现李渔这样的作家和作品呢?这是有其社会文化背景的。自明代万历以来,由于王守仁心学和泰州学派的影响,昆曲传奇的创作掀起了一股以《牡丹亭》为代表的言情大波。杜丽娘、柳梦梅式的敢于悖逆礼教而放纵情欲、追求幸福而摈弃世俗道德、解放个性而敢于反抗社会舆论的"情痴"成了传奇作家们津津乐道、争相仿效的理想人格。从晚明到清初，昆曲舞台几乎被爱情剧所笼罩。以抒发愤激之情而抨击社会政治的剧作只是极少的一部分，绝大部分的剧作都是描写男女之间的情爱，出现了所谓"十部传奇九相思"的局面。《焚香记》、《红梅记》、《红梨记》、《梦花酣》、《情邮记》、《画中人》、《西楼记》……都是直言不讳地揄扬"至情"，而把传统的礼教甩到一边；都是主张青年男女私情相悦，婚姻自主。男女之间只要色、才、情相称，可以采取各种决绝行动。而最后的结果，总是"情"取得胜利。

但是，以东林党为代表的一些关心国家命运的人，企图用程朱来修正王学，遏制晚明思想界的震荡，强调道德实践和注重经世致用，被谓之实学。明清之际最有影响的实学思潮的学问家、文学家顾炎武、黄宗羲、王夫之等，上承东林党人关心国家命运之绪，在总结明朝亡国的诸多教训的基础上，特别重视风俗人心的问题，反对晚明一些士大夫的放荡无检之风，运用程朱来修正王学，强调伦理道德的实践，尤重个人出处的大节，认为这关系到国家的治乱兴衰。顾炎武《与人书九》云："目击世趋，方知治乱之关，必在人心风俗，而所以转移人心，整顿风俗，则教化纪纲为不可阙矣。"（《亭林文集》）他们基于对文艺功能的这些认识，要努力纠正晚明文人的流连声色，而回到转移人心和整顿风俗的轨道上来。他们认为王阳明的心学搞乱了学术人心，他们甚至认为明朝不是亡于"流寇"，亡于女真，亡于党争，而是亡于学术，亡于王阳明，亡于李贽。他们努力纠正晚明文人的流连声色，企图转移人心和整顿风俗。这种思想是和清王朝的要求相吻合的。清朝的最高统治者在立国之初，就把"尊儒重道"当作国策而加以大力推行。被晚明狂士们斥为"假道学"的程朱理学，被康熙定为规范人心的立身之本而重新走红，以宋儒道学为正宗的儒学、性理、伦理纲常被作为治国之本。于是，清初出现了既风流而又讲道学的"风流道学"。与此相呼应，戏曲界出现了调和"风流"与"名教"的新舆论，明显向道学退却。

尽管剧作家依旧在叙说才子佳人的情话，描写文人学士的风流韵事，但同时又要装出一副道学家的面孔。《风筝误》里的韩世勋就是这样一个表里不一的人物：他表面上端庄持重，骨子里风流偶傥；既秉持道学礼法，又倾慕风流艳遇；既津津乐道"非才美不娶"，又不敢"欺君逆父"。在第十三出《惊丑》中，他既满心欢喜地去赴约，却又寻思着"邪人多畏"；香闺私会明明是不轨行径，却还要故作持重，保持"雅道"；本意想"面订百年之约"，及至见了詹爱娟其貌不扬，偏又搬出"父母之命，媒妁之言"的古训来搪塞拒绝。詹爱娟的斥责一针见血地揭穿了韩世勋的表里不一："你既是个道学先生，就不该到这个所在来了。"晚明昆剧作家们在才子佳人戏里表现的主人公灵魂深处的情与理的冲突已经褪色,逐渐地被小人、奸人的播弄所替代。作品里不断出现一男两女的纠葛(如《风筝误》里韩世勋和詹淑娟、詹爱娟),才子慕色而不淫,佳人化妒为爱恋,书生嫖妓也能变成"义夫节妇"的爱情。在这方面,李渔率先表现出积极性,他既有自己的创作,又有自己的"纲领"。他在《慎鸾交》收场诗里,得意地说道:"读尽人间两样书,风流道学久殊途。风流未必称端士,道学谁能不腐儒? 兼二有,戒双无,合当串作演连珠。细观此曲无他善,一字批评妙在都。"

综观李渔的十种曲,都境界狭小,津津乐道于个人和家庭的生活琐事。与苏州派不同,即使是丧乱之作的《巧团圆》,也看不到李玉《万里圆》中的情景。这两部传奇都是写战争离乱,但李渔剧中没有伤感哀痛,却充满了意外的喜剧巧合,教你喜出望外。剧情在轻松愉快的气氛中发展,这在李渔的剧作中是一脉相承的。通俗性和娱乐性,是李渔剧作的特点:"传奇原为消愁设,费尽杖头歌一阕;何事将钱买哭声,反令变喜成呜咽。惟我填词不卖愁,一夫不笑是吾忧;举世尽成弥勒佛,度人秃笔始堪投。"(《风筝误·尾声》)尽管有些作品包涵了劝戒甚至说教,但其主要内容仍不外乎郎才女貌、一夫多妻、苦尽甘来、离而复聚、金榜题名、失而复得这些封建社会生活中的"可喜"情节;思想境界谈不上深刻,但其娱乐性却是很充分的。即使有小人对文人学士们的风流韵事加以阻梗、破坏,也只是出之于游笔墨,以徒博"君子"一笑而已。一些原本严肃悲痛的事情,到了李渔的笔下,都变成了轻松愉快的喜剧。"寓道德于诙谐,藏经术于滑稽"(包璇《李先生一家言全集序》),这种所谓"喜剧"的风格贯穿在李渔所有的剧作之中。即使《玉搔头》中描写到尖锐的政治斗争,如王守仁的平宸濠,许进父子的反对刘瑾、朱彬,也依然没有肃穆、凛冽之气。睡乡祭酒的一条眉批说:"是剧只有嘉祥,绝无凶咎。奏雅乐于燕喜之家,莫善于此,无怪家弦而户颂也。"(十二家评点《笠翁十种曲》)这段捧场的话,正足以说明李渔所有剧作"喜剧"风格的实质。李渔的剧本都以大团圆结局,或金榜题名、洞房花烛,或一夫二妻、三妻,或骨肉重聚;并且把这种大团圆写得"无包括之痕,而有团圆之趣"。这些都是为所谓的"喜剧"风格服务的。这是因为当时特定的时代心理是:"喜读闲书,畏听庄论。"(《笠翁偶集》卷首《凡例七则》)明清之际的动乱局面,既能催发英雄豪杰的壮行义举,也能消蚀芸芸众生的胆略气魄。譬如西洋音乐,在激扬热血沸腾的交响乐时,也需要熨平内心皱褶的的小夜曲。在他为冯梦龙的《古今笑史》作序时说:"同一书也,始名《谈概》,而问者寥寥;易名《古今笑》而雅俗并嗜，购之惟恨不早，是人情畏谈而喜笑也，明矣。"当人们观赏喜剧以嬉笑诙谐将"天下难容之事"和"世间可笑之人"轻松愉快地抖露出来的时候，可以暂时把面具放下，尽情地享受发自内心的欢乐，以消释和宣泄来自现实的压抑、苦闷和烦恼，饥者忘饿，寒可无衣，有何不好。他慨然以"谈笑功臣"、"下里巴人"自居，"但有展阅数行，而颐不疾解者，即属赝本"（李渔《与韩之蘧》）。加之堂会和庙会是两种不同的演出方式，其服务的对象也不同，因而对戏码的要求也不同。豪门富绅，觥筹交错，红氍毹上的表演，往往要求吉利欢乐，以求主客开心和吉祥。如果剧目选择不当，是会煞风景的。陆萼庭的《昆剧演出史稿》，曾提到清初的点戏习惯。陈维崧曾"坐寿筵首席，见新戏有《寿荣华》，以为吉利，亟点之，不知哭泣到底，满座不乐"（《贺新郎·自嘲，用苏昆生韵，同杜于皇赋》小序）。于是，在清初民族矛盾异常激烈的时代，在前后出现悲壮、深沉的《清忠谱》、《万民安》、《桃花扇》与《长生殿》等巨著的时代，也必定会产生李笠翁那样调笑人间的所谓"喜剧"。

李渔的喜剧，既没有严肃深沉的哲学思考，也没有治国平天下的政治期望，更没有悲剧和正剧那种执着认真的艺术精神，而是洋溢着一种轻松愉快、没心没肺、真真假假的幽默诙谐，一种对现实超然自得的审美态度。在他的剧作中，李渔常常借题发挥，信口开河，拿现实中严肃、正经甚至神圣的事情来开玩笑。《风筝误》中，他取笑詹烈侯家梅、柳两个妾争风吃醋时挖苦官僚士大夫："不会齐家会做官，只因情法有严宽；劝君莫笑乌纱弱，十个公卿九这般。"（第三出《闺哄》）《蜃中楼》借鳖将军的议论，指斥现实中的武官："列位不要见笑，出征的时节缩进头去，报功的时节伸出头来，是我们做将军的常事，不足为奇。"（第五出《结蜃》）《意中缘》中，讽刺那些"用铜钱买来的官"："这君恩易叨，这荣名易标，孔方一送便上青霄。"（第二十一出《卷帘》）

李渔所编写的戏曲剧本，都是供昆曲演唱的传奇剧本，由于时时处处以舞台演出为衡量标准，考虑到实际剧场效果，是在演戏，而不是单纯地唱曲，所以盛演于舞台。杨恩寿《词余丛话》云："《笠翁十种曲》，鄙俚无文，直拙可笑。意在通俗，故命意、遣词力求浅显。流布梨园者在此，贻笑大雅者在此。究之位置、脚色之工，开合、排场之妙，科白、打诨之婉转入神，不独时贤罕与颉颃，即元明人亦所不及，宜其享重名也。"[1]

---

[1]《中国古典戏曲论著集成》（九），中国戏剧出版社1959年12月，页265。

三、家班演出

《一家言》卷二有《乔复生、王再来二姬合传》一文，述李渔家班的组成经过较为详备。

康熙五年（1666）夏末，李渔应陕西巡抚贾汉复、甘肃巡抚刘斗、提督张勇之邀，从北京远游陕西。在山西平阳（今山西临汾），有几位朋友为他洗尘，并请他在席间观看《凰求凤》的演出。这使他大为惊异，脱稿方几月，竟传到离京三千里之外的地方。这时，平阳知府程质夫购买了一个十三岁的女孩送给李渔，是为乔姬，初呼"晋姐"。当地伶工奏问世不久之《凰求凤》，这位从未迈出过山西一步的姑娘，仅仅听了一遍竟然能一字不落地哼出其中的唱段。李渔大喜，立即聘请当地旧肃王府一苏州老曲工教她习曲，进步神速，有如天授。这个新纳的乔姬（1655—1673），生前无名，死后李渔冀其"复生"，故名乔复生。她是李渔家班的台柱，工正旦，偶尔也串生脚。聪慧过人，学戏神速，略经指点，即心领神会。李渔说她，不论新戏旧剧，"微授以意，不数言而辄了。朝脱稿，暮登场，其舞态歌容，能使当时神情，活现氍毹之上"。乔姬擅演《琵琶记·剪发、寻夫》、《明珠记·煎茶》等。

康熙六年丁未（1667），李渔到了兰州，甘肃巡抚刘斗为首的各级官员，也仿效平阳知府程质夫的做法，集资购买了几位漂亮的女孩，让李渔挑选。内有一王姓者，年十三（比乔姬小一岁），善歌，遂随乔姬学戏。王姬（1656—1674）生前亦无名，归李渔后，因其是甘肃兰州人，李渔以"兰姐"呼之。王姬的到来，使得李渔心目中的家班雏形初具：乔姬温柔俊俏，适宜扮演旦脚；王姬俊美刚烈，适于扮演小生。二人配合默契，技艺相匹。惜早逝，俱享年十九岁。死后，李渔冀其"再生"，乃以"再来"名之，并为之著《乔复生王再来二姬合传》。我们从《合传》中可以看出："在兰州纳姬不止'再来'一人，而'再来'其翘楚。"

甘肃甘泉是李渔此行的终点，从甘肃回到西安以后，由潼关向南，经汉中从河南郑州、开封于年底到达徐州。沿途不断停下来休息，以加强对乔姬和王姬演唱昆曲的训练。在河防同知纪子湘的极力挽留下，李渔一行在徐州度过了康熙七年（1668）的新年。也正是在徐州，乔姬和王姬第一次登场进行了公开的表演。那是在庆祝当地一位官员李申玉夫人的生日宴会上，她俩俊美的扮相、美妙的歌喉，征服了在场的所有观众。自纳乔、王二姬，不满一年，已能登台，"真尤物也"。

53

后来乔姬倡议，成立家庭戏班，一有新作，便可排演琢磨，并自告奋勇担任旦角，"其余脚色，则有诸姐妹在"。王生乔旦，配以其他诸姬，家班女戏得以建立。除去后场，单以演员而言，至少也得十二人。

李渔建家班以后，先是"秘之门内"，"岁时伏腊，月夕花晨"，以及李渔夫妇和儿女辈生日，方演出一番。后来，"宾之嘉者，友之韵者，亲戚乡邻之不甚迂者，亦未尝秘不使观"。于是，声名远播。当时受到李渔特别接待的，在南京方面有方亨咸（邵村，官陕西道御史）、何采（省斋，官侍读）、周亮工（栎园，曾官左副都御史、清初两淮盐运使），在杭州有顾豹文（且庵，官御史）、沈乔瞻等，这些人"皆熟谙宫商，弹心词学，所称当代周郎也"。李渔家班除自演新戏之外，还由李渔自任编导，对旧剧"润泽枯槁，变易陈腐"，重加编排，使之"变旧成新"。

李渔家班的活动，大抵有两种方式，一是高级堂会，庆寿贺喜之类，一是酬应宴集。前者如康熙七年（1668）在徐州庆祝李申玉夫人生日宴会上的演出。申玉有声乐之好，妻子生于元旦。《一家言》卷四《李申玉阃君寿联》，序曰："是日称觞，即令家姬演新剧。"此为李渔家班女戏演出之最早记载。所演新剧，可能是李渔刚刚脱稿的《巧团圆》。后者如《一家言》卷七《端阳前五日，尤展成（尤侗）、余淡心（余怀）、宋淡仙诸子集姑苏寓中，观小鬟演剧，淡心首唱八绝，依韵和之》。其六注云："是夕演《明珠·煎茶》一折，未及终曲而晓。"又有《端阳后七日，诸君子重集寓斋，备观新剧，淡心又叠前韵，即席和之》。新剧即端阳前未及终曲的《明珠·煎茶》一折。尤侗《悔庵年谱》："金陵李笠翁渔至苏，携女乐一部，声色双丽。招予寓斋顾曲相乐也。予与余淡心怀赋诗赠之，以当缠头。"[1]考尤侗《悔庵年谱》，时间在康熙十年辛亥（1671），李渔寓苏州百花巷，以戏会友。

后者不同于前者的是，对外不公开，观众只有余怀、尤侗、宋淡仙、李渔几个同好。他们都是行家里手，是同好之间的相互观摩，不是商业演出。经过协商，五月初一演出的时间被安排在夜间进行。因为更残漏尽之后，万籁俱寂，可以更好地发挥演出效果。演出当天，主人和客人，以及所有的演职员，都安排午睡，直到黄昏时分才起床。尤侗家的厨师为这顿丰盛的晚宴已经忙活了好几天。最先登场的是余怀的家班（幼童三人），夜宵之后，方是李渔家班的《凰求凤》登场。余怀、尤侗、宋淡仙等人，对李渔家班的演技赞不绝口，而乔姬、王姬的年轻貌美，更使得他们对李渔的

---

[1]《北京图书馆藏珍本年谱丛刊》，北京图书馆出版，1999年4月，册74，页48。

艳福极为钦羡。尤侗后来为《闲情偶寄》作序时回忆说："（笠翁）薄游吴市，集名优数辈，度其梨园法曲。红衫翠袖，烛影曾差，望之疑为神仙中人。"

康熙十一年壬子（1672）新春，李渔在芥子园大会亲朋，家班连演新剧。乔王二姬之精彩表演，使周亮工、何省斋等名流倾倒，赞为"旷代奇观"。据余怀《玉琴斋词》，余氏也参加的，并写了两首《满江红》词，其题曰："同邵村、省斋集笠鸿浮白轩听曲。""浮白轩"是笠翁南京寓所芥子园里的一个室名。吴伟业写了一首《赠武林李笠翁》诗，非常切合李渔的身份：

> 家近西陵住薜萝，十郎才调岁蹉跎。
>
> 江湖笑傲夸齐赘，云雨荒唐忆楚娥。
>
> 海外九州书志怪，座中三叠舞回波。
>
> 前身合是元真子，一笠沧浪自放歌。

李渔"游燕、适楚、之秦、之晋、之闽，泛江之左右，浙之东西"，"游西秦而抵绝塞，游岭南而至天表"，入缙绅豪门园邸，足迹几遍中国，也曾多次携家班歌演于扬州的厅堂氍毹之上。康熙十年（1671）秋，李渔还应蒲松龄之邀，带家班到宝应县知县府中演出。

李渔畜家姬，教歌舞，组戏班，游四方，做清客，打抽丰，以此来换取"日食五侯之鲭，夜宴三公之府"的生活，颇受时人诟评，被看作"食客"和"俳优"（唱戏的），瞧你不起。如李渔到扬州拜访徐石麒，"又陵默坐终日"，傲不与语；袁于令对其评价也不高，说其"性醒醍，善逢迎，游缙绅间，喜作词曲及小说，极淫亵，常携小妓三四人，遇贵游子弟，便令隔帘度曲，或使之捧觞行酒，并纵谈房中，诱赚高价，其行甚秽，真士林所不齿者。予曾一遇，后遂避之。"[1]董含《三冈识略》更补充说："夫古人绮语犹以为戒，今观笠翁一家言，大约皆坏人伦、伤风败俗之语，当堕拔舌地狱无疑也。"刘廷玑《在园杂记》也说他"所至携红牙一部，尽选秦女吴娃，未免放诞风流。"毫无疑问，这些明显的偏见和迂腐的观念，代表了当时"士林"的普遍看法。

窃以为，李渔初期只是为各地官员润色文稿，编辑文集，如同今天的出版社要

---

[1]转引自王浩《娜如山房说尤》卷下，北京出版社，2000年，册11，页220—221。

收费一样(第一次公开打秋风,是康熙二年的春天,到扬州找盐商和两淮盐务的胡文学、推官戴玉循、江都知县刘玉瓒等人);后期则包括起草文件、提供咨询、设计花园、堆砌假山、演戏,甚至讲故事、寻开心、设计家具等等。在今天看来,这一切都是劳动,得到一定的报酬是应该的,也是合理的。至于李渔的家班,也与众不同。别人都是买歌童或女奴教习,而他却是姬妾自告奋勇充当优伶,是标准的家庭戏班。只不过又和职业戏班单纯的养家活口有所不同,李渔以文名世,以性命为戏,是以戏会友,晚年仍盼再组家班[1]。有些文人被他邀到家中,在酒醉饭饱、戏终散场之后,也仅仅是"秀才人情纸半张":"赋诗赠之,以当缠头"。就是这样白贴成本(有人比较自觉,自带酒菜),李渔亦欣然为之。至于那,游四方,缙绅间,做清客,打抽丰,有所获,且不菲,李渔是,不讳言,有诗云:

> 缠头已受千丝赠,锦句何殊百宝钿。
> 谁料贫家司爨女,姓名高列五云笺。 [2]

> 赠罢新篇客始归,缠头锦字压罗衣。
> 品题洵可成佳士,不是轻仙也解飞。 [3]

再就他的著作《笠翁一家言》而言,诚如鲁迅所说:"谁说'帮闲文学'是一个恶毒的贬词呢? 就是权门的清客,他也得会下几盘棋,写一笔字,画画儿,识古董,懂得些猜拳行令,打趣插科,这才能不失其为清客。也就是说,清客,还要有清客的本领的,虽然是有骨气者所不屑为,却又非搭空架者所能企及。例如李渔的《一家言》,袁枚的《随园诗话》,就不是每个帮闲都做得出来的。必须有帮闲之志,又有帮闲之才,这才是真正的帮闲。"(《且介亭杂文二集·从帮忙到扯淡》)而且这种以打抽丰的"帮闲文人"为职业,是明中后期"山人"风气的延续,是明末清初的一种社会现象,是当时封建士大夫阶层的趣味和好尚,我们不能割断历史。更何况李渔是

---

[1] [清]李渔《闲情偶寄》:"若天假笠翁以年,授以黄金一斗,使得自买歌僮,自编词曲,口授而身导之,则戏场关目,日日更新,毯上诙谐,时时变相。此种技艺,非特自能,夸之天下,人亦共信之。"见《中国古典戏曲论著集成》(七),中国戏剧出版社,1959年12月,页81。

[2]《堵天柱、熊荀叔、熊元献、李仁熟四君子携酒过寓,观小鬟演剧。元献赠诗四绝,依韵和之》诗四之三。见《笠翁一家言诗词集》卷三,浙江古籍出版社,《李渔全集》,1990年7月,册二,页332。

[3]《端阳前五日,尤展成、余淡心、宋澹仙诸子集姑苏寓中,观小鬟演剧。淡心首倡八绝,依韵和之》诗六之五。同上,页348。

一个奇才，他的所作所为推动了我国戏曲艺术向前发展，并总结出戏曲创作与戏曲演出的经验，造就了中国艺术理论的发展高峰，为我们做出了不可磨灭的贡献。

四、剧学理论

李渔在长期的戏曲创作和演出活动中，对戏剧艺术各部分及各环节特别精心研求，因而积累了实践经验。李渔凭借这些丰富经验，吸收前人的戏曲理论成就，总结了宋元以来的戏曲创作与戏曲演出，在他六十岁时（康熙九年，1670）付梓的杰出的美学暨艺术学著作《闲情偶寄》中，从理论上作了系统的论述，提出了一些艺术规律方面的问题。次年冬天刻完问世以后，李渔将几十部散发着油墨香味的新书，分送给老友。康熙九年晋升为东阁学士的陈学山，对李渔在书中公开这些自己独到的经验和技能坦率地表示遗憾和惋惜："鸳鸯绣了从君看，莫将金针度与人。"因为其深度和广度，都是当时人所不能企及的，是李渔长期摸索、总结而获得的"秘密"。其实，李渔在写作之前也曾反复考虑过，但基于他对自己年龄的计算，最终要在学术上拥有永久地位的念头占了上风。这种考虑的结果，便造就了中国艺术理论发展史上的一个光彩照人的里程碑。

《闲情偶寄》包括"词曲"、"演习"、"声容"、"居室"、"器玩"、"饮馔"、"种植"、"颐养"八部，涉及养生、园林美学、戏剧学诸方面。用今天的话来说，是休闲文化方面的理论。他自诩"所言八事，无一事不新；所著万言，无一言稍故"（《凡例》）[1]，但他在致友人的书简中却又有先重戏剧学的意思（如《与刘使君》等）。因为在当时，书中后半有关生活美学的部分，新颖实用，有很强的可操作性，"富有天下者可行，贫无卓锥者亦可行"（《闲情偶寄》凡例），受到读者空前广泛的欢迎；而它前半的戏剧理论部分，则遭到前所未有的冷淡。有一位熟识的朋友，听说李渔又出版了一部新作，兴冲冲地赶来借阅。谁知，次日就意兴阑珊地把它还了回来。李渔对这位朋友的阅读速度感到吃惊，可这位朋友却不好意思地表示，他并没有完全读完。因为它和李渔的那些戏剧、小说不同，过于严肃艰深了。李渔不得不劝他先跳过去，像吃甘蔗一样从后半部读起。（《有借予〈闲情偶寄〉一阅，阅不数卷即见归者，因其首论填词非其所尚故耳，以诗答之》）事实上，正是《词曲部》、《演

---

[1] 以下所引《闲情偶寄》，均据江巨荣、卢寿荣校注本，上海古籍出版社，2000年5月版。下不出注。

习部》、《声容部》使他成为中国戏曲史上影响最广的大家之一。其中《词曲部》三卷主要论戏曲创作方法,《演习部》二卷等主要论戏曲教习、导演方法,《声容部》一卷主要论选姿买姬、培养女演员的方法。这些议论和见解,他自诩为发前人未发之秘,并非自誉之辞,因为都是他从实际经验中获得的,在我国戏曲史上确实居有重要的地位,不仅在当时给剧坛以很大影响,直至今日,仍是一本值得我们借鉴的古典戏曲理论专著。这是清代戏曲理论的最大成就,因而李渔也成了中国戏曲理论史上最伟大的理论家之一。

(一) 结构第一 体系新变

李渔整个戏剧美学理论中最精彩的部分之一,是在中国古典戏剧美学史上第一次把结构问题提到核心地位。宋元时期,人们一直把杂剧和散曲统称为“曲”(明初始区别为“剧曲”和“散曲”),评价和衡量剧本的优劣,也是着眼于文辞表达上的“诗性”而不是“戏剧性”(是“曲”而不是“戏”),诗的抒情功能遮蔽了戏剧的叙事功能。因此,中国古代戏剧家对戏曲文学要素的认识,主要提出了音律与文辞两大要素。如杨维祯《周乐湖今乐府序》批评当时的杂剧创作:“往往泥文采者失音节,谐音节者亏文采,兼之者实难也。”(《东维子文集》卷一一)元末明初,贾仲明为《录鬼簿》补作吊词时,才偶尔用到“关目”一词,相当于现在所说的情节结构。直到明中叶以后,李贽、臧懋循、毛允遂、王骥德、凌濛初、祁彪佳、吕天成等人,才比较全面地提出曲、白、关目为戏曲文学的三大要素,并强调情节结构在传奇创作中的重要性。这标志着古代戏剧家对戏曲文学叙事性特征的确认,也显示了他们对戏曲文学情节结构的重视。但这些论述多是即兴式的评点,是散金碎玉,是论述其他问题时顺带提及的,重点仍集中在音律与文辞上。李渔的戏曲创作论则完全摆脱了声律文词的纠缠,高屋建瓴地把剧本放在综合艺术的架构中间来观察。李渔认为,在戏剧创作中,应该把结构放在第一位:“在引商刻羽之先,拈韵抽毫之始。”他以工师建宅为例:“基址初平,间架未立,先筹何处建厅,何方开户,栋需何木,梁需何材,必俟成局了然,始可挥斤运斧。……故作传奇者……袖手于前,始能疾书于后。”有人写出的剧本,之所以“以作零出则可,谓之全本,则为断线之珠,无梁之屋”,其原因正在于“引商刻羽之先,拈韵抽毫之始”,未作通盘考虑之故也。所以,一个剧本能否成功,结构的好坏、布局的优劣、构思的巧拙与引商刻羽拈韵相比,当然更加迫切,更加重要。这是李渔对戏剧美学的一个突出贡献。

李渔在《闲情偶寄》中对传奇结构艺术的理论探讨，继承了明后期戏剧家对传奇情节结构的有机整体性的论述，总结为"立主脑"、"减头绪"、"密针线"等几个方面。

李渔在论及传奇艺术结构时，指出在进行总体构思过程中，首先标举"立主脑"，这"立主脑"有两个含义。一是作者所要表达的主题思想："古人作文一篇，定有一篇之主脑。主脑非他，即作者立言之本意也。传奇亦然。"二是指作品中的主要人物或关键性事件："一本戏中，有无数人名，究竟俱属陪宾；原其初心，止为一人而设。即此一人之身，自始至终，离合悲欢，中具无限情由，无穷关目，究竟俱属衍文；原其初心，又止为一事而设。此一人一事，即作传奇之主脑也。"

这种"一人一事"的"主脑"，是全剧结构的枢纽，我们今天谓之中心人物和中心事件。如《西厢记》中张君瑞白马解围，《琵琶记》中蔡伯喈重婚牛府。《西厢记》如果不是张君瑞白马解围，就没有下面老夫人赖婚、崔莺莺赖简等等有趣的戏文。同样，《琵琶记》如果不是因为蔡伯喈重婚牛府，就没有赵五娘千里寻夫。这联络和归拢着全剧的诸人诸事，是一条贯穿全剧的主线。另外，"一人一事"的结构功能又和内在意蕴互为表里。它凝聚著作家独特的审美感受，也是全剧诸人诸事的内在含义的总归趋。在这里，内容和形式是密不可分的。

在李渔之前，金圣叹在《读第六才子书西厢记法》中曾提出"一人"说。他根据人物在戏剧叙事中所处的关系及其功能，把王实甫《西厢记》杂剧中的人物划分为三类：崔莺莺是"主脑"人物（今天谓之中心人物、一号人物），实际上左右了事件的发生与发展；张生和红娘是辅助人物（今天谓之次要人物、二号人物），他们是事件的具体参与者和实施者，推动着事件的发生与发展；老夫人、惠明和尚等，是道具人物，他们受前二类人物的支配，使事件的演进多彩多姿。（《贯华堂第六才于书西厢记》卷首）

李渔认为，金圣叹评点之《西厢记》，"乃文人把玩之《西厢》，非优人搬弄之《西厢》"，"文字之三昧，圣叹已得之；优人搬弄之三昧，圣叹犹有待焉"。李渔指出，有的剧作家只知为一人而作，不知为一事而作。于是，将此一人所行之事，尽数搬来，"逐节铺陈，有如散金碎玉。以作零出则可，谓之全本，则为断线之珠，无梁之屋，作者茫然无绪，观者寂然无声，无怪乎有识梨园望之而却走也"。这不仅准确地切中了明中后期传奇创作的弊病，而且从这里也可以看出，李渔对"一人一事"的要求是着眼于"全本"而不是"零出"的，这正是由明末清初全本戏演出的舞台实际所决定的。

为了"立主脑"，就必须"减头绪"。李渔认为："《荆》、《刘》、《拜》、《杀》之得传于后，止为一线到底，再无旁见侧出之情。"舞台上的时空是有限的，剧作家应该突出主要矛盾，抓住"一人一事"来表现"立言之本意"。"旁见侧出之情"太多，戏剧冲突就不能"一线到底"，这就必须"减头绪"，对生活素材进行剪裁。头绪繁多势必冲淡中心人物，淹没中心事件，"令观场者如入山阴道中，人人迎接不暇"。祁彪佳批评陈德中的《赐剑记》（《远山堂曲品》）、冯梦龙批评李玉的《永团圆》[1]，足见头绪繁多是明代文人传奇的一大弊病，李渔"减头绪"的主张正是针对这个弊病而有的放矢。"减头绪"的目的，是使传奇结构趋于集中。不仅头绪尽量减少，次要人物也要相应的减少，把大部分笔墨放在主要人物身上。"作传奇者，能以'头绪忌繁'四字刻刻关心，则思路不分，文情专一，其为词也，如孤桐劲竹，直上无枝，虽难保其必传，然已有《荆》、《刘》、《拜》、《杀》之势矣。"

"立主脑"、"减头绪"是一个问题的两个侧面，"密针线"则是对这两者的重要补充。李渔在"密针线"中说："编戏有如缝衣，其初则以完全者剪碎，其后又以剪碎者凑成。剪碎易，凑成难。凑成之工，全在针线紧密；一节偶疏，全篇之破绽出矣。"

"密针线"就是使情节环环相扣，紧密关联，构成一个有机整体。在李渔之前，王骥德批评沈璟《坠钗记》："中转折尽佳，特何兴娘鬼魂别后，更不一见，至末折忽以成仙会合，似缺针线。"[2]冯梦龙称赞梅孝己《洒雪堂》传奇"情节关锁紧密无痕"[3]。在《第六才子书西厢记》的批语中，金圣叹要求创作前文时应注意设下伏笔，至后文则互相呼应的"移堂就树法"。丁耀亢《啸台偶着词例》也说："要照应密：前后线索，冷语带挑，水影相涵，方为妙手。"（清顺治间刻本《赤松游》传奇卷首）而李渔的论述更为细密，在"一节偶疏，全篇之破绽出矣"之后，他又说："每编一折，必须前顾数折，后顾数折。顾前者，欲其照应；顾后者，便于埋伏。照应、埋伏，不止照应一人，埋伏一事，凡是此剧中有名之人，关涉之事，与前此后此所说之话，节节俱要想到。宁使想到而不用，勿使有用而忽之。"各部分不能有"断续痕"。

[1]《永团圆叙》，《墨憨斋定本永团圆传奇》卷首，黄山书社1992年7月版。

[2]《曲律》卷四《杂论第三十九下》，见《中国古典戏曲论著集成》（四），中国戏剧出版社，1959年8月，页166。

[3]《墨憨斋定本传奇》本《洒雪堂总评》，黄山书社1992年7月版，页392。

所谓无断续痕者，非止一出接一出，一人顶一人，务使承上接下，血脉相连，即于情事截然绝不相关之处，亦有连环细笋伏于其中，看到后来方知其妙。如藕于未切之时，先长暗丝以待，丝于络成之后，才知作茧之精，此言机之不可少也。（《词采第二·重机趣》）

这就是文论中的所谓"草蛇灰线法"。

作者尤其要注意对人物刻画的细密照应，如人物的性格特征，性格发展的脉络，及与其他人物的关系和映衬，都要注意一致性和整体感，不可因疏忽而前后矛盾、缺少呼应或众人一面。李渔认为，元人所长者在曲，"白与关目，皆其所短"。

若以针线论，元曲之最疏者，莫过于《琵琶》。无论大关节目背谬甚多，如子中状元三载，而家人不知；身赘相府，享尽荣华，不能自遣一仆，而附家报于路人；赵五娘千里寻夫，只身无伴，未审果能全节与否，其谁证之？诸如此类，皆背理妨伦之甚者。再取小节论之，如赵五娘之剪发，乃作者自为之，当日必无其事。以有疏财仗义之张大公在，受人之托，必能终人之事，未有坐视不顾，而致其剪发者也。然不剪发不足以见五娘之孝，以我作《琵琶》，《剪发》一折亦必不能少，但须回护张大公，使之自留地步。吾读《剪发》之曲，并无一字照管大公，且若有心讥刺者。据五娘云："前日婆婆没了，亏大公周济，如今公公又死，无钱资送，不好再去求他，只得剪发"云云，若是，则剪发一事，乃自愿为之，非时势迫之使然也，奈何曲中云："非奴苦要孝名传，只为上山擒虎易，开口告人难。"此二语虽属恒言，人人可道，独不能出五娘之口。彼自不肯告人，何以言其难也？观此二语，不似怼怨大公之词乎？然此犹属背后私言，或可免于照顾。迨其哭倒在地，大公见之，许送钱米相资，以备衣衾棺椁，则感之颂之，当有不营口出者矣，奈何曲中又云："只恐奴身死也，兀自没人埋，谁还你恩债？"试问：公死而埋者何人？姑死而埋者何人？对埋殓公姑之人而自言暴露，将置大公于何地乎？且大公之相资，尚义也，非图利也，"谁还恩债"一语，不几抹倒大公，将一片热肠付之冷水乎？（《密针线》）

对传奇艺术结构的单一性和有机整体性的详细阐述，使李渔的戏曲结构论构成一个相当严谨而完备的理论体系。这是李渔对中国古代文学结构理论的重大贡献。

李渔的传奇结构理论,既是明末清初传奇创作实践的总结,也反过来促进了清前期传奇结构艺术的实践。清前期的传奇创作虽仍强调情节的传奇性,但却已从明后期的追逐出梦入幻、牛鬼蛇神之奇,演变为追求家常日用、人情物理之奇,因此对传奇结构艺术的要求更高,难度也更大。正是在克服困难的创作实践中,清前期的传奇作家对传奇的结构艺术进行了不懈的探索,并取得了可喜的成绩。例如,李玉、朱佐朝等人的剧作往往以真实的历史背景和历史人物为框架,大胆地进行艺术虚构,设计曲折动人的情节。李渔、万树等人的剧作则大量使用误会、巧合、瞒骗等喜剧手法来构置情节冲突,但却总是力图从家常日用故事中体会人情物理,生发出无穷的波澜。可以说,明清传奇的结构艺术至此方臻成熟。

(二)力避艰深　务求通俗

关于戏曲的语言,元明以来曾有许多激烈论辩,也有许多精彩的评述。明人就曾围绕戏曲语言的"本色"和"当行",发表过不少意见,亦有不少有关戏曲语言性格化的见解。李渔在总结前人的基础上继往开来,着重解决了戏曲语言的性格化问题。他说:"言者,心之声也,欲代此一人立言,先宜代此一人立心。……务使心曲隐微,随口唾出,说一人肖一人,勿使雷同,弗使浮泛,若《水浒传》之叙事,吴道子之写生,斯称此道中之绝技。"(《宾白第四·语求肖似》)较前人说得更为中肯透彻。

在曲词的性格描写上,李渔提出具体意见:"填词义理无穷……予谓总其大纲,则不出情、景二字。……情自中生,景由外得。……善咏物者,妙在即景生情。如前所云《琵琶·赏月》四曲,同一月也,牛氏有牛氏之月,伯喈有伯喈之月。所言者月,所寓者心。"(《词采第二·戒浮泛》)对戏曲语言的性格化问题,李渔不仅有理论性的论述,而且有具体描写方面的经验介绍。这对实践者来说,就像茫茫大海中的灯塔一样。

李渔还很好地解决了戏曲语言的文学性与通俗化、"词采"与"音律"这两方面的关系问题,他认为:"文章做与读书人看,故不怪其深;戏文做与读书人与不读书人同看,又与不读书之妇人、小儿同看,故贵浅不贵深。"(《词采第二·忌填塞》)但是,"贵显浅"不等于不注意文学性。李渔认为,传奇的语言在通俗易懂的同时,应该"雅中带俗,又于俗中见雅"(《科诨第五·重关系》)。李渔把通俗化与文学性之间矛盾的解决,主要系之于对人民口语的提炼:"诗文之词采贵典雅而贱粗俗,宜蕴藉而忌分明;词曲则不然,话则本之街谈巷议,事则取其直说明言。凡读传奇而有令人费解，或初阅不见其佳、深思而后得其意之所在者，便非绝妙好词。"他要求剧作家向元人学习，博采"经、传、子、史，以及诗、赋、古文"，乃至"道家、佛氏、九流、百工之书，下至孩童所习《千字文》、《百家姓》"，融会贯通，串合无痕，才能写出绝妙的好词。这就抓住了解决这一矛盾的关键。"元人非不读书，而所制之曲，绝无一毫书本气，以其有书而不用，非当用而无书也；后人之曲，则满纸皆书矣。元人非不深心，而所填之词，皆觉过于浅近，以其深而出之以浅，非借浅以文其不深也；后人之词，则心口皆深矣。"（《词采第二·贵显浅》）

　　戏曲语言是一种舞台语言，它受到舞台条件的严格限制，又受到观众文化水平的制约，必须力避艰深晦涩，务求通俗易懂；但又要在通俗化的前提下，解决好文学性的问题，来加强它的表现力。换句话说，写作戏曲语言的奥秘之一，就是把人民群众的口语提炼成舞台上的诗。所以，李笠翁一再提醒同时代的剧作家："能于浅处见才，方是文章高手。"（《词采第二·忌填塞》）他以《西厢记》、《琵琶记》为例，把《西厢记》的语言誉为"古今来绝大文章"，认为《琵琶记》的语言"则如汉高用兵，胜败不一"（《词采第二》），都是关于戏曲语言提炼的十分精辟的见解。李调元《雨村曲话》指责李渔的传奇"一味优伶俳语"。前面我们曾引杨恩寿《词余丛话》中的话："《笠翁十种曲》，鄙俚无文，直拙可笑。意在通俗，故命意、遣词力求浅显。流布梨园者在此，贻笑大雅者在此。"由此可见，李渔为了适应舞台需要和迎合平民观众的趣味，自觉地运用通俗自然的语言。

　　"词采"与"音律"的关系问题，在戏曲史上发生过一次激烈的论战，那就是汤显祖同沈璟的争论。李渔支持汤显祖的观点，也是把"词采"置于"音律"之前，以为这样体现了才、技之分，他认为："文词稍胜者，即号'才人'；音律极精者，终为'艺士'。师旷止能审乐，不能作乐；龟年但能度词，不能制词；使与作乐、制词者同堂，吾知必居末席矣。"（《结构第一》）他认为，《南西厢》的改编者在把北曲改为昆山腔时，割裂了王实甫的原作，使"千金狐腋，剪作鸿毛，一片精金，点成顽铁"，玷污了《西厢记》的声誉，破坏了词场的矩度。而弋阳腔搬演的《西厢》，"曲文未改，仍是完全不破之《西厢》，非改头、换面、折手、跛足之《西厢》也"。（《音律第三》）

　　他又认为："曲谱者，填词之粉本，犹妇人刺绣之花样也。……然花样无定式，尽可日异月新；曲谱则愈旧愈佳，稍稍趋新，则以毫厘之差，而成千里之谬。情事新奇百出，文章变化无穷，总不出谱内刊成之定格。是束缚文人，而使有才不得自展

63

者, 曲谱是也; 私厚词人, 而使有才得以独展者, 亦曲谱是也。使曲无定谱, 亦可日异月新, 则凡属淹通文艺者, 皆可填词, 何元人我辈之足重哉! "(《音律第三·凛遵曲谱》)

李渔不仅以正音律要求曲词, 而且以此要求宾白: "世人但以'音韵'二字用之曲中, 不知宾白之文, 更宜调声协律。世人但知四六之句, 平间仄、仄间平非可混施叠用, 不知散体之文, 亦复如此。"他认为: "能以作四六平仄之法, 用于宾白之中, 则字字铿锵, 人人乐听, 有'金声掷地'之评矣。"(《宾白第四·声务铿锵》)

但是, 李渔又一针见血地指出戏曲文学创作不同于其他文学创作之处: "填词之设, 专为登场。"(《选剧第一》)认为汤显祖《还魂记》中《惊梦》折【步步娇】、【皂罗袍】、【好姐姐】等曲的妙语, "止可作文字观, 不得作传奇观"。而《诊祟》折春香唱的【金落索】,《忆女》折杜母唱的【玩仙灯】、【香罗带】,《玩真》折柳梦梅唱的【莺啼序】、【簇御林】, "置之《百种》前后, 几不能辨。以其意深词浅, 全无一毫书本气也"。(《词采第二·贵浅显》)并且谈了自己编写戏曲剧本时的切身体验: "笠翁手则握笔, 口却登场。全以身代梨园, 复以神魂四绕, 考其关目, 试其声音, 好则直书, 否则搁笔, 此其所以观听咸宜也。"(《宾白第四·词别繁减》)李渔很重视艺术实践, 他的编剧理论也来自实践。他一再强调, 编写剧本要考虑到舞台与演出, 要考虑到观众。

李渔时时处处以舞台演出为衡量标准, 在论述剧本结构、曲词、宾白等戏曲的文学特性时, 都考虑到实际剧场效果。这表明情节趣味(戏剧因素)已凌驾于抒情趣味之上了。

李渔对戏曲创作理论, 特别是创作方法论的研讨, 颇多前人所未发之处, 道出了戏曲文学创作的特殊规律, 因而为中国古代戏曲理论的发展作出了非凡的贡献。

李渔戏曲创作论, 不管是结构论或语言论, 其最显著的特点, 是深刻地揭示了剧本的两重性——文学性(可读性)和戏剧性(可演性), 即"列之案头, 不观则已, 观则欲罢不能; 奏之场上, 不听则已, 听则求归不得"。并较好地解决了这两者结合的理论问题和方法问题。不管是论结构、论词采还是论宾白, 都提出剧本要有文学价值, 但更突出地提出剧本如何适合演唱的需要, 即要有演出价值, 因为后者往往是文人作家并未真正弄懂或忽视了的问题。李渔在丰富的创作实践经验基础上总结出来的这些创作理论及创作技巧, 特别富有务实精神, 同时又特别富有独创精神, 因而富于启发性和切实可行的特点, 对剧作家的创作自然具有现实指导意义。

李渔并没有陷于对技巧的烦琐陈述中,他较注意突出从总体力量上去观察戏曲的创作规律。在《填词余论》中,他借议论金圣叹的《西厢记》批评之机,点化了金圣叹的话,作为整个《词曲部》的结束语:

> 圣叹之评《西厢》,其长在密,其短在拘。拘即密之已甚者也。无一句一字不逆溯其源而求命意之所在,是则密矣。然亦知作者于此,有出于有心,有不必尽出于有心者乎?心之所至,笔亦至焉,是人之所能为也;若夫笔之所至,心亦至焉,则人不能尽主之矣。且有心不欲然,而笔使之然,若有鬼物主持其间者,此等文字,尚可谓之有意乎哉?文章一道,实实通神,非欺人语。千古奇文,非人为之,神为之、鬼为之也!人则鬼神所附者耳。(《填词余论》)

他提醒剧作家不可太拘泥于法而失去了创作的灵性,也是提醒《词曲部》的读者在评论戏曲时不可太"拘"。这是李渔《词曲部》的"临去秋波那一转"。

(三)缩长为短　求新求奇

李渔"脱窠臼"的中心,是一个"新"字。"古人呼剧本为'传奇'者,因其事甚奇特,未经人见而传之,是以得名。"(《结构第一·脱窠臼》)"因其事甚奇特",指的是"奇";"未经人见而传之",指的是"新"。"新,即奇之别名也。"正因为新奇,才能引起观众的兴趣,掏钱去买票!知道"未见之"为新,就应该知道"已见之"为旧了。因此,"填词"的剧作家,一定要了解"传奇"二个字。想要动笔写这个剧本,先要问从古至今的剧本中有没有这样的故事情节。东施的相貌,未必没有西施漂亮,只是因为"效颦于人",所以千古以来被人讥诮。

然而,"虽贵新奇,亦须新而妥、奇而确"。李渔曾在《窥词管见》中指出:"意新为上,语新次之,字句之新又次之。"所谓"意新",并非《齐谐》志怪、《南华》志诞"那样,而是"即饮食居处之内,布帛菽粟之间"。"凡作传奇,只当求于耳目之前,不当索诸闻见之外。"就是前人已经看到的事情,还是有:没有摩写得尽的"情",描画得不全的"态"。要"设身处地,伐隐攻微",在平易的地方看到"新""奇",化腐朽为神奇!"戏法无真假,戏文无工拙,只是使人想不到,猜不着,便是好戏法、好戏文。"(《格局第六·小收煞》)他写的传奇,"结构离奇,熔铸工炼,扫除一切窠臼,向从来作者搜寻不到处,另辟一境,可谓奇之极,新之至矣。然其所谓奇者，皆理之极平；新者，皆事之常有"（朴斋主人《风筝误·总评》，《风筝误》传奇卷末）。善于从极平之理、常有之事中创造出奇情新态的传奇作品，乃是李渔的过人之处，亦是他的传奇艺术魅力所在。例如，《蜃中楼》将《柳毅传书》和《张羽煮海》两个有关龙女的神话故事杂糅在一起，从"千人共见，万人共见，绝无奇矣"的题材中，发现那些"摹写未尽之情，刻画不全之态"，重新创作。再如，《意中缘》将明末享誉文坛的书画家董其昌、陈继儒和当时的才女杨云友、林天素分别配成佳偶。据黄媛介《意中缘序》云："三十年前，有林天素、杨云友其人者，亦担簦女士也。先后寓湖上，藉丹青博钱刀，好事者踵其门。即董玄宰宗伯，陈仲醇徵君，亦回车过之，赞服不去口，求为捉刀人而不得。"（《意中缘》卷首）可知林、杨二人虽然与董其昌、陈眉公是同时代人，也曾先后以卖画谋生；但她们与董其昌、陈眉公仅有笔墨上的交往，并未因此成为董、陈的侍妾，是作家"鼓怜才之热肠，信钟情之冷眼，招四人芳魂灵气，而各使之唱随焉。奋笔饰章，平增院本中一段风流新话，使才子佳人，良配遂于身后"（黄媛介《意中缘·序》）。在李渔看来，杨云友、林天素应该嫁给董其昌、陈眉公作妾，才是士大夫生活中理想的佳话。又如，传奇写一夫多妻是陈腐的熟套，李笠翁就善于化腐朽为神奇，来个反其道而行之，专意着眼于三女（许仙涛、曹婉淑、乔梦兰）如何争夺一男（南京吕曜）。挖空心思地把三女分为对立的两方，如何相互勾心斗角地追求一男，故名《凰求凤》。

纵观戏曲史，翻案文章之所以层出不穷，都是求新的缘故！先有《赵贞女蔡二郎》，后有《琵琶记》之三不从，将"不忠不孝"蔡伯喈改为"全忠全孝"；先有《王魁》之负敫桂英，后有《焚香记》之不负心；再有《铡美案》之陈世美不认前妻，杀妻灭子；《赛琵琶》之秦香莲审驸马……

天启、崇祯以后，吏治已经溃烂不堪，贪赃枉法习以为常，考察时行贿更是家常便饭。一无作为、少受贿赂便是廉吏，刚愎自用、葫芦判案更是清官；这种情况沿袭到顺治年间没有多少变更，不知制造了多少草菅人命的冤狱错案。朱素臣把宋人平话小说《错斩崔宁》改编为《双熊梦》传奇时，索性将故事发生的时间直接改为明代；他通过老迈昏庸的周忱，尖锐地批判了这种腐朽黑暗的吏治；而对重视人命、敢于违抗上官意志、进行实地调查研究的真正亲民的清官况钟，则热情赞美。

李渔在《变调第二》中提出"变古调为新调"的问题。他所谓的"调"，不是指狭义的曲调，而是指广义的整个戏曲剧目。所以，他强调"变则新，不变则腐。变则活，不变则板"，实际上总结了我国戏曲不断发展、不断提高的一条根本规律，即今天所说的"推陈出新"。其实，我国古代的民间戏曲艺术家，在长期的生活实践和艺术实践中，一直没有停止过这种对传统戏曲剧目的修改和加工，而戏曲也正是在这不断的革新之中才获得了新生。只不过，李渔把这种戏曲变革的规律，从自发变为自觉，从而对推动戏曲现实主义传统的发展，具有不可磨灭的功绩。更可贵的是，他还进一步地指出，戏曲之所以要"变旧为新"，是因为："世道迁移，人心非旧，当日有当日之情态，今日有今日之情态。传奇妙在入情，即使作者至今未死，亦当与世迁移，自唪其舌，必不为胶柱鼓瑟之谈，以拂听者之耳。"（《演习部·变调第二》）这不仅在当时是十分难能可贵的，在今天依然有其现实意义。

李渔的"脱窠臼"，是从创作新剧方面谈的；而他的"变调"，则是从演出旧剧时对剧本的修改方面谈的。角度不同，实际上是一个问题两个方面，都是论述剧本的内容如何推陈出新的问题。

如何推陈出新呢？李渔想了两个办法：一曰"缩长为短"，一曰"变旧成新"。

"缩长为短"这是针对明末清初传奇剧本动辄三四十出这一现象而提的。李渔在《闲情偶寄》里，专门从理论上阐述缩长为短的必要性：从观众的需要看，白天各有自己应该要做的事，而夜间演出又不宜通宵达旦，因为"可以达旦之人，十中不得一二"：不是第二天早上有事，就是此刻要睡觉。中华人民共和国建国以来，之所以夜间演戏的时间一缩再缩，就是要让我们工农大众有充足的睡眠，以保障足够的精力从事第二天的工作。我们往往看到外国朋友来看戏，正看到热闹处，都一个个站起身随着领队的走了，"使佳话截然而止"。因而，剧本如果过长，必然受到观众的"腰斩"。这样，李渔早就提出"与其长而不终，无宁短而有尾"的主张。而这就需要"缩长为短"了。他提出了两个具体操作方法：一是抽去几出可以省去的情节，在前后出中增加几句交代的话，这是小动；二是将原戏重新编写，成为十出左右的一本新剧，这是大动。李渔认为后者更为可贵，因为这不仅解决了演出的一时之需，而且极有可能改变传奇创作冗杂的通病，而另开以"简贵"胜的创作新风。我们看到，《牡丹亭》五十五出，《长生殿》五十出，《桃花扇》四十一出，而李渔的《风筝误》、《蜃中楼》、《奈何天》都只有三十出。

李渔以古董为喻，称这个过程为"生斑易色"的过程。他在这里提出"非宝其本质如常，宝其能新而善变"的看法，而当时"演到旧剧，则千人一辙，万人一辙，不求稍异；观者听蒙童背书……未尝易色生斑"，毫无乐处可言。因而如何使旧剧"易色生斑"，则成为亟待解决的问题。

　　然则生斑易色，其理甚难，当用何法以处此？曰：有道焉，仍其体质，变其
丰姿。如同一美人，而稍更衣饰，便足令人改观，不俟变形易貌而始知别一神情
也。……凡人作事，贵于见景生情。世道迁移，人心非旧，当日有当日之情态，今日有
今日之情态。传奇妙在入情，即使作者至今未死，亦当与世迁移，自啭其舌，必不为
胶柱鼓瑟之谈，以拂听者之耳。……我能易以新词，透入世情三昧，虽观旧剧，如
阅新篇，岂非作者功臣？（《演习部·变调第二·变旧成新》）

　　李渔此处所强调的"入情"，着重指合乎世情。而世道人心却总是在不断的变
化之中："世道迁移，人心非旧，当日有当日之情态，今日有今日之情态。"李渔改剧，
首先要求"与世迁移"。用今天的话来说，就是"与时俱进"。即通过修改，"透入世
情三昧"，使旧剧的精神与新的世道人心相适应，使之在新的剧场中复活。当然，李
渔的这些理论，是指的是剧本的内容情节而言。

　　李渔在《闲情偶寄·演习部》中，对其丰富的教学与剧场经验进行了总结，探讨
了戏曲导演和演员训练的一些重要内容。我国古代剧坛上没有出现过现代意义的导
演的概念，但是导演的职责却包含在教习人员的业务之内。《闲情偶寄·演习部》关
于选剧、变调、授曲（解曲意、明唱法、理伴奏）、教白（说白亦有正衬："每遇正字，
必声高而气长；若遇衬字，则声低而气短而疾忙带过。"）、脱套（衣冠要符合特定情
景中的特定人物，废除"啊呀且住"之类的恶习）几个方面的论述，实际上是为了解
决一个问题，就是如何运用戏曲舞台艺术的一切手段，来把剧本反映的生活，完美
地体现在舞台上。比如李渔重视对剧本的选择；认为演出的组织者应该以观众的
眼光来检验文学剧本，"缩长为短"、"变旧为新"，对文学剧本进行必要的加工、修
改，就都是现代导演在整个导演构思中要解决的问题。特别是李渔对戏曲艺术发
展规律的论证，以及他对提高演出质量的阐述，就格外值得我们重视。2001年，上
海昆剧团方家骥将《钗钏记》全剧重新改编。前半部将《相约》、《讲书》、《落园》、
《讨钗》几个优秀折子戏进行整理，突出精华。后半部有《小审》、《赚钗》、《大审》
几折，表现芸香机智勇敢而又知错改错的优良品格。由此有了新的立意，在一个完
整的戏剧故事中保留了昆剧舞台艺术的精华，使古老的昆曲遗产集合了现代观众的
审美要求。2002年由沈斌导演，在逸夫舞台公演后，得到专家和观众的好评，获得
了曹禺剧本奖。

（四）训练女乐　因材施教

如前所述，《声容部》主要是论述选姿买姬、培养女演员的方法。这些议论处处结合女乐的特殊条件，讲究"因材施教"，深刻地影响到当时的女乐活动。

元代胡祗遹的《黄氏诗卷序》，首先提出对于演员色艺的评断标准"九美说"："一、姿质浓粹，光彩动人；二、举止闲雅，无尘俗态；三、心思聪慧，洞达事物之情状；四、语言辨利，字真句明；五、歌喉清和圆转，累累然如贯珠；六、分付顾盼，使人解悟；七、一唱一语，轻重疾徐，中节合度，虽记诵娴熟，非如老僧之诵经；八、发明古人，喜怒哀乐、忧悲愉佚、言行功业，使观众听者如在目前，谛听忘倦，惟恐不得闻；九、温故知新，关键词藻，时出新奇，使人不能测度为之限量。九美既备，当独步同流。"[1]其一至三项，即分别是指色相美、风致美及心灵美；四、五、七项为语言美；六、八、九项为表演美。此说一出，后世剧评家无不奉为圭臬。元代后期夏庭芝的《青楼集》，即以色相美、心灵美及风致美为准则来品评女伶。而后明代汤显祖的《宜黄县戏神清源师庙记》一文，论及演员创造角色由艺入道的方式。潘之恒的《仙度》一文，亦延续此一传统，提出"才、慧、致"三美说。清初李渔的《闲情偶寄》，则更有系统地在《声容部》中论述妆扮之色艺美。因之，"色艺俱绝"、"色艺无比"之类的评语，便成为评艺美学的第一个基准。

从字面上看，"色"指姿容美色（自然美），"艺"指表演技艺。但前者应包含人物造型上之外在美（绘画美、雕塑美、工艺美等）与内在美；后者则具体显现在唱念做舞"四功"和手眼身法步"五法"上（包括演员的语音美、吟诵美、声乐美、舞蹈美、杂技美、武术美等）。前者乃指材料的线、形、色、光、声、质等外形因素；后者则是运用这些因素，按一定规律组合起来，以表现内容的结构等。而"内在美"则应包括思想品格、情感操守、精神意志、智能才能等心灵美和行动举止、姿态风度等行为美。

落实到审美活动中，美的层次共有三层：一是审美客体的表层；二是审美主体与审美客体间的联系；三是透过审美主体与客体相联系的社会形式，表现审美主体对待现实的态度，反映出特定历史时期的人类社会生活的某些本质特征。[2]如以戏曲演员为审美客体，则第一层应是指其色相美；第二层是指其心灵美；第三层则

---

[1] 见陆萼庭、吴毓华编《古典戏曲美学资料集》，文化艺术出版社，1992年10月，页61。
[2] 详见杨咏祁《审美形态通论》第五章《审美形态的层次》，南京大学出版社，1993年6月，页146—147。

是指其风致美，乃其由心向外展现的风度气质。不但融入了审美主体的判断，以审美主体之想象为联结层次，同时也包含审美主体之形象期待。故"色"是演员所塑造之舞台形象中内、外在形式之有机统合；涵盖其人物造形中妆扮之色相美、表现之心灵美，及行动之风致美；而"艺"则是指其四功五法之表演艺术。事实上，心灵美和风致美，均须透过"艺"之展演来成就。故只有结合色、艺二者，才有可能真正体现戏曲人物之艺术美。

所以，李渔总结为"选姿第一"、"修容第二"、"治服第三"、"习技第四"。

在"习技第四"的"歌舞"中，李渔说，外貌不漂亮却声音好听的女子是有的，没有外貌好看却声音不好听的。只是："须教之有方，导之有术，因材而施，无拂其天性而已矣。"李渔指出："昔人教女子歌舞，非教歌舞，习声容也。欲其声音婉转，则必使之学歌；学歌既成，则随口发声，皆有燕语莺啼之致，不必歌而歌在其中矣。欲其体态轻盈，则必使之学舞；学舞既熟，则回身举步，悉带柳翻花笑之容，不必舞而舞在其中矣。"[1]

谈到登场演剧，李渔谈了"取材"、"正音"、"习态"三点。

所谓"取材"，就是给演员"分配脚色"。他认为，男演员不容易找到的是正旦和贴旦，女演员不容易找到的却是丑（俗称三花脸）与副净（俗称二花脸）。可谓千生万旦，难得一净，更难得一丑。因为生旦净末外，均可取决于喉音，"喉音清越而气长者，正生、小生之料；喉音娇婉而气足者，正旦、贴旦之料也，稍次则充老旦；喉音清淡而稍带质朴者，外末之料也；喉音悲壮而略近噍杀者，大净之料也"。唯独这丑与副净，是不论喉音的，只取性情之活泼，口齿之便捷而已。然而，这样的脚色，"似易实难"。苏州的朱继勇，曾被我们邀请到扬州艺校看学员上课。他看到男学员都在练官步，就对我说："其实，丑脚并不要练官步，而要浑身活泛。"他虽然说的是男演员，与李渔所说的"只取性情之活泼"相同。李渔说："妇人体态，不难于庄重妖娆，而难于魁奇洒脱；苟得其人，即使面貌娉婷，喉音清越，可居生旦之位者，亦当屈抑而为之。"这种看法是相当精确的。

什么是"正音"？就是不准说家乡话（李渔是不主张在昆剧中用方言的），"使归《中原音韵》之正音是已"。他从乔、王二姬身上发现，人才并不一定都出在苏州一

---

[1] 见江巨荣、卢寿荣校注《闲情偶寄·声容部·习技第四·歌舞》，上海古籍出版社，2000年5月版，页174—175。也有人将此作为"载歌载舞的（表演）形式"在明末清初"早已形成"的根据，如此，"载歌载舞"岂不就变成了"不必歌""不必舞"！

地，只要在十六岁左右，方言没有不可以改的。关键在于善用方法。"燕姬赵女、越女秦娥"，在典籍中看到的不止一个两个。只不过苏州的女孩子，"乡音一转而即合昆调"而已。

其法者何？"正音改字，切忌务多"。聪明的一天十几个字，愚钝的减少一些。当初我们进师范大学，第一学期就是学普通话。根据各地方言与普通话的差别，一韵之中，"取其吃紧一二字，出全副精神以正之"。只要这一二字改过来了，"则破竹之势已成，凡属此一韵中相同之字，皆不正而自转矣"。例如改革开放前，泰州人一家就一个木头澡盆，洗澡时总是"你先洗"、"你先洗"地客气。可是这个"洗"字，泰州人说起来，跟普通话里的"死"字一样。结果，非常客气的"你先洗"，听起来却变成了"你先死"。还有"机器"这个词，泰州人说起来，就变成了"资刺"。j（基）、q（欺）、x（希），变成了z（资）、c（雌）、s（思）。抓矛盾要抓主要矛盾，牵牛要牵牛鼻子。把"洗澡"、"机器"说准了，就可以举一反三，成"破竹之势"。李渔真是了不起，他比那些"选女乐必自吴门（苏州）"者，要聪明得多。

"三曰习态"。戏曲表演的种种身段动作（"场上之态"）虽然来源于生活，但经过了提炼、加工，化为程式（"生有生态，旦有旦态，外末有外末之态，净丑有净丑之态"）。要自然而优美地掌握这些程式，"不得不勉强"；要完全合乎表演规范而又不为规范所约束（"类乎自然"），"此演习之功之不可少也"。

然而，女演员又和男演员不同。"男优妆旦，势必加以扭捏，不扭捏不足以肖妇人；女优妆旦，妙在自然，切忌造作，一经造作，又类男优矣。"为什么？"妇人登场，定有一种矜持之态：自视为矜持，人视则为造作矣。"怎么办？"演剧之际，只作家内想，勿作场上观"，这是说的"旦脚之态"。

"女态之难，不难于旦，而难于生；不难于生，而难于外末净丑；又不难于外末净丑之坐卧欢娱，而难于外末净丑之行走哭泣。"为什么？"脚小而不能跨大步，面娇而不肯妆瘁容"。然而，妆龙必须像龙，妆虎必须像虎，妆而不像，贻人笑柄，是"求荣得辱"；倒不如设身处地，酷肖神情，使人赞美为好。

至于女小生，扮相比女旦更加好看。如香港的叶童，在《射雕英雄传》扮王爷之女的男装，比后来恢复"女妆更为绰约"。所以，《白娘子传奇》中让她扮许仙。又如浙江唱越剧的茅威涛等，都像潘安再世、卫玠复生。

五、最后的人生

康熙十年（1671），乔姬为李渔生下一个女儿，产后身体非常虚弱。而纪子湘由徐州河防同知升迁为湖北汉阳太守后，来信邀请李渔在方便的时候到汉阳作客。当李渔试探性地征求乔姬的意见时，她义无反顾地认为，家中人口众多，开支这么大，单靠书店和作品的收入来支撑是万万不行的。于是，李渔率诸姬由金陵溯流而上，经九江，遍历汉口、汉阳、武昌、荆州、桃源等地。在旅行途中，诸姬染病，不能演出。乔姬病重时，当地众多缙绅名流集资为其祈禳。这次仓促的决定最终使她英年早逝，于康熙十一年离开了人间，时年十九。乔姬死后，李渔极为悲痛，作悼亡诗二十首，自汉阳载柩返回南京。《笠翁诗集》卷二《断肠诗二十首哭亡姬乔氏有序》云："乔姬事予凡六载，年方龆龀，即解声歌。凡予所撰新词，及改前人诸旧剧，朝脱稿而暮登场，其舞态歌容，皆当世周郎所经见者。妍媸美恶，或有定评，非予所当自誉者。但能体贴文心，浣除优人旧习，有功词学，殆非浅鲜。"李渔谓其于己"竭计毕能以娱之，之死靡他（至死没有他心）以事之，甚至奄忽之秋，犹泣涕告天，而求续好于来世"。康熙十二年（1673）夏，李渔再度赴燕京，途中作《自乔姬亡后，不忍听歌者半载。舟中无事，侍儿请理旧曲，颇有肖其声者，抚今追昔，不觉泫然，遂成四首》诗。冬，王姬病逝，亦时年十九。李渔作《后断肠诗十首》悼之，年过花甲的他心灰意懒。康熙十三年（1674），李渔自北京回南京，作《与余澹心书》云："弟自乔、王二姬先后化为异物，顾景凄凉，老泪盈把，生趣日削一日。近又四方多故，蹙蹙靡骋。啼饥之口半百，仰屋之叹一人。不知作何究竟，惟有以国事以喻家事，付之无可奈何而已。"

康熙十四年（1675），因为他两个儿子在浙江经州县考试录取为生员而入学（游泮），动了乡念，"遂决策移家"，在西湖上买山。

康熙十六年（1677）春节刚过，严霜满地，李渔携带全家，再迁杭州。在经过严子陵钓台时，写《多丽》词，对自己的一生做了个总结：

过严陵，钓台咫尺难登。为舟师、计程遥发，不容先辈留行。仰高山、形容自愧，俯流水、面目堪憎。同执纶竿，共披蓑笠，君名何重我何轻！不自量、将身高比，才识敬先生。相去远，君辞厚禄，我钓虚名。 再批评、一生友道，高卑已隔千层。君全交、未攀衮冕，我累友、不恕簪缨。终日抽风，只愁载月，司天谁奏客为星？羡尔足、加帝腹，太史受虚惊。知他日，再过此地，有目羞瞪。

他虽然上交难免不谄，虽然到处打抽风，但自己并不忌讳，肯丝毫无隐地把自己描画出来，是何等地洒脱可爱！

最后几年，李渔居西湖云居山东麓，名所居曰层园。康熙十八年（1679），李渔一病不起。这一年刚刚过完，康熙十九年正月十三日（1680年2月12日），李渔默默地望着窗外，辞别了人世。

第四章　康熙中期的扬州昆曲

一、概　述

在拙著《扬昆探微录》绪论中, 曾提及胡忌先生的《昆剧发展史》: "直到上一世纪八十年代, 张庚、郭汉城主编的《中国戏曲通史》、特别是陆萼亭先生的《昆剧演出史稿》, 才对扬昆有所重视, 对扬昆的贡献有所肯定。但后来胡忌的剧种史, 反而置扬州是全国南方戏曲中心的史实于不顾, 甚至对当时扬州的经济地位缺乏了解, 以今比古地说什么'扬州的经济文化在康熙中期以来和苏州的繁荣可相比拟'[1], 没有给予充分的肯定。我当时的动机就是要还历史一个真面貌, 挖掘、复原'扬昆'这一历史现象的存在和概貌, 恢复扬州在昆曲发展史上应有的地位。"[2]

读古代的文章, 谈古代的事情, 不宜用今天的情况去套古代的历史。胡忌对历史上扬州经济的判断, 就犯了这个毛病。我们并不否认, 今天的扬州确实不如苏州 (有人一听到"你们小小的扬州"就生气, 这是不面对现实。因为现在的扬州市, 是有史以来最小的扬州)。但在历史上, 苏州确实比不上扬州。且不谈"在苏杭未发达之前, 扬州已成为东南胜地, 金粉之盛, 远过秦淮, 隋炀帝南巡临幸, 沉湎酒色以至于亡国, 这就能想见当时的繁华! 后来唐代的许多名人诗句, 如'烟花三月下扬

[1] 胡忌、刘致中《昆剧发展史》, 中国戏剧出版社, 1989年6月, 页451。
[2]《扬昆探微录》, 页3-4。

州'，如'春风十里扬州路'，如'二十四桥明月夜，玉人何处教吹箫'等等，往往可以看到：旖旎风光，一时无两"[1]！我在《扬昆探微录》的绪论中也曾引用曹聚仁《上海春秋·开埠》中的话：上海，仅"是在长江黄浦江的交汇处一个小港口，三百年前比不上浏河，百五十年前只敢以苏州相比，夸下口来说，小小上海比苏州。至于扬州，实在太光辉了，高不可攀，怎么能比拟得上？"[2]其实，就拿胡忌所说的康熙中期来说，扬州府包括今天的扬州市、泰州市、南通市和盐城市！

扬州的繁荣，一开始就和盐分不开。汉吴王刘濞，曾增挖今天称为通扬运河的盐运河（如皋蟠溪抵扬州茱萸湾），使扬州成为淮南海盐的转运枢纽，史称一方的都会。从汉唐直至明清，扬州一直是两淮盐业的中心。两淮盐课在国家财政收入中的重要性，历代的文献中都有记载。不错，明末的战乱，清初的屠城，曾使繁华的扬州城焚毁殆尽。但康熙二十年（1681），清王朝削平"三藩之乱"、统一台湾之后，真正得到了统一，国内大规模的民族战争的暴风骤雨从此基本结束，东南沿海及经济中心——江南有了安全的保障。于是，清王朝在政治上采取了许多缓和民族矛盾、阶级矛盾的措施，受战争破坏的生产力开始恢复并有所发展，一个相对稳定承平的所谓"太平盛世"开始出现。

康熙的一连串的改革措施，并花费巨大的人力、物力兴修水利，整治运河以利灌溉和通漕，扬州港转运盐、漕的地位得以加强，迅速从战后的废墟中恢复过来。随着社会的安定，经济的复苏，扬州再度成为两淮盐业的中心，我国中部各省食盐供应的基地。盐税是清政府利源之所在。"盐课居赋税之半，两淮盐课又居天下之半"（嘉庆《两淮盐法志》卷五十五，"碑刻"下）。也就是说，扬州每年上缴国家的税收，仅盐税一项就占全国财政收入的四分之一。这恐怕是古今中外任何一个城市都无法匹比的，可谓"损益盈虚，动关国计"。这是客观存在，这是历史。对历史，谁也无法抹杀，也不能任意裁剪，只能实事求是地加以研究和评价。

文化原本需要雄厚的经济基础作后盾，只有以繁荣的经济为前提，才能促进文化的发展。康乾盛世时扬州商品经济的繁荣，无疑是剧运昌盛的决定因素。因为城市的繁荣，给戏曲的班社和艺人，提供了从事艺术活动、赖以谋生的社会条件。豪室巨富、官僚地主之家，奢侈享乐，自然会多蓄声伎，留心词曲。对于从苏州来的昆

[1] 焦东周生《扬州梦》一书的开头。
[2] 曹先勇主编，上海人民文学出版社1996年版，转引自扬州市档案局、扬州市地方志办公室《扬州史志》2000年增刊《落日辉煌话扬州》，页245。

剧演员,他们动辄一掷千金,所以,从苏州来的昆剧演员,每到扬州就能一唱而红,得到比在苏州要多得很多的报酬。在这种情况下,演员们都愿意往扬州跑,而不愿意留在苏州。当时的梨园总局老郎堂,就设在盐商住宅区南河下和盐商炒卖盐引的"引市街"附近——"苏唱街",昆曲的演唱活动又臻于极盛。

生于康熙二年、卒于乾隆五年的金埴,在作客广陵时作有一首《题梨园会馆》:

> 从来名彦赏名优,欲访梨园第一流。
> 拾翠几群从茂苑,千金一唱在扬州。
> 定偕侯白为声党,还倩秦青作教头。
> 歌吹竹西能不羡,更知谁占十三楼。[1]

康熙中期,由于扬州社会经济的繁荣,扬州的昆曲家班又增加了汪懋麟家班、曹寅家班、程梦星家班、安歧家班、马氏家班,仪征的方元鹿家班、程南陂家班,高邮州增加了宝应乔莱的赐金班和刘中柱的刘氏家班,泰州增加了俞锦泉家班、陈端家班、如皋的徐氏家班,成为全国之冠。当时著名的昆曲家班约有十九家。我们这里重点介绍曹寅和乔莱的家班。

二、曹寅家班及其传奇创作

曹寅(1658—1712),戏曲活动家、剧作家,是《红楼梦》作者曹雪芹的祖父。字子清,一字幼清,号楝亭,又号荔轩、雪樵。性爱柳,自号柳山、柳山居士、柳山聱叟、西堂扫花使者、棉花道人等,官至通政使。先世本汉族,祖籍河北丰润,后迁居辽宁沈阳。自祖父起,为满洲贵族的包衣(奴仆),隶正白旗。六岁随父曹玺赴江宁织造

---

[1] [清]金埴《不下带编》卷七,中华书局,1982年9月,页125。"拾翠",原指拾取翠鸟的羽毛以为首饰,此处指装扮妇女的演员。"茂苑",花木繁茂的苑囿。这里指代苏州。"千金一唱在扬州",城市的繁荣,给戏曲的班社和艺人,提供了从事艺术活动、赖以谋生的社会条件。豪室巨富、官僚地主之家,奢侈享乐,自然会多蓄声伎,留心词曲;就是城乡的各阶层群众也对文化娱乐有所需求,选伎征歌,寻花载酒已是普遍现象。"侯白",隋代人,性滑稽,爱说讽刺诙谐的话。后来就称诙谐的演员为侯白。"秦青",古之善歌者,见《列子·汤问》。"竹西",古亭名。在今扬州城北黄金坝东北角的竹西公园原隋炀帝行宫前,后作扬州之代称。"十三楼",宋时杭州名胜,离钱塘门二里多。苏轼治理杭州时,大多在此办事。苏轼词《南柯子·游赏》:"游人都上十三楼,不羡竹西歌吹古扬州。"这里反其意而用之:"歌吹竹西能不羡,更知谁占十三楼。"

任，始居江南。

曹寅的母亲孙氏，是康熙的乳母，所以，康熙打小就跟孙氏关系非常好，住在现在的东华门外面北长街福佑寺里。这样，康熙和曹寅的关系更不一般。儿时，曹寅就被选来陪着康熙一块儿读书。康熙当了皇帝以后，曹寅就成为他的近身侍卫，而且还是禁卫军当中的小头目。康熙二十四年（1685），曹寅又被提拔为内务府郎中；康熙二十九年出任苏州织造；康熙三十一年，又兼任江宁织造（次年，苏州织造由其内兄李煦接任）。江宁织造兼管昆班，握有实权，深受皇帝宠爱。也正因为这个缘故，他家三代四人曾先后连任江宁织造达六十年之久。

曹寅出任苏州织造时，在任所置办家班一部，曾搬演尤侗所作之《清平调》、《读离骚》、《黑白卫》诸剧。曹寅在江宁织造任上的二十年中，康熙四次南巡，均以织造府为行宫。为承应康熙南巡，曾扩充家班。曹氏家伶薪俸甚厚，故南京梨园之佼佼者纷聚曹家。其中，阮大铖家班旧人朱音仙，为曹寅家班曲师。该班所演，除阮大铖《石巢四种曲》、汤显祖《临川四梦》等外，还搬演过曹寅自撰之《表忠记》、《北红拂传》等。

康熙第四次南巡（1703）从杭州返回时，曾在扬州逗留多日，连续沉迷于观戏之中。曹寅其时担任戏提调。次年（即康熙四十三年），除继续任江宁织造外，还与其内兄李煦一年一替地轮流兼任两淮巡盐御史（四十五年、四十七年、四十九年）。另外，奉康熙帝之命在扬州创办皇家出版社——"扬州诗局"，出版过《全唐诗》。曹寅官至通政使，康熙五十一年（1712）病故。

康熙年间，扬州昆班林立。他的家班在扬州活动颇多，从其《雪后和晚砚澄江载酒人至，兼忆真州昔年声伎之乐》诸诗可知，理应算在扬州昆曲家班中。曹寅经常以家班演戏接待名流，为清廷网络江南名士、朱明遗民，相当于现在的统战部与政协。与余怀、顾景星、毛奇龄、孔尚任、顾彩、王士禛、金埴、赵执信、陈维崧、朱彝尊、吴伟业、周亮工、石涛等戏曲作家、诗人、作家均有交往。就连屈指可数的名剧作家尤侗、洪昇也是他的座上客。康熙四十三年（1704）春末，洪昇漫游苏松一带，曹寅热情地邀请他至江宁织造府，命家班演出《长生殿》。邀集大江南北的名士参加，独让洪昇居上座，并在洪昇和自己的席上各放了一本曲本，"每优人演出一折，公与昉思校对其本，以合节奏（音凑）。凡三昼夜始阕。"[1] 其规模在《长生殿》的演

---

[1] ［清］金埴《不下带编·巾箱说》，中华书局，1982年9月，页10、136（重出）。

出史上，是值得一书的。

曹寅幼时曾得周亮工、施润章指点，因此"有诗才，明音律"，改写、编撰了《北红拂记》（抄本藏文化部艺术局）、《太平乐事》、《续琵琶》（即《后琵琶》）和《表忠记》（即《虎口余生》）等剧，而以《表忠记》最为著名。陆萼庭很推崇他的杂剧《北红拂记》，认为"颇有一些创新的体验"。此剧是与幕友梅梅谷合作，伶工王景文"杂以苏白"的。此剧十出，不称"折"，陆萼庭认为"实具'场'的灵活性，暗合李笠翁缩长为短的要求"。他"一意嗜书，藏弄古本逾万卷"（施瑮《随村先生遗集》）、又"以为藏书不如刻书"（金毓黻《辽海书证》），精刻过许多古籍。《楝亭十二种》中的《录鬼簿》二卷，是依据明初吴门生过录本重刊的，是元至正五年（1345）以后由钟嗣成重订过的一种古本。

清初以来，无名氏作的《铁冠图》颇为盛行。曹寅的《表忠记》，一名《虎口余生》，似亦因不满于《铁冠图》而改作。此书已经不容易见到，可能已佚，据焦循《剧说》云：

> 曹银台[1]子清撰《表忠记》，载明季忠烈及卑污诸臣极详备。填词五十余出，游戏皆示功惩。以边长白大绶为始终，开场即演掘闯贼祖坟。掘坟事人皆知长白所为，不知实贾焕成之也。……出《在园杂志》，言亲得之长白侄桂岩别驾声威者，较长白自记《虎口余生》，更为详备。吾郡郭于宫观演《表忠记》诗云："碧血余威照管弦，忠臣剧贼两流传。笑他江左夷吾辈，一卷《阴符燕子笺》。"[2]

《在园杂志》为曹寅同时人刘廷玑所作，卷三说这部戏的写作背景和宗旨是：

> （边大绶）长白自叙其事，曰《虎口余生》。而曹银台子清寅演为填词五十余出，悉载明季北京之变及鼎革颠末，极其详备：一以壮本朝兵威之强盛，一以感明末文武之忠义，一以暴闯贼行事之酷虐，一以恨从伪诸臣之卑污；游戏处皆示功惩，以长白为始终，仍名曰《虎口余生》。构词排场，清奇佳丽，亦大手笔也。

另外，从曹寅的《楝亭书目》里，也知道他曾藏有清初钱大升著《表忠记》十卷、边

---

[1] 银台，即通政使。曹寅任江宁织造，有侍郎身份，故称。

[2]《剧说》卷三，见《中国古典戏曲论著集成》（八），中国戏剧出版社，1960年1月，页131—133。

大绶著《虎口余生》一卷和赵吉士著《续虎口余生》八卷，可知曹寅写《表忠记》传奇是有其他作品为根据的。无名氏《传奇汇考》则记录了戏的内容：

> 演明末李自成之乱，本朝大兵声讨，小丑殄灭，死难忠魂，俱得升天，故曰《表忠记》。其端则米脂县令边大绶掘闯贼祖父坟茔，后为贼系，几死；皇师讨贼，大绶获全，且得邀恩至显官。其自述有《虎口余生记》，故又谓之《虎口余生》也。

由上引三则，可以明白这本戏的情节主干。这是一部恶毒攻击明末李自成农民起义、歌颂满清侵略者兵威的作品，其思想内容十分反动，然对于明末崇祯皇帝的政权失败及其自尽于煤山却有充分的揭露。今存遗民外史改编本，大部仍存曹著基本原貌。如第43出《录忠》，叙关帝将所有"捐躯殉国之忠臣义士，载入乾元宝箓"，似指此剧一名《表忠记》之由来。

全剧的具体情节有八大部分：

一、延安府米脂知县边大绶以发掘李自成祖坟，被劾去官；至第33出闯王进京，边大绶被逮，解京途中，乘机逃脱，清朝授以山西巡抚。此所谓"以长白为始终"。

二、李自成攻关中，兵部侍郎孙传庭奉旨"剿寇"，先胜后败，呕血而亡。

三、起义军攻破太原，巡抚蔡懋德自刎。

四、水灵圣母烧京城行宫；崇祯帝命司礼监王承恩召取勋戚文武大臣输金助饷；通积库库神引崇祯帝入库观看铁冠道人遗下之画图；新科进士石崟上表，为袁藻德斥退，后触铜驼而死。

五、闯王子李洪基攻代州，为总兵周遇吉所擒，闯王欲降，周不允，决战，周中乱箭死。

六、大学士李建泰自愿率师出征，驻扎保定，向闯王献城。

七、起义军进北京，李自成入宫，宫女费贞娥诈称公主，李赐其婚配"一只虎"李过。婚夕，费刺杀之，并自刎。

八、清朝镇国大都统起兵，牛金星闻讯，与自成出走。

剧情大部分与《曲海总目提要》卷46《虎口余生》所叙相同，顺序亦合，当出曹寅原著。惟四、六两大部分（即17—21出、26—28出）为《提要》所无，影印本批语有"旧抄本无"字样，所谓旧抄本或指曹寅原著，或指遗民外史原改编本。改编本经戏班加工修改，拼凑移挪痕迹随处可见，此处似掺入清初无名氏《铁冠图》内容。又如第37出《夜乐》（演牛金星夜宴），为常演剧目之一，内借用传统散曲"兀的不"一套，叶堂《纳书楹曲谱》卷三收入，称为"幽艳苍凉，得未曾有"。

当时此戏演出的反应，历来记载很多。这里略举两条：

一、曹寅的友人王藻有《寒夜观剧偶成十首》诗，第七首云："擎杯含泪奉高堂，宁武关前血战场。一战差强人意耳，早传褒语自先皇。"自注："曹楝亭：《铁冠图》。"第八首云："英烈夫人刺贼胸，弱龄宦眷凛霜锋。欲图射马獐偏代，遗恨千秋匹卧龙。"自注："明宫娥费氏，本朝顺治初追封英烈夫人。"前者写的是《别母·乱箭》二出，后者写的是《宫娥刺虎》一出，这两出是《虎口余生》"表忠"最有力的戏，昆剧和京剧舞台上，一直演出到建国前。其他剧种也有这本戏，可见影响之广而深远。

二、方扶南《春及草堂江关集》的《初至仪征，程南陂郎中宴观家乐》诗："卓荦观古今，氍毹乃多垒。开泰得兴朝，先躯辟盗否。曹公谱刀兵，虎口余生始。（故盐漕通政使曹楝亭公演）特表边令劝，文体但详李。黄虎张献忠，凶残未遑理。同恶不同科，当筵犹裂眦。"

《虎口余生》的主旨十分符合清王朝的要求，而孔尚任的《桃花扇》则把更多的笔墨用在对南明小王朝的哀叹上。因此，孔尚任的晚年政途坎坷，《桃花扇》在乾隆以后备受冷落。在昆剧折子戏的传统剧目里，《桃花扇》只有《寄扇》、《题画》等二、三出；而《虎口余生》则有和《长生殿》数量不相上下的传统折子戏。

曹寅为迎康熙圣驾南巡，在听腻了的昆山腔里面，穿插一些扬州的民间小调，使康熙听了有朴素清新之感，以讨得主子的欢心。后来的演出本参合了同题材作品，改名为《铁冠图》。从《昆曲粹存》中《铁冠图》的工尺谱，以及《佚存曲谱》初集卷二中《铁冠图·赚城》的【花儿赚】等，都可以看出它吸纳了不少当时的民间小曲。例如《铁冠图·询图》一折中，"外"扮的铁冠道人，唱了三支曲子：【浪淘沙】是引子，【大红袍】是过曲，【清江引】是尾声。只有【清江引】是北曲的常用曲牌，并常用作尾声（如《艳云亭·点香》中南北合套的【新水令】套曲，即以此曲为尾声）；【浪淘沙】和【大红袍】都是小曲。乾隆时又大量地将花部中地方风味浓郁、错用乡语的喜剧，连腔调整个地搬来，在腔格、板式方面加以梳理，与折子戏同用于舞台上。

曹寅在扬州的办公衙门，由于经常储放进贡给皇帝的礼物，所以被扬州人称为"皇宫"（原新华中学内，在今汶河北路东。可惜被开发房地产时拆去）。

三、乔莱家班及其传奇创作

乔莱（1642—1694），字子静，号石林，别署画川逸叟。江苏宝应人，乔可聘之子。清代戏曲作家、文学家。康熙六年（1667丁未）进士，官内阁中书舍人。十八年（1679己未）试博学鸿词一等，改授翰林院编修，与修《明史》，充《实录》纂修官。二十年（1681），典试广西。还，升翰林院侍读。康熙二十四年，再试词臣，乔氏列一等第四，间日复试第五，任日讲起居注官，又纂修《三朝典训》，擢侍讲，转侍读；精制曲，喜作剧。

乔莱因治理淮扬水患事，与康熙帝意见不合，二十六年（1687丁卯）被解职罢归（《乔止巢诗注》）。乔莱归里后，流连诗酒，恣寻声乐，再无出山之志。在宝应城东（今安宜镇）明末胡氏望族画川别业的旧址上，积土为山，植树为林，小中见大，清幽雅致，再建亭台楼阁于其中，构筑了颇为野逸的水景园林"纵棹园"。叶燮有《题乔石林纵棹园》诗六首，可略窥其貌。并培养了家班一部，有伶人约十人，称"石林十伶"。"客至张筵演剧，日无虚晷"。叶燮曾应乔莱之邀，至宝应观乔氏家班演出，并作《十伶曲·为石林家优作》十首，以歌咏之。现节录五首，以明其旨：

> 常栖缑岭听吹笙，舞袖翩跹画不成。
> 忽讶飞琼花下见，方知子晋是前身。（其四）

> 曾向天街捧紫清，明霞队里玉妃行。
> 嘱伊勤看雕笼锁，莫使啼残掌上莺。（其五）

> 赐著轻寒帘外袍，露华沾处月痕高。
> 千年影闭长生夜，谁向氍毹咽翠槽。（其六）

> 九里山前吊霸王，呜喑重起擅当场。
> 虞姬别后知音绝，剩有闲花报主香。（其七）

> 百万雄师未奏功，帐前一卒策平戎。

看他带砺云台日，一笑封侯是梦中。（其八）[1]

从查慎行赠乔氏的"自琢新词自裁扇"诗句看，又可知乔莱曾写过戏曲。现知有传奇《耆英会记》一种，二卷三十出。有《古本戏曲丛刊》五集影印清光绪重刊本，题署"香雪亭新编《耆英会记》，画川逸叟撰"，成于罢官归里后。近人严敦易处藏有辨道人补刊《耆英会记》。从其《标目》【汉宫春】曲文看，可知是以司马光败于党争自比。叙王安石创行新法，司马光因政见不合，退归洛阳，筑"独乐园"（乔莱言治河事获谴，归筑别业，纵情诗酒，可知是以司马光自况），开馆编《资治通鉴》。又与文彦博、富弼等"士大夫老而贤者"在洛下置酒相乐，图形于妙觉僧舍，时人谓之"洛阳耆英会"。全剧以宣仁太后听政，王安石自叹，吕惠卿被黜，司马光复相作结。中间穿插苏轼与歌姬朝云之遇合事。"王吕诸奸，皆暗指当日一二执政"（吾园后人诗注）。但少见演出。乔氏纂有《宝应县志》二十四卷，著有《石林赋草》、《应制集》、《南归集》、《直庐集》、《使粤集》、《归田集》（诸多名人集居多）与《易俟》二十卷等，知名于时。

康熙二十八年（1689），皇帝第二次南巡至苏北，乔莱以家班中"色艺擅一时"的管六供奉，演出了乔莱的《耆英会记》传奇，获得玄烨赞赏，"蒙赐银项圈一，因名其部曰赐金班"（见《香雪芹新编耆英会记》道光十年载鑅题诗）。乔密友浙江海宁的查慎行（1650—1727，原名查嗣琏，字夏重，康熙二十八年八月因洪昇在京演出《长生殿》时被邀请与会而受到惩处，后改此名，重新应试）赋诗庆贺："新词谱出绕梁音，消得君王便赐金。"[2]

管六郎（生卒年不详），清初昆曲演员。宝应乔莱家班伶人。扮相俊美，做工细致。康熙二十八年（1689），玄烨第二次南巡至苏北，曾召乔莱家班承应，看了由他主演的《耆英会记》，很为赞赏，赐管六郎银项圈。康熙二十九年（1690），曾参予查慎行、徐乾学、宋荦、姜宸英等名士的文酒之会，查作《乔侍读席上赠歌者六郎》一诗，褒赞管六郎之音色俱佳，做工细致。康熙三十三年（1694甲戌）乔莱又奉召入京，不久病逝。乔莱逝世后，查慎行来宝应吊丧，也没有顾得上去询问管六郎的踪迹。后来到了京城，听到有一"管郎"，名著梨园一时，京中公卿争罗致之。查慎行《敬业堂

---

[1]［清］叶燮《已畦诗集》卷六。
[2]转引自《江苏戏曲志·扬州卷》，江苏文艺出版社，1997年12月，页242。

诗集》卷十九曾记其事云：[1]

　　白田乔侍读有家伶六郎，以姿技称。己巳（康熙二十八年）春，车驾南巡，召至行在，曾蒙天赐，自此益矜宠。庚午（康熙二十九年）四月，余从京师南还，访侍读于纵棹园，酒间识之，有"青衫憔悴无如我，酒绿灯红奈尔何"之句。时东海徐尚书（徐乾学）、射陵宋舍人（宋荦）、慈溪姜西溟（宸英）俱在座，相与流连弥夕而散。去冬北上，重经宝应，则侍读下世，旅榇甫归（林按：乔莱死于康熙三十三年）。余入而哭之尽哀，何暇问六郎踪迹矣。及至都下，闻有管郎者名擅梨园，一时贵公子争求识面。花朝前八日，翁康饴户部（名嵩年）相招为歌酒之会，忽于诸伶中见之，私语西崖曰：此子何其酷似白田家伶？盖余向未知六郎之姓也。西崖既为余道其详，竟酒为之不乐。

　　查慎行还做了四首诗，其一云："一群浓艳领花曹，头白尚书兴最豪。记得送春筵畔立，酒痕红到郑樱桃。"其二云："鸭桃花外小池台，潋滟舲船一棹开。春色满园人尽妒，君王前岁赐金来。"其四云："茶烟禅榻隔前尘，存殁相关一怆神。自琢新词自裁扇，教成歌舞为何人？"结句把他所以"不乐"的缘由和盘托出了。其实，当初乔莱苦心教歌，无非自娱。而管六郎在乔家几达三十年之久，离去时少说也已四十多岁了。

四、其他家班主人及优伶

（一）府城扬州及其直辖的三个县

1.亢氏家班

　　亢氏至清康熙年间，成了扬州盐商中的巨富。《长生殿》初出，"家伶即能演之，器用衣饰费镪四十余万"（《新世说·汰侈》）。但到乾隆末年，亢氏在扬州的盐业已经破产，其花园则"亭舍堂室已无考矣"。头敌台处曾改为卖"酥儿烧饼"出名的茶肆——"合欣园"。茶肆主人林媪死后，合欣园又改为"客寓"。如今则为大儒坊（甘泉路至公园桥）、南柳巷（公园桥至有耶稣堂的贤良街）西侧的临河房屋。《扬

---

[1] ［清］查慎行《敬业堂诗集》卷十九，《文津阁四库全书》，商务印书馆，2006年，册1330，页30。

州画舫录》说："初，亢氏业盐，与安氏齐名，谓之'北安'、'西亢'。"安氏，指安麓村，见下。

2.李书云家班

李书云，名宗孔（1618—1701），以字行，别号秘园。清泰兴人，徙江都（今扬州）。"以商籍登顺治四年（1647）进士"[1]，官至大理寺少卿。工词，所作多佚，《清词综补》收其《梦扬州》一阕。着有《奏疏》二卷、《宋稗类抄》八卷、《问奇一览》二卷、《字学七种》二卷传于世。另有《伊洛经义释训》一卷、《李书楼正字帖》七卷及《寤歌存稿》。康熙中解职归里，畜家班自娱。缪肇甲《同李书云黄门、汪舟次太史、蛟门主政观女剧》云："座上黄门蓄伎精。"吴绮《桂枝香·饮李书云黄门斋中观剧》词："酒酣歌作，山香初试花奴舞。更催齐念奴弦索，玉箫吹凤，瑶筝排雁，串珠摇落。"[2]他精通音韵学，与吴门（今苏州）苏州派剧作家朱素臣关系甚善，因为六书中的假借和转注不为时重，而声音厘正，却同存一线于梨园，二人取经籍中奥僻的骈字和转音的通用字，加以译注，采杨慎古字骈音、沈约诗韵、周密诗韵，合编了《音韵须知》二卷（有康熙二十九年孝经堂刊本）。朱素臣校订的《西厢记演剧》，李书云为之作序，而且由自己的家班排练演出。康熙二十二年癸亥（1683），李书云曾在仁安堂设宴，用昆曲演出了全本《北西厢》，场上用了琉璃灯彩，艺术效果很好。冒襄《癸亥扬州中秋歌为书云先生仁安堂张灯开讌赋》诗赞云："梁溪既远教坊艳，北曲《西厢》失纲纽；君家全部得真传，清浊抗坠咸入扣！"（转引自刘水云《清代家乐考略》）

3.郑侠如家班

见前。

4.汪懋麟家班

汪懋麟（1640—1688），字季用，号蛟门。康熙六年丁未（1667）进士，官至刑部主事。康熙二十三年（1684）罢官还里，办班自娱。李念慈诗："妖姬三五人，秀色可餐掬。顿喉唻春莺，度出清妙曲。"（《题汪蛟门舍人少壮三女子小像》）孙枝蔚的《咏史诗·炀帝》中，也说他生平有三好：书、酒、音律。（见《溉堂后集》卷五）

5.程梦星家班

程梦星（1679—1755），字午桥，一字伍乔，号洴江，又号香溪，江都人（先世安徽

---

[1]佶山《两淮盐法志》，嘉庆十一年刻本，卷四十六。
[2]吴绮《林惠堂全集》卷二十五，四库全书版。

歙县人）。康熙五十一年（1712壬辰）为二甲进士，选庶吉士，三年后官编修。五十五年以艰告归，不复出，畜家乐，以诗酒自娱。雍正十年（1732壬子）于二十四桥东构"篠园"，日与宾客吟咏其中。程梦星著有《后牡丹亭》、《乾坤媾》，佚。[1]

6. 安歧家班

安歧，字仪周，号麓村、绿村，别号松泉老人，生活于清康、雍、乾年间。高丽人，因随高丽贡使入京而常住中国。他的父亲安尚义，曾经是康熙时权倾朝野的相国明珠的家臣。安歧因破译出明珠生前窖金的数目和地址的所在[2]，纳兰性德遂用其金为母，命安歧往天津、扬州业盐，为扬州两淮盐务商总之最。与亢氏齐名，有"北安西亢"之说（《扬州画舫录》）。他们父子俩有数百万的盐业资产，又有政治背景，本重势大，无人能比。他业盐于淮南，携巨资行盐于江西吉安府等四府，有盐引30万。清代两淮行盐总额，常例为168万引，安氏一人就垄断了近五分之一。现在东关街的安家巷，与皮市街的芦括括巷，都是安氏当日住宅的遗存。

扬州汪肤敏，书宗欧、褚，安麓村请他，不肯俯就；安麓村到他府上，避而不见。有一天安麓村派人在半路上把他搀扶到东关街的安家府内。见面后，要他书写几出戏的名字。汪肤敏没有办法，只好按照要求写好。安麓村又命人把他搀扶到密室内。过了好久，几个仆人把他请到一个堂前，安麓村在台阶下迎接他说："先生乃是古君子，刚才是和您开玩笑啊。"于是，恳切地挽留他到堂上，摆上丰盛的菜肴，请他饮酒看戏。而所看的戏文，就是他刚才所写的剧目。

7. 马氏家班

马曰琯（1688—1755），字秋玉，号嶰谷；其弟**马曰璐**（1701—1760），字佩兮，号半槎（或半查），又号南斋，祖籍徽州祁门。自祖父马承运业盐两淮，始迁入扬州，入江都籍，住东关街薛家巷西，尹氏宅总门内。清代两淮盐商中，大都具有"贾而好儒"的文化传统。马氏弟兄和后来的江春、江昉两兄弟，以及汪廷璋、鲍志道、程晋芳等人，都是盐商中学有素养的文人。

马氏弟兄也蓄优伶，李斗《扬州画舫录》在谈到清唱鼓板与戏曲异：戏曲紧，清唱缓；戏曲以打身段下金锣为难，清唱则有生熟口之别的时候曾说：此技以苏州顾以恭为最，先在程端友家，继在马秋玉（曰琯）家，与教师张仲芳同谱《五香球传奇》。但与一般盐商不同的是，马氏弟兄居然要求艺人也和他们一样学诗。金埴《不

---

[1] 见其诗题《乾隆壬戌平朔……演余所谱〈乾坤媾〉新剧……》。
[2] 端方给安麓村所著书画鉴赏名作《墨缘汇观》序言中的话。

下带编》卷七曾记其为"所赏契"的艺人李汉宗"延导师课以诗",可惜其家班的详情不知:

往予客广陵,有勾栏风月生李二郎汉宗者,见予题梨园会馆一律,从来名彦赏名优……更知谁占十三楼。谒予请见,自言能诵当代名公之诗。予询以诵得何诗,答云:"近诵得寒村郑太史《晓行》句:'野水无桥驱马度,晓星如月照人行。'何其明了易诵!吾浅人耳,解深奥乎?"且向予索《寒村集》。噫!勾栏乃有此生耶!盖李郎为邗上巨豪善文咏之马君秋玉曰琯所赏契,延导师课以诗。凡秋玉所著与所称之妙词,义显者多能心解而挂口。香山老妪忽变为柔曼歌郎,想见一段绛悼风流。而吴苑兴虫,亦增却许多光价矣!时称以梨园弟子为兴虫。[1]

8.泰兴县季氏家班

见前。季振宜的家班康熙年间仍然存在。

9.方元鹿家班

方元鹿,字萃友,号竹楼,清仪征人,生卒年不详。乾隆二十一年(1756丙子),安徽金兆燕客仪征,与之交。工诗词,善书画(书法二王,画竹学东坡),山水工细,墨竹尤妙,有《虹桥春泛图》。团维墉(乾嘉时泰州人)《穷交十传》载:"方竹楼讳元鹿……累财百万……家蓄声伎。"

乳莺(生卒年不详),乾嘉时仪征方元鹿家班声伎,秀慧,尤长《舞盘》诸剧。后方氏家道中落,被同县程夒洲招去。一夕,程夒洲的家班演出《还魂记》,方竹楼亦应邀在座,四伶且歌且目视竹楼。"一声何满子,双泪落君前",竹楼亦掩面唏嘘而去。(团维墉《穷交十传》)

10.程南陂家班

程南陂(1687—1767),名鉴,一字夒洲。安徽歙县籍,居仪征城南。康熙四十七年(1708,时年22岁)举人,五十二年(1713,时年27岁)进士,充武英殿分纂,授兵部职方司主事。雍正间授会考府司事,升武选司员外郎,官至户部郎中。中年解组,归里后谢绝交游,潜心经学,作传奇《拂水》[2]。

据方扶南《初至仪征南陵郎中宴观家乐》诗记事,程南陂家班曾演出曹寅的

---

[1] [清]金埴《不下带编》卷七,中华书局,1982年9月,页125—126。
[2] 见扬州盐商程晋芳诗题《家南陂兄招饮,观所谱拂水剧》。

《虎口余生》传奇。同县方元鹿家道中落后，家班伶人多投奔他家。

（二）高邮州及其所辖的兴化、宝应两县

11.宝应的刘氏家班

康熙年间宝应县的昆曲家班。班主**刘中柱**（1641—1708），字砥澜，号禹峰，一作雨峰。江苏宝应人。康熙中，以廪生授临淮县教谕，历官至国子监学正、户部郎中等职。与比他小十七岁的孔尚任共事近二十年，相识相知，结成肝胆相照的忘年交。在孔尚任创作《桃花扇》的十余年中，得到刘中柱许多指点和帮助。等到《桃花扇》走俏京城，好评如潮，康熙发怒，寒霜骤降，刘中柱被外放真定府知府。未几，乞归。康熙四十五年秋（1706），专程把孔尚任请到宝应，拿出多年的宦囊，选聘名伶，购置行头，在县城东北的自家渔山园再来阁前，排练长达四十四出的《桃花扇》。二人一边品茗一边审视，时而击节时而蹈足，把七年前北京演出中的精彩之处，全部搬来，使整个排练达到了前所未有的水准。演出之日，县府官员、社会名流、士农工商、都聚到再来阁前。脍炙人口的曲词，引来阵阵掌声。此后，"布荆人，名自香"，人人传唱。

（三）泰州及其所辖的如皋县

12.粲者班

见前。

13.俞锦泉家班

康熙年间泰州的家班女乐，曾得吴门曲圣沈恂如的真传，极负时誉。**俞锦泉**名瀥，字锦泉（又字水文），号音隐，以廪生膺荐候选中书。精通南昆音律，兼工鼓笛，为昆曲名家。可参看《雍正泰州志》、冒襄《同人集》诗注。

俞锦泉家班相传有一百多人。清初，泰州宫姓望族与龙虎山张天师结为儿女亲家，所以道教盛极一时。俞锦泉当时曾延请道家器乐名手，向该家班女昆婢奴传习吹拉弹奏的技艺，故而流传至今的泰州道教音乐中，拥有相当数量的昆曲曲牌和昆剧剧目的完整套曲。中华人民共和国成立后，纪竹、徐源、萧仁、朱乔松为之记谱，分别于1956年10月、1957年3月由泰州市文化馆油印成册（现存泰州市图书馆、博物馆）。

俞锦泉多才多艺，靖江陈瑞说他既会化装，又擅乐器，赠诗中有"舍人彩笔画

双眉,不用琵琶访段师"的句子。他们自蓄家班,自编、自导,自为按拍协调。俞锦泉不仅对家班进行指点,有时还亲自上场。冒襄在《同人集》的诗注中称:"主人既擅渔阳之鼓,复弄桓伊之笛,诸姬奏大小十番,皆亲为领袖。"故而俞锦泉家歌舞繁盛,名流聚首。黄云、邓汉仪、曹溶、孔尚任、宗元鼎、戴文柱、陈瑞禴等均为俞家座上常客,常到他家的流香阁观看女乐。

俞锦泉家有渔壮园,以招待四方的宾客。康熙二十一年(1682)冬,冒辟疆与曹溶等四十多位名士到海陵(泰州)聚会,俞氏家班曾多次为他们演唱助兴,剧目有《人面桃花》和《浣纱记》等。冒、曹曾赋诗记盛,曹溶的诗题是《壬戌冬夜同巢民先生(冒辟疆)过水文宅观女乐赋十绝索和》。

孔尚任在扬州,一再被邀至泰州看戏。孔氏在《湖海集》中,有十多首诗记俞家歌舞之盛。俞家演出场所名流香阁,亦称舫亭,可供数十人演出。康熙二十六年(1687)端阳节前夕,孔尚任督察河工到泰州时,曾在俞家流香阁观其家班演出的大型灯舞。孔尚任即席赋诗,作《舞灯行留赠流香阁》六十八行,详记其盛。诗中称赞:"俞君声伎甲江南,粉白黛绿不知数","忽而金蟾喷彩虹,忽而青天灿银星,忽而烛龙旋紫电,忽而碧纱乱流萤"。

俞氏交游广阔,常常带着他的家班到兴化和扬州府城演出,周旋于文士之间。丁日乾有《红桥舟中观女郎演剧歌》三十六行,诗注:"女郎,俞水文家伎。"全诗详细记载了该班在扬州瘦西湖畔演出的盛况。长诗开头说:"平山堂上踏青多,平山堂下舟满河;花苑秋千红袖舞,柳堤丝竹青娥歌。"最后还恋恋不舍地说:"莫教彩楼空散去,二十四桥空徘徊。"孔尚任在《湖海集》中,亦有俞氏家班到兴化的记载。

宛罗、重谷、活凤、生花,均为康熙年间泰州俞锦泉的家班女乐中主要演员,生卒年不详。除演剧外,还经常演出"大小十番"、"灯舞"等。常被主人带到兴化和扬州府城演出,周旋于文士之间。

14.陈端家班

陈端,字才行,号琢余,康、乾间泰州人,曾任山东平度州和胶州的知州。归里后自养家班,纵情歌舞。时人称其所居之地(州署西边)为"歌舞巷"。陈端死后,家班散去。

乾隆四十四年己亥(1779),徐鸣珂曾到泰州凭吊,赋诗云:"昔年歌舞地,无复歌舞声。金谷人何处,春花自向荣。"(《初至吴陵住歌舞巷陈宅》)

15.如皋的徐氏家班

清康、乾、嘉时期,如皋徐氏经营历三代:起于徐宏绪,兴于徐建枟,盛于徐观政。**徐宏绪**,康熙年间任江西安仁县知县。**徐建枟**,字宪南,号湘浦,晚年又号抱瓮子,曾任宁绍道台,两浙盐运副使。康熙五十九年(1720),徐建枟于县治北筑别业水竹居。徐观政于乾隆五十七年(1792)卸任归里,复拓其地,增建亭台楼阁、山石榭圃十余处,更名霁峰园,后又名为课菜楼,为徐氏家班演戏之所。袁枚曾在霁峰园观赏徐氏家班演出的昆曲。

清世宗雍正二年(1724),雍正帝为了整饬纲纪,发布了禁止外官私养戏班的命令;乾隆三十四年(1769)又重申禁令,全国各地的家班从此凋零,渐趋消失。乾嘉时期,如皋石庄还有沙屏北、沙盱江叔侄经营的沙氏家班,每至农闲,招集佃户前来看戏,每人发给纸伞一把、大麦一斗;静海乡(今通州市兴仁镇)有李春圃的家班,在林亭茂美的绿漪园中"小部梨园丝竹娱通夕";城北柴湾有黄振家班,以及石港场(今通州市石港镇)开二百年票房史先河的樵珊昆曲社;但因雍正六年戊申(1728),扬州府裁通州、如皋和泰兴两县,故不再赘述。而嘉道以后扬州、泰州还有黄潆泰家班和朱青岩家班,附录于后。

16.嘉道以后的黄潆泰家班和朱青岩家班

清世宗雍正二年(1724),雍正帝为了整饬纲纪,发布了禁止外官私养戏班的命令;乾隆三十四年又重申禁令,全国各地的家班从此凋零,渐趋消失。乾嘉时期,如皋石庄还有沙屏北、沙盱江叔侄经营的沙氏家班,每至农闲,招集佃户前来看戏,每人发给纸伞一把、大麦一斗;静海乡(今通州市兴仁镇)有李春圃在林亭茂美的绿漪园中,"小部梨园丝竹娱通夕"的家班;城北柴湾有黄振家班,以及石港场(今通州市石港镇)开二百年票房史先河的樵珊昆曲社,但因雍正六年戊申(1728),扬州府裁通州、如皋和泰兴两县,故不再赘述。而嘉道以后扬州、泰州还有黄潆泰家班和朱青岩家班。

黄潆泰,扬州盐商之总商。其昆曲家班的人数不足二三百人,而戏箱却价值二三十万。四季裘葛递易,如演出《浣纱记》吴王《采莲》和《琵琶记》蔡状元《赏荷》时,满场都是用纱縠做水面和荷花。[1]

朱青岩,嘉庆、道光年间泰州人,官中书。其侄朱宝善(字樱船,晚号悔斋)《海

---

[1][清]金安清《水窗春呓·河厅奢侈》卷下第48条,中华书局出版,1984年3月,页42。

陵竹枝词》有诗云:"苦风凄雨不忍听,四条弦上诉飘零,黄金散尽朱门圮,不独伤心萧佩亭。"[1]诗后注云:"先叔青岩公精于音律,尝蓄歌童十余人,萧佩亭其一也。公殁后二十余年,佩亭自江南归,发已种种,谈及当时管弦之盛,凄然泪下。"可见朱青岩私人办有家班,然演出剧目不详。

附:康熙中期作家群体

蒋易(1620—?)字前民,又字子久,号蒋山,瓜洲人。诸生。为诗不取时好,效仿杜甫。康熙二十六年(1687)与吴绮等人共会春江社,次年与孔尚任结交,诗酒唱和。有诗集《石间集》。撰有传奇《遗扇记》,佚。[2]

退耕老农,江都人,姓名不详。康熙末年官刑部主事,告归。撰《瓴余集》一卷、续集一卷,多感慨盛衰之作。庚词二十首,皆有所指,不止自伤身世。喜填曲,有《楚江晴》、《再生缘》杂剧。据其《再生缘院本壬子所作,距壬戌复加改窜,校竣漫弁八截于首》诗,该剧作于康熙十一年(1672),修改完稿于康熙二十一年(1682)[3]。

汪楫(1636—1699),字舟次,号梅斋,别字耻人,祖籍安徽休宁,江都人。岁贡生,与吴嘉纪(野人)、孙枝蔚(豹人)并称"三人"。早年任赣榆教谕,康熙十八年经巡抚慕天颜推荐,应博学鸿词科,授翰林院检讨,与修明史;康熙二十二年出使册封琉球,归撰《敕撰奉使录三种》。官至布政使,《清史稿》有传。有《悔斋诗》六卷等行世。另有据同时人徐沁《易水歌》剧本改作的《补天石》传奇。[4]

李栋(生卒年不详)字吉士,号松岚。兴化人,李春芳的第六代(李春芳本人为第一代)子孙,李长祚同辈弟兄的孙子(李滢从子)。但他不是兴化李氏遗民群的成员,清康熙四十一年(1702)举人。授内阁中书。少颖异、粹品兼才,诗文甚富,著有《自怡堂稿》、《松岚诗文集》、《楚湘杂记》、《楚游杂记》等。工画,兼善篆隶,戏剧著作有《犊鼻裈》、《七子缘》等。据清代焦循所著《剧说》引《越巢小识》云:"栋翁《七子缘》传奇,亦名《诗缘记》,关白甚整。(该剧一反生旦常套)通部不用旦色,自是高手。七子,谓弘治时北地李梦阳、信阳何景明、武功康海、鄠杜王九思、吴郡徐征卿、仪封王廷相、济南边贡。其间串合,以对山救空同为主;而杨文襄与张

---

[1]清同治三年(晋守吾题签)线装本,卷六后附录朱宝善一卷(但未标"卷七"字样),页18。
[2]见《传奇汇考标目》别本,《中国古典戏曲论著集成》(七),中国戏剧出版社,1959年12月,页274,注一〇一"别本第九十八"。
[3]邓之诚《清诗纪事初编》,上海古籍出版社,1984年,页510。
[4]见《传奇汇考标目》,《中国古典戏曲论著集成》(七),中国戏剧出版社,1959年12月,页242。

永谋诛刘瑾, 亦在其中。"[1]焦氏《曲考》所载无名氏若干种中的《七才子》一种, 《今乐考证》注云: "即《七子圆》"。[2]

五、民间清曲家

在未有魏梁新声之前, 所谓"散曲"(清曲), 系指北曲而言。为与"杂剧"中的套曲相区别, 人们把把"散曲"中的套曲谓之"散套"。那时虽然把南方戏文(南戏)的音乐称之为"南曲", 却从来没有人把"南曲"当作一种诗体来表达个人的情感, 或从旁观者的角度用第三人称叙述故事。魏良辅对南曲进行改革, "刻意求工, 别为清曲", 南曲才有了散曲, 但绝非歌唱民间小调的"扬州清曲"。梁伯龙对魏良辅的水磨调进行改进, 并应用到自己所创作的传奇剧本《浣纱记》中, 昆曲从拍曲的几案重新登上了舞台, 才有了"引子"。于是, 便有了"清工"与"戏工"之分。虽然魏梁新声之后的"清工", 也唱"传奇"中的剧曲, 但必须把剧曲从传奇中抽出来, 如同唱散曲那样一支一支地地唱, 只唱不演, 是单纯地研究平仄四声、音韵唱法。许多年以来, 另有师承, 自成体系。

在昆腔初创阶段, 民间歌唱在社会上的地位是不高的。隆庆、万历之后, 昆腔受到上层社会的狂热推崇, 魏良辅被推上曲坛祖师爷的宝座, 清曲的社会地位才直线上升。特别是戏班的艺人, 必须从清工开始。而当时艺人俱不识字, 清曲家在教艺人们魏梁新声的时候, 不可能讲许多深奥的道理, 只能授以定腔。正由于此, 昆剧艺人们对他们总是很尊敬, 一直被尊为"清客"、"清曲家"。清曲家考究字眼、钻研音律, 作剧谱曲、著书立说, 对昆曲的规范作出贡献。但现在的"票友", 是不能称为清曲家的。因为他们唯剧团艺人马首是瞻, 依葫芦画瓢, 只是为唱曲而唱曲。要知道, 同一支曲牌、同样的文辞, 清曲家可以在"曲会"上, 按曲唱的规则, 依字声行腔, 唱出不同的旋律来。现在的艺人虽然文化水平有所提高, 对于唱法也能讲出一些道理, 但像余振飞那样的艺术家还是少有的。

东西方的戏剧如同绘画一样, 西方是写实的, 中国是写意的。中国的戏曲, 绝不是西方的"歌剧"、"舞剧"、"话剧"所能概括。这中间, 音乐是中国戏曲之魂。不仅唱念, 就连做舞, 也离不开音乐节奏。不懂音乐和音韵学, 则无法研究也无法理解中

---

[1] 见《中国古典戏曲论著集成》(八), 中国戏剧出版社, 1960年1月, 页133。
[2] 见《中国古典戏曲论著集成》(十), 中国戏剧出版社, 1959年12月, 页310

国戏曲的发展演变。问题是现在一些搞话剧、研究"戏剧"的人，偏偏要到中国传统戏曲的领域中（特别是昆剧）来指手画脚。有人根本不懂曲律，不能区分南北曲，不能区分大小曲，不知戏曲发展的历史，错误地把扬州小唱当成元代的小唱、当成南曲，把李楚仪小唱中的"慢词"说成是"即南曲引子"，且是"继承了当地原先流行的南曲艺术"，一下子就把魏、梁新声的昆山腔提前了两百多年！又不识工尺谱，也不知小眼是何时开始点的，也以祖师爷的架势指手画脚。2009年，在第四届昆曲艺术节上，北昆演出的《西厢记》，莺莺不仅坐到了张珙的大腿上，而且还和张珙在舞台上共枕而眠，被观众嗤笑为"影视版"。这种用西方写实的话剧来改造我们中国写意的戏曲的倾向，非自今日起，已经不知总结过多少次教训了，不仅没有收敛，反而越来越厉害了。这对保护和继承我们祖国的非物质文化遗产，是有百害而无一利的，千万不容忽视。

论历史之长和影响之广，清工远远超过戏工。除上述的昆曲由清唱始外，家乐的兴盛和普及，是昆剧演出史上的一种很突出的现象。昆曲之所以与元杂剧和京剧不同，之所以高雅典丽，家班的作用是不可抹杀的。雍正二年（1724），清世宗为了整饬纲纪，发布了禁止外官私养戏班的命令，全国各地的家班从此凋零，渐趋消失。乾隆三十五年（1770），通州石港场（今通州市石港镇）布衣文人陈帮栋，和大慈观音阁主持一懒上人、文正书院院长吴退庵、张蠡秋、在苏州演唱昆曲返乡的艺妓金校书等三十余人结成樵珊昆曲社，和金陵、扬州、苏州、重庆、桐城等地昆曲同好及如皋剧作家黄振广为交游，开二百年票房史先河。常常"携琴扣户，一鼓幽情"，还请秦淮曲中教习排练社友张蠡秋的《青溪笑》。自此，昆曲由家乐班逐步走向民间。清曲家结社习曲之风一直延续至今，海外华侨聚居区仍有传习。

康熙和乾隆的六次南巡，均以扬州为驻地，两淮盐务为迎圣驾，例蓄花、雅两部以备大戏。大批名艺人涌进扬州，扬州不仅成了昆剧的第二故乡，各地乱弹也纷纷来扬，使"满城丝管"的扬州成为全国的戏剧中心。当时，扬州苏唱街为昆曲艺人集中处，有一种艺人属于"官乐部"，专门从事清唱，只售艺于民间冠婚诸事。苏州的一些清曲家也寓居扬州。例如苏州清唱名家张九思（工小喉咙：生、旦），就被江鹤亭长期供养在家，和鼓师邹文元、笛师高昆一，为一局。寓居合欣园的邬抡元和方张仙，都"为妓家教曲师"。此外，还有二面邹在科和大面王炳文。王炳文小名天麻子，兼工弦词，善相法。后从老徐班大面马文观学戏，先后成为老徐班、老江班的著名大面。诗人赵翼（云崧）在江春家的康山草堂观赏他和沈东标的演唱时，已经是"当年子弟俱头白，忍不飞腾暮景华"[1]。不由得回想起他们是"二十年前京师梨园中最擅名者也，今皆老矣"。

（一）清曲名家刘鲁瞻

风气所及，昆曲清唱活动更是在扬州民间盛行。**刘鲁瞻**为康乾年间扬州清唱昆曲的名家，乾隆五年（1740）董伟业的《竹枝词》中，就有"刘鲁瞻吹笛著名，精神闲雅气和平"[2]的诗句。当时，妓女们和苏州的陈圆圆、南京的董小宛们一样，以歌演昆曲抬高身价。《扬州画舫录》卷九记录了自龙头关至天宁门水关，小秦淮河两岸，歌喉清丽，技艺共传者。而《扬州画舫录》卷十一，则记录了扬州著名的昆曲清曲家有刘、蒋、沈三大派。

清唱昆曲，以外、净、老生为大喉咙，生、旦词曲为小喉咙，丑、末词曲为小大喉咙。刘鲁瞻工小喉咙，为刘派，"扬州唯此一人。"兼工吹笛，名闻苏州。尝游虎丘买笛，搜索殆尽。卖笛人曰："有一竹笛，须待刘鲁瞻来。"刘告诉他："我就是扬州的刘鲁瞻。"卖笛人于是取出一竹笛，刘吹后说："这是雌笛。"卖笛人又取出一竹笛，刘两支笛子换了吹，升入云霄。刘指着笛子对卖笛人曰："这支笛子如果不换着吹，则不等到曲子吹完就裂掉了。"卖笛人遂以一笛相赠。

（二）康熙中期其他扬州民间清曲家

蒋璋，字铁琴，镇江（丹阳）人，画大幅人物，与瘿瓢齐名，尤工指头。善歌大喉咙（老生、外、净），以北曲胜，所以人们呼之为蒋侉子。城中唱口宗之，谓蒋派，"小海"吕海驴师之。

沈苕湄也工大喉咙，以南曲胜，为沈派，姚秀山师之。苏州人效蒋、沈二派的，有戴翔翎、孙务恭二人。

直隶**高云从**，居扬州有年，善歌大喉咙，唱口在蒋、沈之间。

小秦淮河两岸，歌喉清丽，技艺共传者中，以苏州人**杨小宝**为绝色。因为卖为扬州人作女，故咸云"扬浜"（苏妓称"苏浜"）。其曲调声律与洪班、江班小旦朱野东等。高小女子，本扬州人，丰姿绝世，而才艺一时无两。

扬州的清唱曲集和串班在乾隆年间也达到了极盛的局面。当时，以王山霭、江

[1]李坦主编《扬州历代诗词》（三），人民文学出版社，1998年，页241。
[2]李坦主编《扬州历代诗词》（二），人民文学出版社，1998年，页379。

鹤亭二家最胜，次之府串班、司串班、引串班、邵伯串班，各占一时之胜。

王克昌，唱口与张九思抗衡，其串戏为吴大有弟子。

留一目，字继佩，行二。幼眇，精叶格，串老旦。

汪某以串客倾其家，至为乞儿。遂在虹桥傅粉作小丑状，以五色笺纸为戏具，立招其上，曰"太平一人班"。有招之者，辄出戏简牌，每出价一钱。

另外，纳山（今作"捺山"）的胡翁、陈集的詹政（此两地今均属仪征）、扬州城的程志辂、汪损之，均是隐于民间的清曲家。

纳山**胡翁**，"故善词曲，尤精于琵琶"。曾请老徐班下乡演关神戏。班头欺他是农村人，骗他说："我们这个班子每天必定吃火腿和松萝茶，戏价每本非三百金不可。"胡翁一一答应。班人没有办法，只好随他进山。胡翁每天放三百金在戏台上，火腿松萝茶外，别无招待。演全部《琵琶记》时，错一工尺，翁就拍戒尺大声叱骂。班中人非常惭愧。

詹政精音律，善乐器。陈集演戏时，班中人开始也不重视他。不久笙中簧坏了，吹不出声音来，大家急得没有办法。詹政听到笑起来，把笙拿过来点拨了一下，音响如故。班中人这才大为敬佩。詹又指出他们这几天所唱的曲子，哪个字错了，哪个调儿乱了。演员们都无地自容。

程志辂，字载勋，家巨富，好词曲。所录工尺曲谱十数橱，大半为世上不传之本。凡名优至扬，无不争识其面。有生曲不谙工尺的，也上门请教他。其子泽，字丽文，工于诗，而工尺四声之学，乃其家传。李斗写《扬州画舫录》时，程志辂已经"老且贫"，曲本也渐渐散失。

汪损之，李斗写《扬州画舫录》时，尚在世。尝求德音班诸工尺录之，不传之调，往往而有也。

扬州昆曲清曲家的活动，不单单有助于昆曲的普及，更主要的是推动了唱腔的演进，于康熙年间促进了"扬州昆曲"和本地乱弹的形成。

清代前期，扬州民间流传着一种"小唱"。除青楼歌妓和自操乐器沿街卖艺者外，大都是男性自娱。它是在明代小曲和扬州小调的基础上，吸收江淮一带的俗曲民歌而成的一种地方曲种（民歌总是相互流通、相互影响的）。当时称昆曲为大曲，"小唱"为小曲。但有人仍习惯称为"小唱"，如李斗的《扬州画舫录》就有时称"小曲"，有时称"小唱"。据《扬州画舫录》记载，一些民间演唱家（包括上面提及的妓女）既唱扬州小唱，又唱昆曲。

郑玉本,仪真人,近居黄珏桥,"善大小诸曲"。尝以两象箸敲瓦碟作声,能与琴筝箫笛相和。时作络纬声、夜雨声、落叶声,满耳萧瑟,令人惘然。

郑板桥"千家养女先教曲,十里栽花算种田"。诗中所言之"曲",就既有大曲,也有小曲。这一切,不仅有助于昆曲的普及,也必然促使了两者之间的互相影响。《扬州画舫录》还有两处记载了清乾隆时唱扬州小唱的民间艺人直接参加昆班演出。一个是乾隆年间七大内班张班中唱老生的演员,名叫刘天禄。原先是唱扬州"小唱"出身的,后来拜余维琛为老师,成为名老生。因为他兼工琵琶,故以《弹词》一出称最。另一个名叫刘录观,先以小唱入串班,后为内班老生。这就必然促使了大、小曲之间相互吸收融合。

音乐是中国戏曲之魂。中国四百多个剧种,分别的主要标志就是方言和音乐。而其中又以音乐为最。哪怕是伴奏或打击乐,一听就能判断出是什么剧种。郁念纯旧藏、徐沁君和王正来校阅的《佚存曲谱》初集两册,属于海内孤本,与苏州等地演唱的有许多不同之处。既从演出剧本的角度,填补了乾隆以后这段期间内扬州昆腔流布的空白;又从音乐方面为扬州在历史上曾经存在过"扬州昆曲",提供了有力的佐证。此外,《佚存曲谱》还有常用昆曲吹打曲牌,如【妈妈腔】和【扬州傍妆台】之类,当与扬州当地的民歌曲调有关。而有人却一会儿在书中说:"这种演出如果没有超出地域的范围并形成一定影响,也谈不上'扬昆'剧本对昆曲的影响。"一会儿又以王正来先生的话为据,说:"此牌(指【扬州傍妆台】)已成为后世常用的曲牌,而非扬州昆曲表演所特有了。""正"过来,"反"过去,似乎都有理。其实,这种前后矛盾不能自圆其说的做法,正说明了他企图抹杀扬州昆曲的音乐特色和扬州在昆曲发展史上的地位!

昆曲表演艺术大师俞振飞即在上世纪80年代曾对扬州曲友说过这么一句话:"扬昆的唱腔朴实,不拖泥带水,不同于南昆花俏。"这正如王骥德在《曲律》中指出的:"大都创始之音,初变腔调,定自浑朴;渐变而之婉媚,而今之婉媚极矣!"

第五章 乾隆时期七大内班

如前所述,康熙年间昆曲在扬州的兴盛,带来了两个结果:一个是扬州昆曲的形成和在乾隆朝的兴盛;一个是促使当地的民间音乐上升为表演性的演唱艺术,完成了曲艺形式的演变。这样,至迟在雍正年间,扬州又产生了用当地民间音乐表演的戏曲形式——本地乱弹。而雍正二年(1724),清世宗为了整饬纲纪,发布了禁止外官私养戏班的命令,全国各地的家班从此凋零,渐趋消失。然而,由于乾隆的六次南巡,均以扬州为驻地,财力雄厚的扬州盐商为了恭迎圣驾,不惜耗费巨资,畜养阵容庞大、行当齐全的家班。他们既非政府官员,又不是求取功名的文人士大夫,正可以超越于禁例之外,凭自家的财力附庸风雅。他们畜养的昆曲家班在乾隆年间发展到鼎盛时期,出现了著名的七大内班,居于全国的首位,取代了士大夫家乐,成了后来乾隆几次南巡时承应戏曲演出的骨干。故而陆萼庭说:"扬州剧坛在这时几乎成了昆剧的第二故乡。"[1]

乾隆朝昆曲在扬州的兴盛,则出现了一代胜一代的名优,形成了众多的各有千秋的表演流派,促使了脚色分工细密和载歌载舞日渐形成,艺人参与剧本改编和艺术总结,完备了表演艺术的程式化及相对稳定的剧目表演身段谱。

---

[1]陆萼庭《昆剧演出史稿》(修订本),(台湾)"国家出版社",2002年12月,页330。

一、七大内班争奇斗艳

在七大内班中，江春自己掏钱办了雅部德音和花部春台两个班，为皇上供奉大戏。

（一）江春的德音班和春台班

江春（1721—1789）字颖长，号鹤亭，商号（行盐旗号）广达，故人们（包括乾隆皇帝在内）又称他为江广达。原籍徽州歙县江村，从祖父江演起，侨居扬州，以盐起家。经历祖孙三代的经营，经济实力雄厚，被推举为盐商的总管达四十年。"四十年来，凡供张南巡者六（乾隆十六年、二十二年、二十七年、三十年、四十五年、四十九年于扬州六次接驾），祝太后万寿者三，迎驾山左、天津者一而再，最后赴千叟宴，公年已六十余"。[1]他在扬州盐商中，除了生意大、本钱多以外，就是在历次迎接圣驾中善侍天意，以迎銮深中圣怀而使扬州盐商邀得殊荣。乾隆皇帝对他特别信赖，每当盐运使出京请训，乾隆皇帝总是这样对他们说："江广达人老成，可与咨商。"还亲临其家园康山草堂，赏物赐诗。

《扬州画舫录》卷十二有江广达小传：

> 江方伯[2]名春，字颖长，号鹤亭[3]，歙县人。初为仪征诸生，工制艺，精于诗，与齐次风、马秋玉齐名[4]。先是论诗有南马北查之誉。迨秋玉下世，方伯遂为秋玉后一人。体貌丰泽，美须髯。为人含养圭角[5]，风格高迈，遇事识大体。居南河下街，建随月读书楼，选时文付梓行世，名《随月读书楼时文》。于对门为秋声馆，饲养蟋蟀，所造制沉泥盆，与宣和全钱等。徐宁门外鸊隙地以较射，人称为江家箭道。增构亭榭池沼、药栏花径，名曰水南花墅。乾隆己卯，芍药开并蒂一枝，庚辰开并蒂十二枝，枝皆五色。卢转使为之绘图征诗，钱尚书陈群为之题"袭

---

[1]［清］袁枚《诰封光禄大夫奉宸苑卿布政使江公墓志铭》。
[2]方伯，古称一方诸侯之长，后世泛指地方官。明清时，用以尊称布政使。下文提到，江春因为抓获逃犯张凤，赏加布政使，故称方伯。
[3]诞时白鹤翔于庭，故有此号。
[4]指齐召南和马曰琯。齐召南《扬州画舫录》卷十四，26条。
[5]圭角，圭的棱角，比作锋芒。故称人有涵养为不见圭角，或不露圭角。这里，涵养作"含养"，指江春为人处事有涵养，含而不露（锋芒）。

香轩"扁。自著有《水南花墅吟稿》。东乡构别墅，谓之深庄，著《深庄秋咏》。北郊构别墅，即是园[1]。有黄芍药种，马秋玉为之征诗。丁丑改为官园，上赐今名[2]。移家观音堂，家与康山比邻，遂构康山草堂。郡城中有三山不出头之谚，三山谓巫山、倚山、康山是也。巫山在禹王庙[3]，倚山在蒋家桥[4]。今茶叶馆中康山，即为是地，或称为康对山读书处。又于重宁寺旁建东园，凡此皆称名胜。方伯以获逸犯张凤，钦赏布政使秩衔[5]；复以两淮提引案就逮京师，获免[6]。曾奉旨借帑三十万[7]，与千叟宴[8]，其际遇如此。方伯死，泣拜于门不言姓氏者，日十数人。或比之陈孟公之流，非其伦也。子振鸿，字颉云，好读书，长于诗。江氏世族繁衍，名流代出，坛坫无虚日。奇才之士，座中常满，亦一时之盛也。[9]

　　江春是清代两淮盐业史上一位纵横捭阖、叱咤风云的人物，乾隆朝显赫一时的盐商代表。在其四十几年的盐商生涯中，他"辅志弊谋，动中款要。每发一言，定一计，群商张目拱手话诺而已"（袁枚《诰封光录大夫奉宸苑卿布政使江公墓志铭》）。他"才略雄骏，举重若轻"（民国《歙县志》卷九），"言事投书者，数十辈材立，随方应付，食顷已毕"（阮元《江春传》）。

　　为什么会这样的呢？这和他的家庭有关。他的祖父江演，髫年就随父亲"担囊至扬州"，"用才智理盐策"。"数年积小而高大"，"卓然能自树立，凡鹾政机宜洞悉利弊，每有咨议，辄中肯綮，同时者倚以为重"（康熙《两淮盐法志》卷二十七），

---

[1]即是园，指《扬州画舫录》卷十二介绍的江园。
[2]丁丑，乾隆二十二年（1757），乾隆第二次南巡，江春献江园，改为官园，乾隆皇帝赐名"净香园"。江春也得以赐奉宸苑卿衔。
[3]今为西门街小学。
[4]已因拓宽街道而拆除。
[5]太监张风以销毁金册逃到扬州投江春，捕逃情急，江春于杯酒间缚之。因此，江春由奉宸苑卿特赏加布政使。
[6]"两淮盐引案"发生于乾隆三十三年（1768），新任巡盐御史尤拔世发现了私藏十九万两白银的小金库，感到事关重大，不敢动用，奏明朝廷。乾隆闻讯大怒，下令彻底清查。结果历任盐政受贿作弊，致使历年盐商未缴提引余息银达"数逾十万"之巨。盐商江春、黄源德、徐尚志、黄殿春、程谦德、汪启源等就逮。袁枚曾述此案："公（江春）慨然一以身当，廷讯时唯叩头引罪，绝无牵引。上素爱公，又嘉其临危不乱，有长者风，特与赦免。其他盐政诸大吏伏欧刀，而公与群商拜恩而归。""欧刀"，刑人之刀。当时被判死的有高恒、普福；名噪一时的卢雅雨（卢见曾）案值一万六千余两，被判绞刑。卢已年届七十九高龄，风烛残年，步履蹒跚，硬是从德州抓到扬州，未等到秋后处决，在狱中就一命呜呼了。其亲戚侍读学士纪昀因漏言（传递信息）而革职，远戍新疆；刑部郎中王昶也通风报信受谴，详见《清稗类钞》、《清史稿》、《小仓山房续文集》等。
[7]帑，国库中的公款。乾隆三十六年（1771），"上知公贫，赏借帑三十万，以资营运"。
[8]康乾时，为笼络臣民而举行的大型酒会，赴宴者均为老人，故称"千叟宴"。江春参加的这一次，为乾隆五十年（1786），地点为乾清宫，与宴者三千九百余人。
[9][清]李斗《扬州画舫录》，中华书局，1960年4月，页274。

俨然成为两淮盐商中的中坚人物。江春的父亲江承瑜也从事盐业经营，为两淮总商之一。江春二十二岁乡试不第后，放弃科举，投身商界，协助父亲，在扬州经营盐业，直到六十九岁去世，前后四十余年，一直驰骋于两淮盐业界。由于他"练达明敏，熟悉盐法"，因而在其父江承瑜去世后，"司醝者咸引重推为总商"（民国《歙县志》卷九）。

士大夫置办家乐，是因为阳明心学和泰州学派重塑了士风，认为"曲"更为通俗而不失高雅，既可以显示才情，又可以满足声色之娱（有的干脆以女优为小妾）。他们不仅填词打谱、撰写剧本，借以抒发忧愤，有时也"自捆檀痕教小伶"。而盐商畜养昆曲家班在乾隆之前并非没有，如汪季玄家班，就是明万历年间扬州府城第一个有书面记载的徽商昆曲家班；亢氏家班，是山西在扬州以盐商起家的家班；郑侠如家班和马曰琯弟兄的马氏家班，都是以盐业起家的徽商家班。就是《扬州画舫录》所说的"昆腔之胜，始于商人徐尚志"，也始于康熙年间；只不过在乾隆年间因为乾隆南巡，为了接驾献演而发展到居于全国首位的鼎盛局面。

盐商置办家班，既不能像文人士大夫那样"亲授词曲"；也不能像贾府那样从苏州购买女优，从容培养；只能直接"征""聘"艺人，由艺人自己组织管理，如余维琛曾先后担任老徐班和江班的总管。他们之间不是主仆关系，只能是雇佣关系。他们除在乾隆皇帝南巡时御前承应，备演"仙佛麟凤、太平击壤"等吉祥大戏外，平时则侍应官府，为"诗文之会"助兴，夸饰豪富，附庸风雅，耳目之娱。他们待演员极宽，可以在城区和四乡从事营业性的公演，如黄班于城隍庙为市民演《义侠记》，老徐班曾被纳山胡翁请下乡演关神戏，又尝至陈集演戏，只是不准离开扬州地区。

苏州脚色优劣，以戏钱多寡为别，有七两三钱、六两四钱、五两二钱、四两八钱、三两六钱之分。而内班脚色皆七两三钱，且人数之多，有名姓可考者至百数十人。不仅江湖十二色，色色具备，而且在各行脚色中，著名的优秀演员不止一个。各班演员可以流动，互相串班，在艺术上起到交流、竞争的作用。而且演员之间，多有亲戚或师承关系，形成了不同的风格和流派。它们整齐的阵容，一流的表演，灵活多样的演出方式，在扬州舞台上活跃了数十年，成为扬州戏曲活动达到全盛时期的重要标志。一言以蔽之，集中在扬州内班里的昆腔艺人，都是艺术上有较高水平的苏州演员。所以，陆萼亭才发出"这时扬州几乎成了昆剧的第二故乡"的感叹。

江春自己出钱办了雅部德音和花部春台两个班，为皇上供奉大戏。据《清代野史·盐商之繁华》载："最奇者，春台德音两戏班，仅供商人家宴，两岁需三万金。"

可见排场之盛。因德音班是雅部昆曲，不准离开扬州地区，被称为"内江班"；而春台班则是江春征集本地的乱弹艺人办的戏班，可以离开扬州，到其他地区演出，称"外江班"。由于春台班和德音昆腔班同在江春家，受其影响后来也兼唱昆腔，反而成为真正演唱"扬州昆曲"的扬州籍艺人。后面将列专章来介绍，此处不赘述。

德音班因为是江春（广达）置办的，所以习惯上被称为"江班"或"老江班"。其组班的时间，可能赶上乾隆第四次南巡（1765），一说在乾隆四十五年第五次南巡（1780）之前。由于江春对戏曲热心，该班名优云集，能演剧目极多。苏州老郎庙《历年捐款花名碑》上载有"维扬老江班"名伶的捐银数目，自乾隆四十五年至五十二年，个人和公捐累计将近七百两之巨，是各班捐款最多者。余维琛（或作俞维琛、余蔚村）和吴大有，以及小生张维尚、大面王炳文，就原出于徐班；而小生石涌塘（蓉堂）、老旦王景山、正旦吴仲熙、小旦杨二观等四人，则来自程班；正旦吴端怡来自张班；小生沈明远、小旦吴仲熙、吴端怡、金德辉四人，来自洪班。班中其他名优如大面范松年；二面姚瑞芝、沈东标齐名，称为"国工"；小旦王喜增，"姿仪性识，特异于人，词曲多意外声，清响飘动梁木"。场面人员鼓板有季保官和孙顺龙，笛子有庄有龄和郁起英。嘉庆三年（1798）苏州老郎庙《翼宿神祠碑记》中，尚有《扬州画舫录》未载的演员八人。可见江班人才多，技艺精，实力雄厚。从《扬州画舫录》卷五中没有江班演员转入他班之记录来看，江班应该是在"七大内班"中的最后一个班社。

江春爱余维琛风度，命之总管老班，常与之饮，及叶格戏。江曾谓人曰：老班有三"通人"，吴大有、董抡标、余维琛也。所谓"通人"，即指其一专多能、精通各色行当，是演艺的领军人物。

江春还结交蒋士铨和金兆燕等曲家，创编新剧目。乾隆三十七年（1772），蒋士铨在江家作客，依据《琵琶行》创作了《四弦秋》杂剧四折，就是由江班排练演出的。江春拥有东园、江园和康山草堂三座园林，其家班往往分为三四部，能同时在三处亭馆分别招待宾客。

其中最旷逸者当推康山草堂。康山草堂在扬州徐凝门东南隅。明永乐年间平江伯陈瑄疏浚运河，曾在这里堆弃淤泥而形成一座土山。著名戏曲家康海被放后，曾在此构草堂、研音律、聚女乐、宴宾客，一时称盛。后来董其昌题其门楣为"康山草堂"，遂有"康山"之名称。清乾隆年间，扬州盐商江春构为家园，"崇楼邃室，曲槛长廊。"他常邀宾客，在康山家园大厅里演出戏曲。余集（秋室）《忆漫庵剩稿》

有《过康山草堂东江鹤亭并怀武功》（老徐班著名白面演员马文观字务功），诗云："琵琶轶事久知名，入座疑闻唱叹声。"梁章钜在《浪迹丛谈》卷二中，记有清高宗弘历南巡时，迭次临幸此园，称为"楼台金粉，萧管烟花。蒋心余先生常主其园中之秋声馆，所撰九种曲内，《空谷香》、《四弦秋》，皆朝拈斑管，夕登氍毹，一时觞宴之盛，与汪蛟门百尺梧桐屋、马半槎之小玲珑山馆后先媲美，鼎峙而三。汪、马之旧迹，皆在东关街"[1]。道光十年（1830），江春的孙子江守斋，因为欠公款，康山草堂被查抄没收。住家的部分后来由江春的甥孙阮元领买，它旁边的园子"已荒废不可收拾"，终年把门锁着，没有一个人来到这里游玩。晚清的时候，住家的部分又被一个姓卢的盐商购买为住宅（后遭回禄，后几进只剩围墙）。因城墙已于1951年被拆除，变成了南通路、泰州路和盐阜路，1954年发大水时，只好挖康山之土将泰州路和南通路垫高，2007年又建康乐园，故今日之康山已非昔日旧观。

天宁寺北，重宁寺（今为曲艺团团部）东，有江春家东园一座，中有乾隆赐名的"熙春堂"、"俯鉴室"、"琅玕丛"等建筑。《扬州画舫录》卷四记录如下：

> 东园，在重宁寺东。……江氏因修梅花书院，遂于重宁寺旁复梅花岭，高十余丈，名曰东园。建坊楔，曰麟游凤舞园。门面南，高柳夹道，中建石桥，桥下有池，地中异鱼千尾。过桥建厅事五楹，赐名"熙春堂"，及"春色芳菲入图画，化机活泼悟鸢鱼"一联。御制诗云："重宁寺侧堂，䜩荡霭韶光。老柏蔚今色，时梅发古香。玲珑湖石径，淡沲绣漪塘。适以熙春额，同民乐未央。"堂后广厦五楹，左有小室，四围凿曲尺池，池中置磁山，别青、碧、黄、绿四色。中构圆室。顶上悬镜，四面窗户洞开，水天一色，赐名"俯鉴室"，及"水木自清华，方壶纳景；烟云共怪异，圆镜涵虚"一联。御制诗云："流水泌围阶，文鱼游可数。匡床近潜置，鉴影座中俯。开奁照须眉，觌面忘宾主。设云堪喻民，其情大可睹。"是室屋脊作卍字吉祥相。堂外石笋迸起，溪泉横流。筑室四五折，逾折逾上，及出户外，乃知前历之石桥、熙春堂诸胜，尚在下一层。至此平台规矩更整，登高眺远，举江外诸山及南城外帆樯来往，皆环绕其下。堂右厅事五楹，中开竹径，赐名琅玕丛。其后广厦十数间，为三卷厅，厅前有门，门外即文昌阁。
>
> 古梅花岭旧址无考，今因重宁寺旁土阜增而成岭。皆土山间石，石骨暴露，任

---

[1] 转引自马家鼎选注《扬州文选》，苏州大学出版社，2001年12月，页20。

石之怪，不加斧凿，锋棱如削，飘然有云姿鹤态。栽梅花数百株，皆玉蝶种，花比十亩梅园迟开一月。极高处有山亭，六角，花时便不见亭。

东园墙外东北角，置木柜于墙上，凿深池，驱水工开闸注水为瀑布。入俯鉴室，太湖石蟠八九折，折处多为深潭。雪溅雷怒，破崖而下，委曲曼延，与石争道。胜者冒出石上，澎湃有声；不胜者凸凹相受，旋濩萦洄，或伏流尾下，乍隐乍见，至池口乃喷薄直泻于其中，此善学倪云林笔意者之作也。门外双柏，立如人，盘如石，垂如柳，游人谓水树以是园为最。[1]

此处和康山草堂，同为江春宴客演戏之所。演戏流风延至道光年间，梁章钜有《试灯夕东园观剧貂帽被窃》诗和《东园岭上看梅花》诗并自注："是夜即在园中观剧。"此园后亦荒废，现已无迹可寻。

在虹桥东岸，江春家还有一座江园。旱门与"西园曲水"相对，中有"荷浦熏风"、"香海慈云"二景。乾隆三十七年（1772），皇上赐名"净香园"。因无演戏之所，故不详谈。

《扬州画舫录》卷五说：

> 两淮盐务，例蓄花、雅两部以备大戏。雅部即昆山腔……昆腔之胜，始于商人徐尚志征苏州名优为老徐班，而黄元德、张大安、汪启源、程谦德各有班。洪充实为大洪班。江广达为德音班，复征花部为春台班。自是德音为内江班，春台为外江班。今内江班归洪箴远，外江班隶于罗荣泰。此皆谓之内班，所以备演大戏也。[2]

江春死后，洪箴远接任扬州盐商的首商，所以内江班归了他；外江班则隶属于住在粉妆巷的罗荣泰[3]。至于《扬州画舫录》中七大内班的班主，是商号还是实名，我认为与扬州昆曲的艺术发展没有多大关系，关键是看这七大内班对当时的昆曲产生了哪些影响。

---

[1] [清]李斗《扬州画舫录》，中华书局，1960年4月，页100-101。
[2] 同上，页107。
[3] 林苏门《续扬州竹枝词》，见李坦主编《扬州历代诗词》（三），人民文学出版社，1998年，页409、410。

（二）其他内班

现据《扬州画舫录》，将其他几个内班附带叙述如下[1]：

1.徐班

徐尚志，盐商家班的首倡者。据陆萼庭《昆剧演出史稿》，办班时间可能在康熙年间。至乾隆前期此班犹存，赶上乾隆十六年（1751）第一次接驾，因而首开盐商组班接驾献演的风气。

徐班拥有名角二十五人，各有特长。场面也都擅绝技，如鼓师朱念一，"声如撒米，如白雨（暴雨）点，如帛破竹"；笛师许松如，"口无一齿，以银代之，吹时镶于断腭上，工尺寸黍不爽"；唐九州和薛贝琛的弦子，唐九州无曲不熟，时人称为"曲海"，薛贝琛曲文不能记半句，登场时无不合拍，时人呼为仙手。

徐尚志死后，老徐班解散，演员全部返回苏州，被强令进入织造府当差，由吴福田（大有）、朱文元两人担任总管。

2.程班

程谦德，其置办的程班拥有名角十人。还开办了培养新生力量的"小程班"，曾排演《三国志》，演员穿戴的行头全用绿色，称为"绿虫全堂"（当时称梨园子弟为"兴虫"）。

3.黄班

黄元德，可能就是黄履暹的商号。其置办的黄班以三面演员顾天一扮演《义侠记》中的武大郎最为擅场，受到观众的热烈拥戴，黄班因此以演《义侠记》全本著名。嘉庆三年（1798）苏州老郎庙《翼宿神祠碑记》中，记有《扬州画舫录》未载的黄班演员二十四人。

4.张班

张大安置办的张班，也有大小之分。大张班又称老张班，能演剧目甚多，拥有名角十一人，演员都身怀绝技。张家豪富，所制戏具行头，极其奢华，"大张班，《长生殿》用黄全堂"，"小张班，十二月花神衣，价至万金"。

5.汪班

汪启源置办的汪班。《扬州画舫录》对该班没有记载，只有在谈徐班小旦时，提到一句："许天福，汪府班老旦出身，余维琛劝其改作小旦，'三杀三刺'，世无其

---

[1]以下引文均出自[清]李斗《扬州画舫录》，中华书局，1960年4月。

比。"但汪府班在首倡者徐尚志之前,足见得不是汪班。

6.洪班

洪充实置办的家庭昆班。洪充实,可能就是在大洪园中建虹桥修禊、在小洪园中建卷石洞天的洪征治(1710—1768)的商号(《桂林洪氏宗谱》)。洪班约创办于乾隆四十年(1775)前后,为清代扬州昆腔"七大内班"两个后起班社之一。洪班在徐班散后,赶上乾隆第三次南巡(1762)。

洪班行当齐全,阵容壮观,拥有名角五十五人(含老徐班转入者六人,张班转入者一人)。其中副末二人:俞宏源及其子增德;老生先后六人:张德容、陈应如、周新如、朱文元(程伊先之徒)、刘亮彩、王明山;老外先后五人:孙九皋、法揆、赵联璧、周维柏、杨仲文;小生先后五人:汪建周、李文益、沈明远、陈汉昭、施调梅;大面先后三人:张明诚、王炳文、奚松年;白面一人:洪季保;二面二人:陆正华、王国祥;三面先后四人:丁秀容、孙世华、滕苍洲、周宏儒;老旦先后三人:费坤元、施永康、管洪声;正旦先后五人:任瑞珍及其徒吴仲熙、吴端怡,徐耀文及其徒王顺泉;小旦则先后有余绍美、金德辉、范三观、潘祥麟、朱冶东、周仲莲及许殿章、陈兰芳、孙起凤、季赋琴、范际元十一人。场面上,王念芳、戴秋闾(亦工笛)皆以鼓板著名。陈聚章、黄文奎的笛子和杨升闻(唐九州徒)的弦子,都有盛名。该班也有大小之分,"小洪班灯戏,点三层牌楼,二十四灯,戏箱备极其盛",大洪(班)"则聚众美而大备"。

另据《扬州画舫录》所载,由于盐商的经济力量雄厚,注重排场,讲究行头,在服装、砌末上极尽其铺张装点之能事。如小张班在演《牡丹亭·惊梦》时,花王和十二月花神的戏衣,就价至万金;百福班演一出《北饯》,十一条通天犀玉带……备极其盛。而且有意识地运用色彩来渲染气氛。如老徐班演全本《琵琶记·请郎、花烛》,用红全堂以渲染喜气;演《风木余恨》用白全堂衬托悲凄;大张班演《长生殿》,用黄全堂以示皇家气派。对昆曲在舞台美术方面,起到了积极作用。这在后面的第六章中将有专门的评述,这里不赘。

除了盐商置办七大内班外,当时还有官府所办的"维扬院宪内班"、"恒府班"和仪征张府班,详情无考。

乾隆四十九年(1784),迎接弘历六次南巡时,江班中名旦金德辉建议并组织了集扬、苏、杭三州优秀演员在一起的集成班(后改名"集秀班"),因不属盐商所专有,所以放到民间班社中去介绍。

二、文人的戏曲创作

　　乾隆年间，由于清政府高压（大兴文字狱和在扬州设局修改词曲）与怀柔两种政策兼施，清初寄寓黍离悲思的剧作几不复见，而且，在程朱理学的影响下，风化观在传奇创作中占据了主导地位。不论是蒋士铨，还是金兆燕或沈起凤，其创作的戏曲如非"迎銮承御"，便是劝惩、抒怀或娱乐以显示才华，故而青木正儿把它视为昆剧的余势时代。但徐珂《清稗类钞》却云："淮商家豢名流，专门制曲，如蒋苕生（士铨字）辈，均尝涉足于此，故其时为昆曲最盛时代。"[1]

（一）蒋士铨

　　蒋士铨（1725—1785），一名中子，字辛畬，或作莘畬、心畬、辛予、心馀、星渔，一字苕生，号清容，晚号藏园、定甫（或作定翁、定庵），别署离垢居士、铅山倦客、藏园居士。其先人本姓钱，祖（静之）避难铅山，改姓蒋。[2]父（坚）游南昌，入赘钟氏，生士铨。母名令嘉，字守箴，对儿子教育很严，九岁教他读《礼记》、《周易》、《毛诗》和唐宋诗。士铨十一岁时，随父遍历齐、鲁、燕、赵间，至凤台，读到王氏藏书，学问大进。殿撰金德瑛视学江右，奇之，目为"孤凤凰"。乾隆十二年（1747）中举。此后又多次出游，遍交海内知名人士。十九年（1754）成进士，改庶吉士。二十五年（1760）散馆授编修，充武英殿纂修。二十七年（1762）充顺天乡试同考官。不久，充《续文献通考》纂修官。居官八年，名誉日起，某显宦欲罗致门下，[3]乃乞假养母南归，应聘主讲绍兴蕺山书院、杭州崇文书院。

　　乾隆三十七年（1772），蒋士铨应聘为扬州安定书院掌教，作《四弦秋》杂剧（1772）、《雪中人》（1773）、《香祖楼》、《临川梦》（1774）传奇。又过了五年，始归南昌，筑藏园，奉母家居。母殁，复入京供职，充国史纂修，记名御史。未几，因患风痹，乃乞归。三年后卒。

　　蒋氏学问渊博，长于古文诗词，时与袁枚有两才子之目，并与赵翼合称三大家。

[1]《清稗类钞选》，书目文献出版社，1984年4月，页346。
[2]蒋与钱，古音同。今江苏靖江仍将"蒋介石"读如"钱介石"。
[3]此显宦不详何人。或曰和珅，熊澄宇《蒋士铨科第及辞官考》一文已有澄清。然蒋氏后患疯痹，其后人胡杰安即为和珅所害。详见蒋星煜《蒋士铨和他的戏剧创作》一文，收入其著《中国戏曲史索隐》，齐鲁书社，1988年10月，页141—145。

兼工南北曲,戏曲剧作至少计有三十一种,[1]现存十六种:传奇、杂剧各八种。其中杂剧《西江祝嘏》包含《康衢乐》、《忉利天》、《长生箓》、《升平瑞》等四种,乃乾隆十六年(1751)为祝皇太后六旬万寿而作。杂剧《一片石》和传奇《空谷香》,也作于乾隆二十年(1755)以前,其余均作于乾隆三十六至四十六年(1771—1781)间。除去乾隆三十七年至乾隆四十三年(1772—1778),在扬州作的《四弦秋》、《雪中人》、《香祖楼》、《临川梦》四剧外,还有传奇四种:《桂林霜》、《采樵图》、《采石矶》、《冬青树》;杂剧两种:《第二碑》、《庐山会》。从各剧自序观之,创作时间都很短。如《雪中人》十五出只用八天,《四弦秋》四折只用五天,《采石矶》八折只用一天,《冬青树》三十八出只用三天等。可见其才思敏捷,学养深厚。蒋氏之曲,不落才子佳人俗套,内容大多歌颂热爱国家民族的英雄志士,或描写有关社会习俗的大事。其中以《冬青树》和《桂林霜》两种最为出色。我们这里只谈在扬州作的四种。

蒋氏剧作今有周妙中《蒋士铨戏曲集》点校本,[2]收录蒋氏上述十六种剧作,并佐以各种重要版本点校而成,极具研究参考价值。尽管张树英曾指出有错、漏字,正衬字、曲词念白倒错,断句错误,标点失当等瑕疵,[3]但仍不失为一较佳之通行本。本书所论,即据此为准。

《四弦秋》、《雪中人》、《香祖楼》、《临川梦》四剧,按体制分,前一种为北曲杂剧,后三种为南曲传奇;按思想内容分,首尾两种(《临川梦》和《四弦秋》)为抒怀类,中两种(《雪中人》和《香祖楼》)为教化类。但其基本意旨却是一致的。

1. 《四弦秋》四折,作于乾隆三十七年(1772)

据云,乾隆三十七年,蒋士铨受聘为扬州安定书院掌教。该年晚秋,江春宴请袁枚、金兆燕、蒋士铨于秋声馆。江春将重新编刻白居易的《长庆集》,出"凡例"就质。蒋士铨拊掌曰善。偶及《琵琶行》,戏曲多因袭前人现成的故事题材,且套用现成的结构。即使有所翻新,总体框架却基本不变。

江春说:"白太傅文章风节,载在正史。余读其诗,每心仪其人。'同是天涯沦落人,相逢何必曾相识。'这是白居易《琵琶行》最精辟之处,也是历来最能打动人的

---

[1]据李调元《雨村曲话》:"壬寅(乾隆四十年,1782)相见于顺城门之抚临馆,欢甚。……未几,病痹,右手不能书。今已南归矣。然闻其疾中尚有左手所撰十五种曲,未刊。"是知其剧作至少有31种。见《中国古典戏曲论著集成》(八),中国戏剧出版社,1960年1月,页28。

[2]周氏点校《蒋士铨戏曲集》,中华书局,1993年2月。周妙中《清代戏曲史》,页267—271。对于点校各本有详尽之说明与考证。在周氏点校的《蒋士铨戏曲集》中,书前有《蒋士铨和他的十六种曲》一文,略同。

[3]见张树英《评周妙中先生点校的〈蒋士铨戏曲集〉》,《戏曲研究》第52辑,1995年12月,页51—70。

地方。而顾大典的《青衫记》，则套用马致远的《青衫泪》，将白居易和琵琶女写成是旧情人，不但落入俗套，而且白诗中这两句最精辟的诗落了空，有伤雅道。"

蒋士铨点头表示同意道："真正庸劣可鄙。白居易当年被贬江州，主要是由于锐意革新弊政，写诗揭露现实得罪了权贵，而被以莫须有罪名赶出朝廷。忠而被贬，有志难酬，心情十分郁闷，所谓'谪居卧病浔阳城'，正是白居易人生最低谷的写真。《琵琶行》的写作，正反映了白居易在江州时穷愁、郁闷的悲愤心情。当时的白居易还是血气方刚，锐意进取，一心想为国为民干一番大事业的。"

金兆燕认为："白居易晚年官高爵显，为满足声色之娱，蓄有樊素、小蛮二姬，这是事实。"

蒋士铨接过话头："不过他在江州时不仅无此雅兴，也没有纵情声色的条件。其时，樊素、小蛮，均尚未出生。何况白居易写《琵琶行》，不过是借以抒发自己胸中的郁闷，是否真有琵琶女其人其事，都是一个问号。"

江春道："太史工填词，请别撰一剧为之湔雪，若何？"

蒋士铨慨然应允。次日，乃剪划诗中本意，分篇列目，更杂引《唐书》元和九年、十年时政，及《香山年谱自序》，排组成章。每夕挑灯填词一出，五日而毕。《四弦秋》脱稿后，江春在《序》中赞叹之余，"亟付家伶，使登场按拍，延客共赏。则观者辄唏嘘太息，悲不自胜，殆人人如司马青衫矣"。梁章钜《浪迹丛谈》卷二所谓"朝拈斑管，夕登氍毹"，即指此也。

《四弦秋》全据《琵琶行》诗意剪裁：白居易以言贬官，在浔阳江头送客时闻邻船琵琶之声，询知演奏者为茶商之妻，天涯沦落，同病相怜。按原诗路数顺次成章，将"商人重利轻别离，前月浮梁买茶去"两句诗演化为第一出《茶别》，为全剧的重头戏——第四出《相逢》，作了必要的铺垫；又将原诗对琵琶女当年卖笑生涯的几句追述，演绎成整整一场《秋梦》。整出戏不加渲染，而情词凄切，倍极感人。一唱而红，大受欢迎。一路传至北京，就此落户。直至道光年间，仍然是北京各戏班的常演不衰的剧目。

此剧不但格调高于《青衫记》，而且不论曲文道白都写得情景交融。例如第一折《茶别》的【北水仙子】：

叹叹叹，叹幽意赊，枉枉枉，枉了俺一片柔情难衬贴。恨恨恨，恨采茶人掐断春芽，把把把，把一缕茶烟吹折。待待待，待要消人渴吻热，转转转，转丢却自己风生两腋。咳！

生世不谐，配此俗物。回忆酒阑歌散，何异热官迁谪，冷署萧条也。算算算，算走马兰台福薄些，则则则，则索向孤舟残烛消磨者。论论论，论人世事怎生说！

写商人妇花退红抚今思昔，一片柔情无人理解，只得埋怨命下福薄，面对孤舟残烛消磨岁月，感慨"人世事怎生说"而已。直接点出"酒阑歌散"，无异于"热官迁谪，冷署萧条"。蒋士铨虽然不是"天涯沦落人"，但也没能施展他的雄才大略，正当他名震京师的时候，为了逃避显宦罗致，不得不乞假养母，没能飞黄腾达。《湖海时传》曾以他和彭元瑞（二人同被誉为"江西两名士"）相比较："然元瑞久直西清，游登鼎轴，而君（指士铨）卒以编修终，非所谓数者耶！"此剧张景宗序中提到"借酒浇重重傀儡"（见《四弦秋》卷首）。《四弦秋》第二折《改官》，外扮院子跨马上云："台谏皆藏舌，宫坊强出头。才高官不利，谪贬去江州。"乃为露骨牢骚。显然，蒋氏所以要选择这一内容进行创作，也自有他的用意。作者《琵琶亭别唐蜗寄使君》一诗，末以"青衫我亦多情者，不向东流落泪痕"作结，其意可知。从前《四弦秋》经常在舞台上演出，并受到不少人称赞固然是来自高超的造诣，也和它容易引起旧社会中怀才不遇的士大夫的共鸣分不开的。"热官迁谪，冷署萧条"，正是他们坎坷的生活处境的写照！

太老师吴梅《瞿安读曲记》论《四弦秋》（虽为北曲，却）以南词登场，《茶别》出首有【尾犯序】一支，以茶客冲场；《送客》出首有【香柳娘】二支，以二客、白傅冲场，是为饶戏。通本皆作蕴藉语，恰合乐天身份。《改官》折尤得大体。"时丹徒王梦楼（林按：乾隆二十五年进士一甲第二人王文治，字梦楼），精音律，家有伎乐，即据以付梨园，一时交口称之。故《纳书楹曲谱》尚存《送客》一出也。"[1]

2.《雪中人》十六出，作于乾隆三十八年（1773）

据作者自序，乾隆三十八年腊月，"与钱百泉孝廉围炉饮护春堂中，檐雪如毳。百泉偶举铁丐事，谈笑甚乐，傂予填新词写其状。百泉既去，除夜兀坐，意有所触，遂构局成篇，竟夕成一首，天已达曙。人事杂遝，小暇即书之，越八日而脱稿矣"。则此剧成于次年（乾隆三十九年，1774）正月初八。剧写查培继（应为其族兄查继佐）识英雄吴六奇于未遇，并资助之。后查受庄史之祸株连，蒙冤被捕，吴已贵显，乃救之，并为建住所，以报前恩。但作者没有机械地搬演叙述，而巧妙地运用浪漫主义手

---

[1]吴梅《瞿安读曲记》，载王卫民编《吴梅戏曲论文集》，中国戏剧出版社，1983年，页451。

法进行创造,艺术造诣很高。梁廷枏《曲话》极力称道说:"《雪中人》一剧,写吴六奇颊上添毫,栩栩欲活。以《花交》折结束通部,更见匠心独巧。"[1]且在这一折里煞费苦心地安排了一番歌舞,引得百花盛开,又有罗浮仙蝶空中飞舞。不难想象,这是多么华丽生动的场面,多么不同一般的戏剧效果。《雪》剧戏中串戏,搬演僮猺戏《刘三妹》之对歌,亦为当时剧坛罕见。

《雪中人》充分体现了没有伯乐,虽有千里马,也不可能建功立业的思想,"除夕兀坐,意有所触",恐即指此。反映作者爱惜人才,希望有更多的伯乐。基本意旨和《四弦秋》、《临川梦》是一致的,只是所写的方面不同,描述的方式各异而已。

3.《香祖楼》二卷三十二出,作于乾隆三十九年(1774)寒食日前

《香祖楼》一名《转情关》。写河南永城退休官吏仲文,建一香祖楼,供兰花一盆。其妻曾氏,为其聘一妾,名若兰。若兰继父李蚓赖账,将其另卖与扈老元帅。扈问知情由,送归仲文。途中又被李蚓夺走,转献与盗首马义。后仲文出任福建巡按,与扈老元帅等同力剿匪毕,而若兰却因病身亡。此剧凭空虚构,感叹若兰薄命,意在褒扬"性情之正",和《空谷香》类似,主旨亦全同。作者一再写这种内容的剧本,说明作者对不能掌握自己命运的不幸女子寄予了深厚的同情。可贵之处,在于两剧对险恶的世态人情作了深刻的揭露,而且关目排场却无雷同重复之处,显示出作者的正义感和匠心。卷首有罗聘《论文一则》云:"甚矣!《香祖楼》之难于下笔也!前有《空谷香》之梦兰,而若兰何以异焉?梦兰、若兰同一淑女也;孙虎、李蚓同一继父也;吴公子、扈将军同一樊笼也;红丝、高驾同一介绍也;成君美、裴畹同一故人也;小妇同一薄命也;大妇同一贤媛也。各使为小传,且难免雷同瓜李之嫌,况又别撰三十二篇洋洋洒洒之文,必将袭马为班(林按:"司马迁"与"班固"),本昫为祁,安能别贲于邑,判优(优孟)于敖(孙叔敖)也乎?"杨恩寿《词余丛话》亦云:"作者偏从同处见异。梦兰启口便烈,若兰启口便恨。孙虎之愚,李蚓之狡,吴公子之憨,扈将军之侠,红丝之忠,高驾之智,王夫人则以贤御下,曾夫人则因爱生怜。此外,如成、裴诸君,各有性情,各分口吻。"[2]关目排场无一重叠。日人青木正儿也曾比较过两剧的异同,认为《空》剧着力于得妾前之千磨百炼,《香》剧落笔于得妾后之千回百折,"前者有赞美小妾贞烈之意,后者似欲叙小妾薄命以示色即是空真谛者。前者根据事实,故关目近于自然,笔亦畅达;后者出于空想而略有寓意,故专劳巧思,

---

[1]《中国古典戏曲论著集成》(八),中国戏剧出版社,1960年1月,页273。
[2]《中国古典戏曲论著集成》(九),中国戏剧出版社,1959年12月,页251。

用笔费力"(《中国近代戏曲史》)。

《空谷香》和《香祖楼》,本以爱情为主题;而其构成,却都将大妇写成"贤媛",主动地为丈夫买妾,似慈母一般地对待。刻意以"笔墨化工"来"维持名教"(《空谷香·自序》)。蒋氏《题愍烈记诗》云:"安肯轻提南董笔,替人儿女写相思。"可见蒋氏是以其道德观来支配戏曲创作的(艺术道德化),因而给人一种不够真实的感觉。把男子好色写作"钟情",这正是封建社会男尊女卑,将一夫多妻制合法化甚至美化的结果,也是蒋氏思想局限的一个方面。如果能如实地描绘出旧社会中妻妾之间的矛盾,男子玩弄女性,甚至将妾当作延续香烟的工具的现实,那么,软弱而又不幸的女子的遭逢,或许会表达得更加全面。《雪中人》与《香祖楼》同属教化类,《香祖楼》为表彰节义,《雪中人》则是说明知遇之难与肯定报恩之德,均与风教有关。就是抒怀类的《临川梦》,也在第二十出《了梦》【一封罗】曲中说:"文章旨趣归忠孝。"这是蒋氏剧作之写作重心。

4.《临川梦》二十出,作于乾隆三十九年(1774)

写汤显祖进京赶考时拒绝张居正的笼络而名落孙山,乃绝意应试。归乡六年,谱就《牡丹亭》传奇,娄江俞二娘心醉《牡丹亭》,慕汤之才华,以身殉情。时显祖已及第,万历十九年上疏被贬后升任江西遂昌县县令,又续撰《邯郸梦》、《南柯梦》。一日,显祖睡玉茗堂中,梦见俞二娘,以及《四梦》中的人物。以现实主义和浪漫主义相结合的手法从事写作,构思至为新颖。

在写实的一方面,作品着重刻画了汤显祖赴京会试,及晚年和黑暗势力所进行的斗争。如拒绝权相张居正的罗致,不肯依附宰相张四维、申时行而失去被重用的机会!上疏指摘时政,揭发辅臣罪行而被贬为徐闻(县)典史等。不论在谪居的逆境中还是在升任之后,他都没有自暴自弃,做了不少对人民有利的事情,如创立书院、移风易俗、灭虎纵囚等等。他辞官以后事亲至孝。一桩桩一件件如实地搬上舞台,使这一受权臣压抑一生,抱负未能施展,只得用笔墨抒发满腔愤懑的志士仁人,为群众所熟悉。

作者似乎惟恐自己所写汤显祖高尚的品格、感人的事迹被读者误解为无中生有,所以在《临川梦》卷首附上了《玉茗先生传》和汤显祖万历十九年写的《论辅臣科臣疏》,又在自序中极力称赞汤显祖:"临川一生大节,不迕权贵,递为执政所抑,一官潦倒,里居二十年,白首事亲,哀毁而卒,是忠孝完人也。"

我们知道,蒋士铨之才之遇,无一不与汤显祖相类,同病相怜,写此剧乃其自况。也正因为如此,所以写来更为真实、亲切。剧中对俞二娘这一传奇式人物的突出描绘,也反映了作者的用心。他在自序中说明了写这一条虚线的意图:"独惜娄江女子为公而死,其识力过于当时执政远矣,特兼写之。"简短的一句话,表达了作者对有眼无珠的执政者的深切不满,使我们感到作者似乎很希望将来能有一位识力远过于清朝执政者的知己罢。

《临川梦》可能受李开先《园林午梦》院本之启发。李作集《西厢记》之崔莺莺、红娘与《曲江他》之李亚仙、秋桂于一台,蒋作则在全剧结束时写汤显祖进入梦境,《玉茗堂四梦》中人物联袂登场,淳于梦、卢生等人同剧作者相会,评作家,评剧本,亦评世事,实为别出心裁之格局,带有浪漫主义的色彩。故清梁廷枏《曲话》卷三论之云:"其至离奇变幻者,莫如《临川梦》,竟使若士先生身入梦境,与《四梦》中人一一相见,请君入瓮,想入非非,娓娓清言,犹余技也。"[1]太老师吴梅亦有类似看法:"凭空结撰,灵机往来,以若士一生事实,现诸氍毹,已是奇特,且又以'四梦'中人一一登场,与若士相周旋,更为绝倒。"《顾曲麈谈》第四章《谈曲》对其评价甚高,云:"世皆以《四弦秋》为最佳,余独取《临川梦》,以其无中生有,达观一切也。"[2]实际上,《集梦》、《说梦》、《了梦》等出,使汤显祖精心塑造的剧本中的主要人物重新登场,通过剧中人现身说法,说明汤显祖是借剧中人的酒杯,浇他自己的垒块。这个别出心裁的创造,读来令人特别感到奇特生动;从而联想到蒋士铨在《临川梦》中写汤显祖的高尚品格,在《四弦秋》着重刻画白居易的抑郁心曲,又何尝不是在借剧中的汤显祖、白居易、和蒋氏其他诸剧中所塑造的各种类型人物的酒杯,来浇他自己胸中的垒块,抒发作者怀才不遇的不平之气。

南洪北孔的出现,使清代剧坛风尚转为以曲为史、以曲为传。特别是至乾隆年间,受考证学风的影响,更以征实力尚。蒋士铨"具史官才学识之长",无一不是史传文章。如前所述,在《临川梦》卷首,附《玉茗先生传》和汤显祖万历十九年的《论辅臣科臣疏》,均是征实的表征。《临川梦》为戏曲大师立传,不仅依据《明史·汤显祖传》及《玉茗堂集》,而且"杂采诸书"。俞二娘事,见《玉茗堂诗》卷十三《哭娄江女子·诗序》、张大复《梅花草堂笔谈》卷七及朱彝尊《静志居诗话》卷十五等。写哱承恩、梅国祯事,见《明史·魏学曾传》。又剧中汤显祖题"可以栖迟"讥陈眉公事,虽不合事实,但见诸顾公燮《消夏闲记》。可证蒋氏剧作绝非臆造,俱是杂采诸

---

[1] 见《中国古典戏曲论著集成》(八),中国戏剧出版社,1960年1月,页272。
[2] 见吴梅《顾曲麈谈 中国戏曲概论》,江巨荣导读,上海古籍出版社,2000年5月,页119、193。

事,点染而成,可谓"偶借酒杯浇磊块,聊将史笔写家门"之作(《空谷香》卷末收场诗)。

清人戏曲与元人戏曲最大的不同,就是文学性的增强,戏剧性的减弱。蒋氏剧作以其"腹有诗书"、"诗人本色",甚得时人赞赏,可见其时的风尚仍然是把传奇视为"曲"而不是视为"戏"。如果纯从曲文的角度欣赏它,蒋氏的"剧"作确有独到之处。但其剧作之宾白,亦常有咬文嚼字、对仗工整之嫌。如《桂林霜》第十五出《诛叛》中,孙延龄的口白;《一片石》第二出《访墓》中,教官的口白;《一片石》第一出《梦楼》中,薛天目的口白,及《第二碑》第四出《寻诗》中,薛天目的一段独白,均是典型的四六骈文。可见其动辄运用诗词成语、文学掌故,在剧作中"更欲以古文之法行之"的特色。[1]这样,就更使昆曲远离人民群众。

蒋士铨的剧作,大多情节布置不知剪裁,人物塑造不够精炼,脚色运用太过繁复,排场处理除《空谷香》和《雪中人》外,大多平庸。所以相对而言,蒋士铨的剧作比较适合于案头阅读,而不适合于实际演出。当然,也并非一定不能登场。例如《西江祝嘏》,和《空谷香》及其折子《佛医》,即是清中叶昆曲舞台上常演剧目[2]。《四弦秋》曾在江春之秋声馆、康山草堂搬演。而其折子《送客》,亦收入《纳书楹曲谱》等。但大体言之,仍以案头清供为宜。

当然,蒋氏剧作也自有其独到处,如取材之特殊、主题之风教、曲文之温丽等,并偶见巧思。所以,各家对于蒋氏剧作优劣评价不一。另外,蒋士铨承认乾隆年间,"花部"逐渐取代"雅部",并在剧坛上占据上风,备受欢迎这一现实,对昆剧艺术有所改进。如在他创作中,为了适应观众的欣赏心理和审美需要,在剧作中大胆地采用了江西傩戏、弋阳腔及花部戏中常用,而昆剧较少采用的面具和假形舞蹈这类表现手段。如《临川梦》第六出《星变》:"扮四星官各戴本象盔,引大旗分写室火猪、壁水犭俞、娄金狗、胃土雉字面拥上。"《雪中人》第五出《联狮》:"杂扮二狮子上,与净斗。"

(二)金兆燕、沈起凤和本地的作家作品

这时创作昆曲传奇的,除蒋士铨(1772—1782)在扬州作的《四弦秋》、《雪中人》、《香祖楼》、《临川梦》四种外,两淮盐务为迎圣驾,还先后延请安徽全椒的

---

[1]见清姚华《菉猗室曲话》,收入任中敏编《新曲苑》,卷一。
[2]朱喜《〈品花宝鉴〉中的戏曲史料》,《戏曲艺术》,1983年第2期,页51。

金兆燕、江苏吴县的沈起凤撰写"迎銮承御"的大戏。金兆燕在扬州作《旗亭记》、《婴儿幻》二种，沈起凤在扬州作《报恩猿》、《才人福》、《文星榜》、《伏虎韬》、《桐桂缘》、《云龙会》、《泥金带》、《千金笑》、《黄金屋》等十种。苏州顾以恭也在扬州作《五香毬》。

金兆燕（1719—1789后），清代戏曲作家，字锺樾，号棕亭。安徽全椒人。少聪慧，称神童，工诗，骈散文皆有法度。壮游黄山，为文记其胜，甚崛奇，文名满淮甸。两淮转运使卢见曾延之入署，一切歌咏序跋，多出其手。后由举人选扬州府教授，乾隆三十一年（1766）始成进士，擢国子监博士。三十八年入四库全书馆任编校工作。金氏上交公卿，下汲引后进，与沈德潜、吴敬梓等多有交往。著有《棕亭古文钞》十卷、《棕亭骈文钞》八卷、《棕亭诗钞》十八卷、《棕亭词钞》七卷等。戏曲作品有《旗亭记》、《婴儿幻》二种，均存。金氏客扬州时，扬州繁华甲天下，昆曲盛行于时，二剧均为昆曲演出谱写。

《婴儿幻》又称《圣婴儿》，约写于乾隆四十六年（1781）。剧谱《西游记》玄奘过火焰山故事。唐僧被牛魔王之子圣婴儿捉住，赖观音法力使圣婴儿归依佛门，师徒始得过火焰山，续往西天取经。

《旗亭记》即金在乾隆二十四年（1759）为两淮盐务（盐运使卢见曾）撰写的"迎銮承御"的大戏。所以，《曲海目》就误为卢见曾作。有清乾隆刊本。二卷，三十六出。据唐薛用弱《集异记》旗亭画壁事改编。清人谱此事者多系杂剧，以本事简略不易铺排。此本自"旗亭赌唱"后，均系凭空构思，不顾史实。在扬州上演，曾名噪一时。该剧演王之涣、谢双鬟，互相爱慕。杨国忠有意结纳王之涣，被拒后污其为安禄山细作，欲杀之。王之涣闻讯出逃。安禄山入关，谢双鬟被掳，李猪儿听从谢双鬟劝告，刺杀安禄山请功，并迎高适军收复长安。双鬟改名谢兰辉，因功封咸阳郡君。王之涣以为谢双鬟已死，悲伤不已，易名王延龄应试，状元及第，"特为才人吐奇气"（沈归愚尚书的题词）。朝旨以谢兰辉赐婚新科状元王延龄。两人均力辞不从，后经道破，始欢然合卺。其实，唐时虽有状元之名，授官却自宋代始；而且初阶不过金判、廷评，"历俸既深，方可入馆承制"。不像清代之状元，"甫经释褐，即践清华"，故"于之涣何关轻重？"此剧完成后，卢见曾据己意修改，使"兼宜雅俗"。

沈起凤（1741—1802），清代戏曲作家，字桐威，号薲渔、蓉洲，别署红心词客，吴县（今属江苏）人。乾隆三十三年（1768）举人，后五应会试不第。乾隆四十五年（1780）、四十九年（1784）清高宗南巡，他应聘请为扬州盐政，苏杭织造所备迎銮供

113

御大戏。嘉庆四年（1799）任全椒县教谕，六年（1801）解职，七年逝世。著有散曲集《樱桃花下银箫谱》，编纂笔记小说《谐铎》。生平所著传奇不下三四十种（《红心词客传奇》石韫玉序），但多遗佚。现知存目者十种，仅存《报恩猿》、《才人福》、《文星榜》、《伏虎韬》四种，合刻为《红心词客四种》（又名《沈蒃渔四种曲》、《沈氏四种》、《蒃渔四种》、《古香林四种》、《红心词客传奇》），有清乾隆年间古香林原刊本，吴梅《奢摩他室曲丛》一集影印本。现存清道光间古香林刻本。此外，尚有《云龙会》一种，有乾隆间钞本。未见传本而有名目可考者，有《泥金带》、《千金笑》、《桐桂缘》、《黄金屋》等。

沈起凤的多产，并不仅仅表明他曲情泉涌，也可能他与戏班有合约，为了应付戏班的邀请。正由于此，他熟悉剧场艺术，力求原稿就成为演出本，不仅"白多曲少"，而且净丑说白直接在剧本中撰写道地吴语（《报恩缘·跋》），便于登场。通常文人作剧，不入方言。搬演时，由艺人改作方言。唯沈起凤是吴人，不借手伶工。再则，"生旦净丑外末诸色，皆分配劳逸，不使偏颇"（《文星榜·跋》）。吴梅评论《蒃渔四种》，也说："事迹之奇，排场之巧，洵推杰作。"（《中国戏曲概论》卷下）认为沈氏诸作，其长处在于"意境务求其曲，愈曲愈能见才；辞藻务求其雅，愈雅愈不失真。小小科白，亦不使一懈笔"。短处在于有些写法，"四记皆如是，未免陈言"（《伏虎韬·跋》）。哪些写法呢？归纳起来有两种：一、拾蒋士铨《香祖楼》、《空谷音》的牙慧，开场交代男女主人翁前生种下的"因"（《伏虎韬·跋》）。二、四记皆用"男女易装"，令人扑朔迷离，"佳处在此，而落套亦在此"（《伏虎韬·跋》）。开场交代男女主人翁的前"因"，是使全班脚色热闹登场，属于花样翻新；至于"男女易装"的熟套，也是取自于剧场效果，都是与戏班有合约的可能造成的。这些都是受乾嘉时代全本戏的影响，不熟悉舞台艺术的作家是写不出来的；而熟悉舞台艺术的作家为了生计所迫，又不得不受梨园标准所制约。当然，在折子戏盛行的年代，它不是主要的。这种"新奇加熟套"的写法，最终只能使才情枯竭。

沈起凤的《红心词客传奇》约作于乾隆后期。这些作品与《诗经》和白居易"新乐府"诗一样，都有明确的创作目的。有清吴门独学老人石韫玉的序，云："《红心词客传奇》四种，亡友沈蒃渔之所作也。先生名起凤……累赴春宫不第，抑郁无聊，辄以感愤牢愁之思，寄诸词曲。所制不下三四十种，当其时风行于大江南北，梨园子弟等其门求者踵相接。岁在庚子（1780）、甲辰（1784），高庙南巡，凡扬州盐政，苏杭织造所备迎銮供御大戏，皆出先生手笔。顾先生生平著作，不自收拾……（予）访求数十年, 仅得其《红心词》一卷……顷复得此传奇四种, 欢喜无量……予故登诸梨枣, 与当世好事者共赏之。"道光间刻本卷首石韫玉《乐府解题四则》曾依次指明道:

> 《报恩猿》, 戒负心也。白猿受谢生无心之庇, 即一心报德, 成就其科名, 联合其婚姻, 以视夫世间受恩不报者, 真禽兽之不若哉。此剧可与《中山狼传》对勘。
>
> 《才人福》, 慰穷士也。识字如祝希哲, 工诗如张幼于, 一沉于卑位, 一困于诸生。特著此剧, 以为才人吐气。若唐时方干等十五人, 死后始成进士, 奚不可者?
>
> 《文星榜》, 惩隐匿慝也。杨生命本大魁, 以淫行被黜。王生士行无玷, 又因其父居官严酷, 几以冤狱丧身。士大夫观此, 皆当自省。
>
> 《伏虎韬》, 警恶俗也。妇人以顺为正, 乃有凌虐其夫者, 此阴盛阳衰之象, 有关世道人心。此剧寓扶阳抑阴之意, 亦以明妇人妒者必淫, 淫者必悍, 丈夫溺爱, 甚无谓也。真唤醒痴人不少。

石韫玉的概括无疑是以正统伦理观念为标准, 虽然并不能完全符合沈起凤的原意, 但是细绎传奇原文, 我们不难看出, 石韫玉的解读还是大体上切中文本语义的。

乾隆四十六年 (1781), 沈在扬州撰写"迎銮承御"的大戏——《报恩猿》传奇: 两卷, 三十七出。有清乾隆年间古香林原刊本, 太老师吴梅《奢摩他室曲丛》一集影印本。剧谱嫦娥等司花仙子擅离玉阙, 白猿盗取月宫秘书, 文曲星折取月中桂枝, 俱被谪下凡尘, 上帝借惩白猿以"完司花仙子与文曲星之奇缘"。剧作主要内容叙述苏州贫士谢兰与镇江富豪白丁之女丽娟早订婚约, 白丁嫌其贫寒赖婚, 屡加迫害, 务欲置于死地。白小姐赠银, 而商人王寿儿失银, 故疑为谢兰所窃。典史糊涂, 居然据此定案。后知县魏简为之平反, 谢兰得中状元, 与白小姐等三女成婚。而白猿谪下凡尘后, 得谢兰偶然解救了灾难。于是, 白猿多次报德, 成就其科名, 联合其婚姻, 构成了《报恩猿》传奇中白丁悔约与白猿报恩的对立结构, 以示世间受恩不报者, 岂禽兽不如乎! 第三十七出《鼎圆》【尾】云: "酬恩报德从来板, 有多少学反噬的中山, 怕俺把这报恩猿的传奇补调间。"太老师吴梅在《报恩猿·跋》中说: "记中白文, 多作吴谚, 容不入北人之耳。而结构生动, 如蚁穿九曲。通本熔成一片。最妙如王寿儿、李狗儿一段插科打诨, 观者无不哄堂。而县丞胡图以成衣出身, 语语不脱裁缝口吻，尤见匠心……此等科白，决非腐儒能从事矣……或谓通本白多曲少，文情稍逊。余意曲虽不多，而语语烹炼，且登场搬演，又适得其中。为观场计，正不必浪使才情也。"乾隆四十九年（1784），盐政再次聘沈编戏。

《文星榜》传奇，三十二出。有清乾隆年间古香林原刊本，太老师吴梅《奢摩他室曲丛》一集影印本。据清蒲松龄《聊斋志异》卷十《胭脂》而发想，改鄂秋隼为王又恭，改胭脂为卞芳芝，改宿介为杨仲春，改施愚山为方鲁山等，并增甘碧云、向采蘋二女事。写的虽是一起冤案，但蒲松龄撰《胭脂》，主旨为："甚哉，听讼之不可不慎也！"而此剧主旨却为因果报应，剧首出即言"科举一事，人间专重文章，天上全凭阴骘"。同样有一个鲜明的对立结构作为全剧的"剧胆"：杨仲春命本大魁，但与人通奸，又谋人之妻，以淫行被黜，最后落得害人害己；而王又恭士行无玷，坚守操节，不易婚约，故大魁天下，但因其父居官严酷，故遭冤狱。虽屡受坎坷，最终功名婚姻，两全其美。（这一结构，与夏纶的《广寒梯》传奇何其相似乃尔！）其思想意义远不如蒲氏小说。然此剧在艺术上颇有特色，已如前引："观其结构，煞费经营。……用意之深如入武夷九曲。《赚姻》、《骂婚》二出，非慧心人必不能作。通本遂玲珑剔透矣。"（吴梅《文星榜·跋》）此剧舞台上常演的有《怜才》、《露情》、《戏泄》、《失帕》等出。

沈起凤的《伏虎韬》，即《佚存曲谱》钞本中的《胭脂虎》。二十九出。有清乾隆年间古香林《红心词客传奇》刊本，吴梅《奢摩他室曲丛》一集《沈氏四种》本。

《伏虎韬》传奇的情节据清袁枚《子不语》卷十一《医妒》一则增饰[1]，属喜剧。因世称妒妇为"胭脂虎"（一说张氏为天界罗刹女放胭脂虎下凡，），而马侠君颇饶伏"虎"韬略，使武进人轩辕生的悍妻张氏"俯首称臣"，同意轩辕生娶妾，所以剧名《伏虎韬》。同样以治妒为主旨的传奇，明代有汪廷讷的《狮吼记》、吴炳的《疗妒羹》，清代有孙郁的《绣帏灯》，于此也可以看出这是明后期以降文人士大夫的热门话题，其中寓含着"夫为妻纲"的伦理教化，岂非不言自明？所以说，《伏虎韬》传奇是以喜剧的形式，寓含"夫为妻纲"的伦理教化；反映了清廷加强思想统治，使程朱理学在晚明的一度蒙尘中复苏过来。

由于入清以后，文字狱迭起，加之乾隆四十五年（1780），高宗又密令两淮巡盐御史删改戏曲，不仅使许多原有剧目遭到禁毁，且使许多作家不敢面对现实，题材

---

[1] 见《中国古典戏曲论著集成》（八），中国戏剧出版社，1960年1月，页167—168。

陈旧,主题相因;求雅脱"俗",日益脱离群众,成为案头之作。但以放纵个性的方式去对抗社会,却终究心甘情愿地为社会所同化。具有这种人格特征的才子形象,在沈起凤的传奇中最为鲜活。

《才人福》传奇是沈起凤的代表作,三十二出。有清古香林刻本,太老师吴梅《奢摩他室曲丛》一集影印本。以明中叶吴县文人张羖(幼于、献翼)和祝允明为主角,凭空虚构了他们"才人福分从来少,喜洞房金榜都邀"(第三十二出《福圆》【煞尾】)的故事。在剧中,文士张幼于为了追求意中人秦晓霞,不惜改装成书童,混入秦府,希望能有机会接近秦晓霞。秦父往见幼于,名妓李灵芸男装代见,遂订婚约。结果,佳人扮才子,入赘秦府;才子扮书童,混入秦府,以辨真假。祝允明丧妻,他的爱情追求更加狂放,他为了得到意中人沈梦兰,居然扮成道士,手持木鱼,口念"化婆经",在光天化日之下,到沈府门前募艳,想把梦兰小姐骗到手。结果因扰乱治安罪,他被官府拘禁起来。沈父托唐寅为媒,将女嫁祝。唐寅、祝允明最终促成张幼于与秦晓霞婚事,张还点了翰林学士。张自幼有才华,但终其身为一诸生,颓然自放,剧中点了翰林,实为虚构。"才人福分从来少","愿天下才人将福分拥"。作者让张幼于洞房花烛金榜题名,为才人吐气。剧作思想内容一般,但剧情曲折生动,舞台效果良好。太老师吴梅对此剧评价很高,《才人福·跋》评云:"此记以张羖为主,而以唐寅、祝允明为辅。其事虽臆造,而文心如剥蕉抽茧,愈转愈奇,总不出一平笔。传奇至此,极才人之能事矣。"(《瞿安读曲记》)以出奇制胜的才人之笔,写离奇古怪的才人之举,正是沈起凤传奇的独到之处。沈起凤的文人才气,更多地表现在传奇的宾白艺术上。吴氏《才人福跋》评云:"余尝谓,菶渔之才,既不可及,而用笔之妙,尤非藏园(指蒋士铨)、倚晴(指黄燮清)所能。笠翁自负科白为一代能手,平心论之,应让菶渔。"

张幼于和祝允明一心陶醉在爱情之中,他们似乎是以爱情作为至高无上的人生理想的。但是他们爱情的最终实现,却不能不靠功名的辅助。要不是祝允明奉旨钦召进京,去识别北京太学古碑文,他怎能顺利地解脱牢狱之苦,如愿以偿地和沈梦兰成婚呢?张幼于也在秦晓霞等人的激励下,赴京殿试中式,得授翰林学士,才使功名婚姻两全其美。不然的话,他们的爱情岂不都成了泡影吗?第一出《双奔》【尾声】一语道破了作者的意旨:"笑当场游戏谁人懂?须不是说鬼坡仙万事空,也只愿天下才人将福分拥。"

要么两得,要么两失。这就造成了才子整体人格的自我分裂:为了自由,他们希望摆脱现实生活的束缚；但为了生存，他们又必须屈就现实生活的规范。一方面，他们企图用游戏人生的态度，来实现自我肯定；另一方面，他们又只能在和正统文化意识的认同中，切实地肯定自我。这种自我分裂的整体人格，无疑是变态的时代的产物——在古代文化和近代文化交替错综的时代里，文人既肩负着沉重的传统因袭，又感受着新生的思想骚动。

沈起凤的戏曲创作与蒋士铨有着共同的倾向，即艺术道德化、剧情史实化及构思诗文化。他们不特意描绘人物内在性格之复杂性和心理活动性，而着重性格外现的伦理典型性。

（三）仲振奎兄弟

嘉庆年间，昆曲在扬州仍保持相当优势。在此期间，泰州籍的仲振奎兄弟撰作较多。

仲振奎（1749—1811），泰州人。字春龙，号云涧，别号红豆村樵（一作红豆山樵）、花史氏。监生，才华出众。以游幕为生，先后到过四川、湖北等地。晚年由江西入粤，客于其弟兴宁知县仲振履幕中，并与曲家汤贻汾交游。《道光泰州志》说他"工诗，法少陵。为文精深浩瀚，出入三苏，平生著作，无体不有。"著有《绿云红雨山房诗钞》（刊本）、《绿云红雨山房文钞》（稿本）。主要成就当为剧作，计有《红楼梦传奇》、《火齐环传奇》、《红襦温酒传奇》、《看花缘传奇》、《雪香楼传奇》、《乜字阑传奇》、《霏香梦传奇》、《香囊恨传奇》、《画三青传奇》、《风月断肠吟传奇》、《怜春阁传奇》、《后桃花扇传奇》、《懊情侬传奇》、《牟尼恨传奇》、《水底鸳鸯传奇》、《诗囊梦传奇》等十六种。现存《红楼梦传奇》和《怜春阁》传奇两种，余十四种佚。而泰州图书馆藏《绿云红雨山房文钞》黑格稿本中，载有仲氏所著《火齐环传奇》等十四种传奇已散佚的自序，略述传奇故事梗概，慨叹剧中人物命运，可补其书已散亡之一二；另载有所作嘉庆时江苏、安徽等地双喜、采生、春容、凤生、情生等五个伶人的传记，以十分同情的心态，直书当时戏曲艺人的坎坷经历和悲惨命运。

仲振奎是将《红楼梦》改编为戏曲的第一人。他于乾隆五十七年（1792，即《红楼梦》程甲本出版第二年、发行的当年）客北京，得读第一版《红楼梦》，试取书中故事作剧，成《葬花》一折。乾隆六十年（1795）至嘉庆元年（1796），仲振奎客扬州，得读逍遥子序本《后红楼梦》，合前后二书故事编作《红楼梦》传奇二卷五十六折。上卷自《原情》至《遣袭》，演《红楼梦》事；下卷自《补恨》至《勘梦》，演《后红楼梦》

事。作者自称“哀宝玉之痴心，伤黛玉、晴雯之薄命，恶宝钗、袭人之阴险”，故上卷集中敷演宝、黛爱情悲剧的发展过程，线索清晰。凡有关宝、黛纠葛的主要细节，尽量保留，倾向明显。该传奇中穿插之妙，能以白补曲之不及，使无罅漏；且借周琼边防事，振以金鼓，俾不终场寂寞，尤得本地风光之法。但因作者囿于世俗观剧习惯，只考虑歌宴上“拍案叫快”，使黛玉赖有炼容金鱼，得以回生补恨，团圆作结。故前人多批评此本合前后梦为一，有失原著本旨。姚燮则谓此本之才思辞藻，较万荣恩《醒石缘》为优（《读红楼梦纲领》）。剧中丑化王熙凤、袭人最为露骨，对贾母也颇有微词。仪征钱肇堂以诗题《红楼梦》传奇，云：“填词若准《春秋》例，首恶先诛史太君。”演出以“净扮贾母，不敷粉墨；副净扮凤姐，丑扮袭人，皆敷粉艳妆不敷墨，随寓贬斥”（吴克岐《忏玉楼丛书提要》）。全剧于嘉庆二年秋，用四十天写成，曾“呼短童吹玉笛调之”，注意到舞台演唱，并于嘉庆七年排练上演：“淮阴使者已命小部按拍于红氍上矣”（许兆桂《绛蘅秋序》），乃红楼戏曲演出之最早记载。以后剧场大多流行仲氏《红楼》，曾从扬州传至北京，成为当时演出剧目中最时髦的戏。《葬花》中黛玉的打扮“珠笠云肩，荷花锄，锄上悬纱囊，手持帚”已成定式，是年轻旦脚最乐于穿扮的服饰。清末上海昆旦小桂林也曾演出全本。其中《葬花》、《扇笑》、《补裘》等出，是昆曲常演剧目，亦为后来京剧等剧种广泛移植改编。《集成曲谱》收入《葬花》、《扇笑》、《听雨》、《补裘》四出，又有抄本《红楼梦曲谱》选入《合锁》、《葬花》二出，可见仲本流行之一斑。

乾隆、嘉庆年间，许多文人借传奇作为自叙传，自述生平行迹或雅事豪举。仲振奎也不能免。他的《怜春阁》传奇，就是写自己的家庭琐事。叙李塘秋浦已有一妻二妾，又在扬州买妾。媒婆送叶丽华、艳华姐妹来，遂纳丽华。既而诸妾间不相容，丽华回原籍，居于怜春阁，以分娩卒。秋浦复纳其妹艳华。梦中称三人系陈后主、张丽华、张贵嫔转世。所谓李塘秋浦，就是作者的化身。有小红豆山房原稿本，题“吴州红豆村樵填词”。

其弟**仲振履**（1759—1822），字临侯，号云江，别号栢庵、群玉山农、木石老人等。嘉庆十三年（1808）进士，历任广东恩平、兴宁、东莞、南海（番禺）等县知县。后擢南澳同知，曾修筑虎门炮台，有政声。后以疾告归，卒于家。工诗文，著有《咬得菜根堂诗文稿》。精音律，与曲家汤贻汾交好。作有散套《羊城候补曲》。嘉庆二十二年（1817），著《冰绡帕》传奇二卷，二十四出；二十五年（1820）著《双鸳词》传奇，八出。均系受蒋士铨《空谷香》等剧的影响，为时事剧。前者写任凤举与张瑶娘的爱情故事，民国二十二年（1933）刊于《珊瑚月刊》。[1]后者写当时广州通判李亦珊病卒，家人无力归葬，其妻蔡氏自缢以殉，同官何某建祠祀之。"起伏顿挫，步武井然。惜点谱一折，入手太闲；歌赛一折，收场太重。"[2]曾由绮春班演出。有嘉庆咬得菜根堂刊本行世。另有《虎门揽胜》、《作吏九规》等著述。

（四）其他作家作品

除此之外，本地的作家作品还有：

李本宣（1703—1782后），字遯门，江都（今扬州）人[3]。乾隆四十七年（1782），李本宣八十岁，尚在金陵以《乘槎图》征题。故卒年当在乾隆四十七年之后。

所撰《玉剑缘》，纯粹是凭空结撰，系李本宣本人早年之幻想。该剧以玉剑为贯穿全剧之线索，叙流寓金陵的淮南杜子材，与青溪祠道姑李云娘及其妹李珠娘的爱情故事。其中，云娘死后得知前身为青溪女神张丽华之侍女。女神悯其情，发予路引，往觅杜生，乃仿《牡丹亭》之《冥判》；杜生泊舟淮安，遇云娘之魂，乃仿《牡丹亭》之《幽媾》。杜献玉剑及《玉剑赋》，皇帝诏赐状元，授翰林修撰，征讨天门山，因功封靖逆侯，钦赐与珠娘成婚等情节，均系勉强捏合。

郑含成，生卒年不详。著《富贵神仙》传奇。二卷，二十八出。叙山东白玉虹，本是赤脚大仙下凡，受大千禅师指点，掘得金窖（富）；后中状元（贵）。最后求散花天仙下凡的石念娘为妻，共同破敌，照登仙籍（神仙）。焦循《剧说》卷四说此系袭李本宣的《玉剑缘》而作："剧之有所原本，名手所不禁也。……虽不能青出于蓝，然亦各有所见。惟《梦钗缘》一剧，直袭《西厢》、《西楼》而合之，已为伧父可笑。又有《玉剑缘》者，亦有《弹词》一出。夫洪昉思袭元人《货郎旦》之【九转货郎儿】其末云'名唤春郎身姓李'，洪云'名唤龟年身姓李'。至《玉剑缘》又云'名唤珠娘身姓李'，生吞活剥，可称笑柄。近则有为《富贵神仙》者，竟至袭《玉剑缘》，与《梦钗缘》之袭《西厢》、《西楼》同，若此，又何必为之？聊举一二于此，为之戒。"[4]

汪祚（1675—？），字惇士，一字菊田。康熙五十九年（1720）副榜贡生，应乾隆元年（1736）博学鸿词科，落选。曾任官学教习。有《菊田集》。撰有传奇《十贤记》，

---

[1]本事及演出，见王荫槐《蟾庐诗抄·重题张瑶娘遗像序》。

[2][清]梁廷枏《曲话》，见《中国古典戏曲论著集成》（八），中国戏剧出版社，1959年12月，页266。

[3]无名氏重订，管庭芬校录《重订曲海总目》。见《中国古典戏曲论著集成》（七），中国戏剧出版社，1959年12月，页357。

[4]《中国古典戏曲论著集成》（八），中国戏剧出版社，1960年1月，页170。

佚，本事不详。见无名氏《传奇汇考标目》。[1]

三原双生，姓名、生平不详。撰传奇《扬州鹤》，三卷四十出。写杜子春得道飞升事，穿插了《看钱奴》情节。今存旧抄本。卷首有松石间人雍正九年（1731）序、于振雍正十一年（1733）序。

薛东树，生卒事迹不详，扬州府高邮人。撰有《桂林雪》传奇，写明末瞿式耜守梧州事。佚。见《餐樱庑随笔》。[2]

宫敬轩，亦泰州人，字号生平不详。乾隆三十九年（1774）游云南，与永恕庵（恩）订交。乾隆四十年作《海岳圆》传奇，三十八折，乃永恕庵命其填词，叙"宋室一时之奇遇"。今存。

李斗（1749—1817），字北有，号艾塘（又称艾堂），别署画舫中人。排行第二，时有"李二"之称。自称"幼失学，疏于经史，而好游山水。尝三至粤西，七游闽浙，一往楚豫，两上京师"。江苏仪征人，诸生。《重修仪征县志》有传。他虽占籍仪征，平时却多居住在府城，与扬州文人名士如阮元、焦循、汪楱、黄文旸等友善，亦交结富商大贾。他博学善诗，兼通数学，熟悉音律、填曲、剧本结构、舞台排场，亦亲自参加演出（见同时人黄承吉《梦陔堂诗集》卷四诗注），系乾嘉年间的戏曲作家，作有传奇《岁星记》和《奇酸记》二传奇。另有散曲集《艾塘乐府》一卷、《永报堂诗集》八卷、《扬州画舫录》十八卷。嘉庆九年（1804），李斗将上述所著合辑为《永报堂集》刊行于世。

《奇酸记》现有乾隆六十年（1795）刊本，创作当在此之前。情节本于《金瓶梅》，用意秉承张竹坡的《苦笑说》。全剧分四折，每折六出。第一折前有"楔子"，副末带领生、旦、净、丑上场，各人以表演者的身份评价一句。

《岁星记》二十四出，乃嘉庆八年冬，应江春之请，为元宵灯节所编之灯戏，于嘉庆九年元宵灯节在东园正式上演。该剧敷衍东方朔的故事，据《列仙传》"东方朔为岁星之精"而取名。有焦循的序，见《剧说》稿本卷三（刻本只保留了第一部分）。

纪桂芳，亦泰州人，字中伟，号次荷老人。精于医理，著有医书三种。撰有《星河梦》传奇，佚。见于团维庸《小画山房诗抄》。

储梦熊，字渔溪，亦泰州人，官浙江盐运司副使。撰《并蒂花》传奇，两卷，今存。

---

[1]《中国古典戏曲论著集成》（七），中国戏剧出版社，1959年12月，页243。
[2] 见庄一拂《古典戏曲存目汇考》，上海古籍出版社，1982年，页1393。

李宸，泰州人，字枫崖，诸生，任山东河屯官。道光年间撰有《香囊记》，佚。从时人叶兆兰为其题诗来看，与明邵灿的《香囊记》不同。

李周南，甘泉（今扬州）人，嘉庆二十三年（1818丁丑）作《井鲤记》、《菊孙记》二传奇，内容不详。

经济（1801—1850后），字子通，别号芙蓉山樵。江苏甘泉人。监生。屡试不第，蛰居里门，以诗自娱。与汪潮生、谢堃等友善。著有《半园诗录》、《词录》、《合浦珠》传奇二卷十六出（有清道光间刊本）。

朱罗田，名实符，生卒年不详，江都（今扬州）诸生，工诗。馆于仪征某盐商家，与婢女柔姬相悦；受主人子迫害，双双逃至杭州。不久返回，复遭离散之苦，终于团圆。后依川帅幕，弃诗为词，宗苏、辛。以自身爱情、婚姻，撰《韵香楼传奇》一种，并曾演出。后与柔姬同终于蜀。剧本佚，见于泰州团维庸《穷交十传》。

休休居士，姓厉，名不详，字（或号）孚若，乾嘉仪征人。撰有传奇《凤栖亭》，二十四出，今存。有乾隆五十五年（1790）自序。姚燮《今乐考证》"著录十"收录。其后人厉鼎煃（星槎）解放前在镇江京江中学任教，致信叶德均，谓家谱传略中载之。叶嘱其录出传记，竟未能如愿。[1]

无名氏，据袁枚《子不语》卷十五"吴髯"条，作《再生缘》传奇。[2]

谢堃（1784—1844），甘泉人。初名均，字佩禾，号春草词人。祖、父皆业儒，家虽贫而勤于学，国子监生。民国《甘泉县续志》有传。著有《日损斋诗钞》、《春草堂随笔》。道光四年至二十三年（1824—1843），谢堃著借情言理的才子佳人传奇《黄河远》、《十二金钱》、《绣帕记》、《血梅记》四种。道光二十五年（1845乙巳）刊《春草堂集》时，合为《春草堂四种曲》刊行，今存。

《黄河远》计二卷二十四出。道光十年（1830庚寅），甘泉谢堃供事衍圣公府时著。叙王之涣自与高适、王昌龄旗亭画壁后，南游海峤，东涉沧溟，历经与双鬟妓的种种悲欢离合，与侠女聂隐娘结为夫妇。红线亦爱慕王之涣才华，效红拂夜奔，与王成就姻缘。其事多出于虚构。取王之涣《凉州词》"黄河远上白云间"为剧名。

《十二金钱》亦是二卷二十四出。叙唐玄宗因九龙池建成，命杨贵妃率杨氏诸婕并三公九卿于三月三日齐集池上踏青。书生顾况亦前去游春，与贺兰进明之女洛珠，两相爱慕。洛珠将家传御赐十二金钱赠予顾况。二人历经安史之乱等磨难，终于

---

[1]见叶德均《戏曲小说丛考》上册，中华书局，1979年5月，页453—454。

[2][清]袁枚编撰《子不语》，申孟、甘林点校，上海古籍出版社，1986年11月，页355—356。

团圆。其间穿插磨镜叟之女奚眉仙及女塾师凤十三娘等情节。《昆曲大全》选其《荐馆》、《赠钱》、《夺钱》、《踏镜》四出,改名《金钱缘》。

《绣帕记》,二卷三十六出。叙明代苏州名士文波,醉卧虎丘半塘溪边,适杭州女子陈宛娘泊舟于此,爱文波风度,题诗于绣帕相赠。文波醒见诗帕,四处寻访,错访到程婉扬。几经周折,与宛娘、婉扬皆成眷属。

《血梅记》,二卷三十出。作于道光二十三年(1843癸卯)。叙明代书生马任,元宵观灯时,与秀才黄胜之妹六瑛一见钟情,以千金为聘。数年中,黄胜自马任手中骗取数千金成为财主;而马任挥金如土,将百万家产挥霍一空,流落京都。黄胜悔约,逼妹改嫁,六瑛不从。马任得神偷一枝梅相助,得中探花,并立功海外,奏凯荣归,与六瑛完婚。

顾麟瑞,字仲嘉,一字芝衫,生卒年不详,兴化人。顾九苞次子,顾凤毛弟。幼孤,十岁即知吟咏,以诗名淮海间,填词亦精。嘉庆六年(1801)拔贡生[1],奉母至孝。著有《筼筜馆诗抄》、《无声馆词集》,戏曲方面著有《娥眉妍传奇》和《乐府定坝记》等。见民国《续修兴化县志》。[2]

三、昆曲艺人对传统剧目的改编

乾隆、嘉庆间花部盛行,雅部衰落,对昆曲传奇的创作,尤其是文人传奇的创作,无疑造成了致命的打击。此后,昆曲传奇的创作便一蹶不振了。尽管谢堃等人仍不甘寂寞,但其不懈努力终未能扭转大势。

综观扬州文人的昆曲传奇创作,从冗长到杂剧化,所表现的生活内涵也发生了相应的变化;在语言风格上,从文词派的典雅绮丽,到雅俗共赏的审美追求,最终复归为雅部昆剧的秀雅清丽;在思想文化内涵上,从晚明"主情"的类似文艺复兴的激扬,而至康、乾以后又沦入彻底的理学化;在审美趣味上,从彻底的文人化,到平民趣味的浸染、渗透,最终又复归为彻底的义人化。在其抽象的意义上,正是明清时期中国历史文化发展历程的缩影和象征。

南洪北孔以后,清廷大兴文字狱和设局修改词曲,致使文人的昆曲剧本创作相对寂寞。扬州的昆曲艺人只好在传统传奇中抽出折子戏精品来,进行精雕细琢。但

---

[1]《江苏戏曲志·扬州卷》423页误为"嘉靖六年(1527)"。
[2] 赵国璋主编《江苏艺文志》,江苏人民出版社,1995年1月,页869。

在折子戏盛行的时候,演员们从未冷落过全本戏。既有传统剧目的增衍,又有对传统剧目的改编。"折子戏求精,全本戏求新"。前者有《红犁记·醉皂》、《儿孙福·势僧》、《绣襦记·教歌》、《孽海记·下凡》、《借靴》、《拾金》等,在《扬昆探微录》中已有论及;后者则为本书所要介绍的。

在昆曲艺人亲自参与改编的全本戏中,陈嘉言父女改编的《雷峰塔》和无名氏据曹寅《表忠记》改编的《铁冠图》,是扬州昆曲对整个昆曲影响很大的两出戏。但,整个扬州昆曲中最值得一提的,还是《雷峰塔》。因为整个乾隆朝最受欢迎的,是由老徐班名丑陈嘉言父女参与写定的梨园抄本《雷峰塔》。

陈嘉言(生卒年不详),乾隆年间老徐班三面,善于插科打诨,表演风趣诙谐,颇能吸引观众。在三面中最有名。李斗评他:"一出'鬼门',令人大笑。"[1]后与二面钱配林合入洪班。程班与郭耀宗齐名的三面周君美,就是他的女婿,尽得其传。

(一)《雷峰塔》

《雷峰塔》又名《义妖记》、《白蛇传》,是我国流行的民间传说在舞台上最盛演的一个。我国民间传说中最流行的故事,有孟姜女、天河配、梁山伯与祝英台、雷峰塔等等,但在昆剧舞台上盛演的只是《雷峰塔》。

白蛇的故事产生于民间,最早见于唐代志怪小说《博物志·李黄》,在宋代已经流行。唐代的《李黄》,虽然白蛇所幻变的美女"素裙粲然,凝质皎若,辞气闲雅,神仙不殊",但李黄与之交欢就"身渐消尽";宋元话本《西湖三塔记》,由白蛇变化的白衣妇人虽然也"生得如花似玉",但奚宣赞与之交欢半个多月就"面黄肌瘦"。当白衣妇人找到新人之后,作为旧人的奚宣赞还要面临被挖去心肝的命运。这都是"情欲可以亡身"的暗示,要"灭人欲"以"存天理"。而到了明代《白娘子永镇雷峰塔》话本,则受泰州学派"肯定人欲,反对天理"的影响,白娘子"不想遇着许宣,春心荡漾,按纳不住,一时冒犯天条,却不曾杀生害命",她具有女性的正常欲望,而绝无害人之心!这追求爱情、追求和谐美满的夫妻生活,得到了肯定。

第一个把它搬上舞台的是明代的陈六龙,剧本已失传。蕉窗居士黄图珌的《雷峰塔》传奇,脱稿于清乾隆三年(1738),是于今可见的最早的白蛇故事戏曲创作。该剧比话本更多地渲染了白娘子对情爱的执著追求和温柔多情的性格,以及许对

---

[1] "鬼门"是上场门,因为"齣"简化为"出",所以有人误以为这里的"鬼门"是"一齣"(戏)了。

白的多情的难忘，从而最大限度地削弱了白的妖气；只是全剧囿于话本情节，而且一如既往地以除妖为主旨，甚至强化了话本原有的色空观念。全剧以《慈音》开端，以《塔圆》结尾，这一结构象征着白、许姻缘的悲剧结局早由天定，即使一再反抗，也回天乏术，仍是传统宗教剧命定模式的演化。黄图珌还虚构了许宣在法海的感召下，看破红尘，皈依佛祖，功成升天的结局。由于剧本的宗教观念不符合民间审美趣味，因此，从黄本《雪峰塔》搬演后，就有"好事者续白娘生子得第一节"，"悦观听之耳目，盛行吴越，直达燕赵"。这种增添的演出本，留传下来便称为"梨园抄本"。经过艺人三四十年不断创造，到乾隆时，和黄图珌本的差异越来越大，故事情节已达到了一个质的飞跃。现存的梨园旧抄本凡三十八出，相传为清乾隆时昆腔老徐班名丑陈嘉言父女写定。[1]他们父女尽量使白娘子"人化"，尽量增强戏剧性，尽量使曲文通俗化。方成培反而说它太通俗了，可是方改本未见流传，梨园本却从此定型。

值得肯定的是，抄本已删去了黄本的《回湖》、《彰报》、《忏悔》、《赦回》、《捉蛇》，而博采民间传说，增饰了白娘子端午节饮雄黄酒现形，许宣惊绝（《端阳》），白娘子登嵩山盗仙草（《求草》），救活许宣（《救仙》）；白娘子与法海斗法，水漫金山寺（《水斗》）；白、许相遇西湖断桥，偕归许宣姐夫李仁家（《断桥》），生子许士麟，并与许宣姐姐之女定婚（《指腹》）；许士麟得中状元，祭塔完姻（《祭塔》）；白娘子镇塔下二十余载，终为天帝赦免，青蛇亦得赦，因接引至忉利天宫（《佛圆》）等情节。抄本充分地描绘了白娘子对许宣爱情的忠贞和对法海的斗争精神，特别是突出了她不屈服于命运的顽强斗志、执著于幸福的爱情理想的追求精神和感情深挚的自我牺牲精神，终于使这本戏获得了持久的生命力。

抄本《雷峰塔》，虽然仍把白娘子与以法海为代表的神权力量的冲突列为戏剧的主要冲突：白娘子与许宣追求婚姻幸福，被坚持仙规佛法的法海视为"妖邪"、"异端"，横加破坏，残酷镇压。但是它赋予白娘子形象以鲜明的人的感情、性格、意志和行为动机，赋予神妖冲突的外部结构以人们为了追求幸福和理想同一系列政权的和神权的封建正统力量作殊死斗争的思想内蕴，使神妖冲突深化为人情与世法、人情与佛理的冲突。

---

[1] 见杜颖陶《雷峰塔传奇的作者》，引录陈金雀校订《断桥》一折曲谱跋语云："陈嘉言父女二人所编《雷峰塔》、《三笑姻缘》二本传奇，与扬州江班演唱，所得修金，以制妆奁嫁女，其婿亦是江班好老，小丑周君美是也"。按，李斗《扬州画防录》卷五，记徐班诸伶时云："三面以陈嘉言为最，一出鬼门，令人大笑。后与配林（按，即徐班演二面者，姓钱）同入洪班。"陈金雀为嘉、道时伶工，其言必有所据。

因为白娘子通体浸透着深挚的情感，普通百姓的同情总是毫无保留地倾注在白娘子身上。这种情感，既是个人的真心真情，又闪烁着理想的道德光芒，是人们极为珍惜或极为向往的情感，是人们极愿保持或极愿获取的情感。

《端阳》是全剧起承转合的重点，白娘子因多情而经不起许宣的再三苦劝，强饮了雄黄酒，终于现出了原形，吓死了许宣。有了端阳饮酒这一突变，才会产生《求草》的斗争。故方成培赞曰："琐处传神，俚处见雅，此白氏多情吃苦之始微也。"《求草》一出，写白娘子为了救活自己挚爱的人，可以冒着生命危险去仙山盗草。这充分说明了白娘子对许宣爱情的忠贞，法海干涉破坏其婚姻的毫无理由。由于白娘子的自我牺牲精神，才使她敢于和嵩山诸仙对她求仙草的阻挠展开顽强的战斗。正由于白娘子求草的胜利，救活了许宣。才使得法海不能容忍，除继续欺骗恐吓许宣外更直接软禁许宣，不让他回家。《水斗》一出，白娘子为了夺回爱情和幸福，不顾可能毁灭自己的威胁，毅然投入金山的战斗。白娘子的顽强斗志和自我牺牲精神，深深地打动了观众。白娘子对理想生活的向往和追求，已达到忘我、献身的高度，虽九死犹未悔。直到金山惨败，逃亡到西湖断桥上，在危难之际，仍然对心爱的人一片痴情，未能忘情于许仙。凡此种种，都是原来的剧本中所没有而抄本却极力铺张淋漓，描摹白娘子的深情与厚意，讴歌白娘子的刚强与柔情，这怎能不赢得历代观众一掬同情之泪呢? 最后虽仍以白娘子的失败而告终，但其悲剧冲突的深刻性和独特性，却光照千古剧坛，征服了一代又一代的广大观众。它的故事情节在偌大的中国，真正是家喻户晓，妇孺皆知，可以说是继《桃花扇》、《长生殿》之后，在戏曲史上占有重要地位的一部作品。此剧最终给白娘子以得子、受封、升天的厚报，这样的结局虽然仍罩着皈依正果的宗教面纱，但却已无法遮掩全剧丰满的现实意义了。而这，不能不归功于广大的民间艺人的创造。故而扬州昆曲对整个昆曲界最有影响的两出大戏，是陈嘉言父女对《雷峰塔》的改编和《铁冠图》对曹寅《表忠记》的渐次吸收。

附: 焦循《据说》载《三笑姻缘》资料:

山阴孟称舜，字子若。其《柳枝集》有《花前一笑》杂剧，即唐伯虎遇侍婢事。卓珂月本其事作《(唐伯虎千金) 花舫缘》(有《盛明杂剧》本)，改华为沈，改秋香为申慵来。《古夫于亭杂录》又谓: 系江阴吉道人，非伯虎; 秋香乃上海大家，非吴兴华学士。《桐下听然》云:"华学士鸿山,尝舣舟吴门,见邻舟一人,独设酒一壶,斟以巨觥,科头(没有戴冠或头巾)向之极骂。既而奋袂(感情激动地把袖子一甩)举箸,作欲吸之状,辄攒眉(紧蹙双眉)置之,狂叫拍案。因中酒欲饮不能故也。鸿山注目良久,曰:'此必名士。'询之,乃唐解元子畏。喜甚,肃衣冠往谒,子畏科头相对,谈谑方洽,学士浮白属之,不觉尽一箸,因大笑极欢。日暮,复大醉矣。当谈笑之际,华有小姬隔帘窥之,子畏作《娇女篇》贻鸿山,鸿山作《中酒歌》答之,后人遂有'佣书配秋香'之诬;小说传奇,竟成佳话。"

《茶余客话》云:"杂剧中唐解元《三笑姻缘》故事,王阮亭尝辨为江阴吉道人,非伯虎。吉父为御史,以建言谴谪。道人于洞庭遇异人,得幻术。游虎邱时,有兄丧,上袭麻衣,内著紫绫裈。适上海某携宅眷游山,有小婵秋香见吉衣紫,笑而顾。吉以为悦己,变姓投为仆。久之,竟得婵为室。一日遁去。某知为吉,认为翁婿。"

卓珂月《花舫缘》、《春波影》二剧序云:"友人有《唐解元》杂剧,易奴为佣书,易婵为养女,余以为反失英雄本色,戏为改正。野君见猎心喜,遂作《小青》杂剧以见'幸不幸事,天地悬隔若此'!"[1]

上述资料将《三笑姻缘》的历史真相和前后演变的情况说得清清楚楚:故事虽然是虚构的,但在民间却流行甚广。而陈嘉言父女二人又敷衍为《三笑缘》,全剧自《游山》、《追舟》至《点香》、《做亲》计十七折。苏州市戏曲研究室藏有抄本。

(二)《铁冠图》

拙著《扬昆探微录》第四章介绍了扬州有两出对整个昆曲影响很大的戏:一是曹寅的《表忠记》传奇,一是老徐班名丑陈嘉言父女的《雷峰塔》传奇。其实,这两出戏都是艺人们的功劳。

在曹寅《表忠记》(《虎口余生》)之前,即有无名氏作《铁冠图》,自清初以来颇为盛行。据《曲海总目提要》卷33介绍,其剧情为:"一、从崇祯帝召见诸大臣措置军饷写起,包含李自成攻宁武关,总兵周遇吉力战死;二、铁冠道人张净,留下三幅画图,由白猿传语库神,现形引帝至库内视图;三、崇祯帝撞钟,无一人应,入煤

---

[1]《中国古典戏曲论著集成》(八),中国戏剧出版社,1960年1月,页128—129。

山自缢;四、起义军入京,李岩搜宫,得韩宫人,后被韩刺死;五、吴三桂迎清兵,李自成败亡等情节,六、末以铁冠道人与刘基阐述三幅画图之意作结。"拙著《扬昆探微录》曾指出此剧史实不符之处。曹寅的《表忠记》问世以后,艺人们在演出《铁冠图》的过程中,渐次吸收《表忠记》中关目内容,而标名《铁冠图》始终不变。近代演出有《探山》、《营哄》、《大战》、《借饷》、《对刀》、《步战》、《拜恳》、《别母》、《乱箭》、《守门》、《杀监》、《撞钟》、《分宫》、《煤山》、《归位》、《刺虎》、《夜乐》诸出。其中只有《撞钟》是《铁冠图》的原有出目。

这种将同题材的戏捏合到一起的方法,是艺人的拿手杰作。曹寅的《表忠记》(《虎口余生》),就是这样和无名氏的《铁冠图》捏合到一起的。类似的剧目还有《烂柯山》[1]、《慈悲愿》等。

1978年下半年,我受扬州市业余昆曲研究组组长张鑫基先生之托,到上海拜望赵景深老师。时赵景深老师大腿跌伤,在家休养。曾对我讲到《铁冠图》与《表忠记》有两大不同点:

1.《铁冠图》有铁冠图神话,《表忠记》无;

2.《铁冠图》的重要人物是李国桢,《表忠记》的重要人物是边大绶(见前述八大段之一)。

在《表忠记》中,李国桢极不重要,而是力写孙过庭战绩(见前述八大段之二)、蔡懋德死节(见前述八大段之三)、李远寿纳款(见前述八大段之四)。

由于历代艺人不断创造和革新,《表忠记》的唱念安排、表演设计,乃至剧本结构都日臻完善。如《对刀》和《步战》,很合乎武生表演的规格,昆剧和京剧科班一直作为开蒙戏;《别母》和《乱箭》,唱做念打俱全,而且有不少精彩的高难度的动作,往往成为"靠把武生"的看家剧目;费贞娥《刺虎》则是"三刺"之一。

李调元《剧话》下卷曰:"《铁冠图》剧见《宋景濂集·张中传》:'中字景善,抚之临川人。举进士不第,遇异人授以太极数学。帝下豫章时,因邓愈荐,遣使召问。后言事往往奇中。尝戴铁冠,人因号"铁冠子"。'按《杂说》云:'明祖谕道人:"汝能先知。试言我国事,直述无讳。"道人口诵数十语,其后多验,即剧所谓《铁冠图》也。'"[2]

---

[1]见拙著《扬昆探微录》第三章第二节"演员的擅长剧目"中的"《风雪渔樵记》",中国戏剧出版社,2004年10月,页115。
[2]《中国古典戏曲论著集成》(八),中国戏剧出版社,1960年1月,页64。

（三）《三凤缘》

另外，乾嘉之际，扬州地区的昆曲班社还从著名曲家作品中选取符合梨园标准的剧目进行加工。例如，将李渔的《凰求凤》改编成《三凤缘》。[1]李渔的《凰求凤》已经化腐朽为神奇，将传奇中一夫多妻的陈腐熟套，来了个反其道而行之，写三女（许仙涛、曹婉淑、乔梦兰）争夺一男（南京吕曜）。李渔挖空心思地把三女分为对立的两方，相互勾心斗角地追求吕曜。而梨园改本则"新奇加熟套"：要新奇，更要热闹；求脱套，不废熟套。谈热闹，《三凤缘》第一出〈种因〉，一开头副末登场，出场脚色就有十四名之多，一上来就是一场热闹大戏。谈熟套，《三凤缘》把李渔原著改删压缩为上半本，下半本则从乔梦兰允文允武受到启发，加强吴月娥（乔梦兰的改名）的戏：女扮男装，中武状元，挂帅出征，皇后代为卸甲，被封为公主等等。

（四）《琵琶记》

经过折子戏盛行以后演出的全本戏，往往是"借全本戏之名，展示折子戏之实"。在折子戏盛行之前，《琵琶记》有四十二出之多（以《六十种曲》为准）；经过折子戏盛行以后只有"江湖十八出"：《称庆》、《规奴》、《嘱别》、《南浦》、《训女》、《镜叹》、《嗟儿》、《辞朝》、《请郎》、《花烛》、《吃饭》、《噎糠》、《赏荷》、《思乡》、《盘夫》、《遗嘱》、《贤遘》、《书馆》。

（五）《精忠记》

折子戏盛行以后的《精忠记》，并没有一出真正是姚慕良《精忠记》里的，而是将《如是观》的交印、刺字、草地、败金四出，和元杂剧孔文卿《东窗事犯》的第二折——《扫秦》连演，中间加了一出艺人模仿《鸣凤记·写本》而作的《秦本》，叙秦桧闻韩世忠等五十三人为岳飞被害抱不平，恐不利于己，连夜灯下修本，欲将此五十三人尽皆杀害，不料下笔时被岳飞阴魂在背上猛击一锤，惊呼"岳爷爷饶命"。王氏闻之，劝秦桧明日往灵隐寺修斋荐度丘飞父了。这显然是为适应观众的心理，既见岳飞忠勇，又写奸相的下场。但净扮的秦桧，出场时唱的【出队子】却是从《精忠记》第二十八出《诛心》借过来的。然而，在唱词中却将《东窗事犯》秦桧的"大贤妻"王氏，服从《精忠记》，改为"长舌妇"——"当初不信大贤妻，他曾苦苦地劝

---

[1]金兆燕《棕亭诗抄》卷十一"《三凤缘》题词十首"。

129

你"，改为"当初错听大贤妻，他曾屡屡地诱你"，使之统一。就全本戏的结构而言，自然是支离破碎，来源不一，但又自成主题，不乏精彩。正如前面所说，这种将同题材的戏捏合到一起的方法，是艺人之杰作。

四、名优各擅其行

乾隆朝昆曲在扬州的兴盛，出现了一代胜一代的名优。折子戏的盛行，促使了脚色分工细密，形成了众多的各有千秋的表演流派。

"脚色"之谓，犹今之履历。宋末参选者，即具脚色状，有并非蔡京、童贯亲戚字样。[1]后借指演员所演剧中人之类型。

原先以苏州为中心向外扩展蔓延的昆曲，是以昆山腔演唱的南戏，所以，在其形成之初，脚色的分工仍因袭南戏旧制，分为生、旦、净、末、丑、外、贴七类。以唱工为重的生、旦，例扮主要人物。

到了万历年间，"则有正生、贴生（或小生）、正旦、贴旦、老旦、小旦、外、末、净、丑（即中净）、小丑（即小净），共十二人，或十一人，与古小异"[2]。其中，老旦、小旦、贴旦，已经从单一的"旦"中独立出来，发展为四种脚色。小生与小旦虽已作为生旦之副脚正式形成，但没有进一步分工。李渔在顺治初第一次居住杭州时所写的《风筝误》中，就有今人看来不能理解的脚色安排——年轻的主角韩世勋由"生"（正生）扮演，而抚养他成人的戚补臣，却由"小生"扮演；女主角詹淑娟由"旦"（正旦）扮演，而其母却由"小旦"扮演。其他脚色，不仅扮演次要人物，还要跑龙套，扮零碎，"一赶几角"。如老旦扮军士喽罗，小旦扮探子，甚至由于人不够用，来不及改装而翻不过来，出现不近情理的情节。昆山腔江湖班社普遍风行起来以后，单凭演唱已不足以满足广大社会观众的需要，于是在"做工"上有所发展，出现了《扬州画舫录》卷五中提到的"江湖十二色"：

> 梨园以副末开场，为领班。副末以下老生、正生、老外、大面、二面、三面七人，谓之男脚色。老旦、正旦、小旦、贴旦四人，谓之女脚色。打诨一人，谓之"杂"。此江湖十二色，元院本旧制也。[3]

---

[1] [清] 梁绍壬《两般秋雨庵随笔》，上海古籍出版社，1982年12月，页369。

[2] [明] 王骥德《曲律·论部色》，《中国古典戏曲论著集成》（四），中国戏剧出版社，1959年8月，页143。

[3] [清] 李斗《扬州画舫录》，中华书局，1960年4月，页122。

李斗说这是"元院本旧制"，当然是错误的。凡是研究戏曲史的人，一眼就可以看出来。因为在元杂剧中，男角色称"末"不称"生"。

严格地说，以唱工为重的生、旦仍居首要地位，其他都是杂色，在一本戏中需要分扮许多不同身份的人物。这样，除了生、旦两门，其他脚色的演技是不容易形成一套特有的、完整的体系的。比如净丑，在一本数十出的传奇里，可能有这么几出以净丑为主体的戏，但其作用无非是调剂冷热或衔接情节。尽管有时碰到一位天才演员把它演得精彩纷呈，观众也喜爱，但在全本戏里，它要受到情节发展的限制，不能喧宾夺主。等到折子戏兴起以后，情势大变，一些被观众喜爱的精彩片段，顿时茁壮成长起来。其他十行脚色，就和生、旦形成了分庭抗礼的局面。每行脚色都有自己的本工戏。由于演员艺术水平的高低不一，在观众中影响的大小也就各不相同，这就很自然地出现了劳动报酬上的差异（见《扬州画舫录》卷五）。而扬州盐商所畜养的家乐，都是七两三钱的脚色。且人数之多，有名姓可考者至百数十人。正是由于内班中有了这样多的优秀脚色，不仅江湖十二色色色具备，而且在各行脚色中，都不止一个著名的优秀演员。于是，演员进一步分工，促进了表演艺术之发展。因为只有在积累了塑造不同类型人物的专业技巧以后，角色分工才得到了全面的发展。如果以"江湖十二色"所载之名目，与该书同卷接着所记的各内班演员的脚色分工加以对照，就可以发现两者之间略有出入。这就说明"江湖十二色"有落后于当时实际的情况，只能说是明末清初江湖班社的角色分行情况；而这时扬州的昆曲艺人在脚色分行上已有所发展。现根据《扬州画舫录》介绍几位在各自行当中颇为杰出的昆曲艺人。

周德敷（生卒年不详），乾隆年间老徐班大面。

传统中"净"与"丑"，名异实同，表演上都是插科打诨，滑稽调弄。在昆山腔中，属于净扮的人物类型扩大了，开始出现正剧性的反面人物。明中叶以来，正剧性的反面人物在演出中越来越重要，同时出现正面英雄人物。这在昆山腔的表演以唱为主的阶段，矛盾还不十分明显。到了明末，昆山腔江湖班社大量出现，单凭演唱已不能满足广大社会观众的需要。于是，净、丑的表演摆脱了单纯的插科打诨，进一步以创造形象为主，唱念做舞平衡发展，大量出现贯串全剧的净扮与丑扮的人物。如《浣纱记》中吴王和伯嚭、《鸣凤记》中的严嵩和赵文华。这样，净脚的分化就不可避免了。开始突破了南戏净、丑的滑稽表演，先发展为：净、丑（中净）、小丑（小净），到了清初就在昆山腔原有的净丑基础上，形成了大面（仍谓之"净"、或"正净"、"大净"）、二面（谓之"副净"或简称为"副"）、三面（又谓之"丑"或"小丑")之分。

这时，大面的表演已不是着重于滑稽调弄了。既能扮演正面形象，也能扮演反面形象。又分为红、黑面和白面。红面继续扮演《刀会》的关羽、黑面继续扮演《嫁妹》的钟馗、《千金记》的项羽之类的角色。周德敷就善于掌握大面角色的声音气局，塑造不同人物的形象，表现人物个性特征。以红黑面的笑、叫、跳擅场。笑如《宵光剑》中的铁勒奴，叫如《千金记》中的楚霸王，跳如《西川图》中的张将军，都演得很出色。

而同为老徐班大面的**马文观**（字务功），通常扮演权奸一类人物（后来称为"相貂白面"），如《鸣凤记》之严嵩、《连环记》之董卓、《红梅记》之贾似道、《桃花扇》之马士英等等；也扮演阴险恶毒的土豪劣绅（后来称为"褶子白面"），如《翡翠园》之麻参军、《寻亲记》之张敏、《鲛绡记》之刘君玉、《荆钗记》之孙汝权等；扮演地位低微的（后来称为"邋遢白面"），如《罗梦》之罗和、《十五贯》之尤葫芦、《绣襦记·教歌》之扬州阿二等等。马文观演的白面很有特色，以"河套"、"参相"诸出擅场。李斗评论说："白面之难，声音气局，必极其胜。沉雄之气寓于嬉笑怒骂者，均于粉光中透出。……务功兼工副净（以《河套》、《参相》、《游殿》、《议剑》诸出擅场），能合大面、二面为一气，此所以白面擅场也。"[1]可是，马文观的徒弟、江班的大面王炳文，说白身段酷似乃师，而声音不宏。因为他谨守务功白面诸剧，而不兼副净，故凡马文务功之戏，炳文效之，其神化处尚未能尽，不能达到马文观的境界。

现在的昆剧团中，往往副、丑兼演，其实副、丑是有区分的。"丑"或"小丑"又谓之三面，是扮演诙谐人物的脚色；而副则一般扮演《燕子笺·狗洞》中的鲜于佶、《连环记》中的曹操之类的反面人物。李斗评论说：（其）"气局亚于大面，温暾近于小面，忠义处如正生，卑小处如副末，至乎其极。"[2]二面的脸谱，也介于大面中的白面和三面之间，即把丑脚眉眼间的白斑勾过眼梢；但又不同于白面扩大到整个脸部。这从《连环记》中可以看得很清楚：曹操是二面（副净），董卓是白面。二面"又服妇人衣，作花脚丫头，与女脚色争胜"。如江班的二面**沈东标**，擅演《琵琶记》的蔡婆，李斗评论说："即起高东嘉[3]于地下，亦当含毫邈然。"张班三面**顾天祥**，在《金锁记·羊肚》中饰张驴儿母，中毒而死前有痛苦而蛇行的特殊表演身段；在《雁翎

---

[1] [清]李斗《扬州画舫录》，中华书局，1964年1月，页123。
[2] 大面即正净，如《连环记》中的董卓；小面即小丑，又称三面；这里的"正生"已改叫老生。
[3]《琵琶记》作者高则诚。

甲·盗甲》中饰时迁，以轻功表演蝎子的动作。两剧均属于所谓的"五毒戏"。

在《扬州画舫录》"江湖十二色"中"生"行，只分"老生"和"正生"两种；而在同书所载老徐班及其他多数班社中，均只有"小生"，而无"正生"，唯程班载有"正生石涌塘"。而其所擅长的剧目，却为《狮吼记》"梳妆"、"跪池"中的小生陈季常；与朱冶东演起来，"风流绝世"。且其师承关系，乃学老徐班著名小生"陈云九风月一派"。再则，昆曲剧目多以才子佳人为主，扮演才子佳人的小生与小旦在艺术上成就最为突出。《长生殿》中的唐明皇，就年龄和身份而论，应为"正生"扮演，但因为他是一代风流皇帝，却仍由小生扮演。这时，正生已改叫老生，和正旦专门扮演庄重的中年人物；而小生和小旦则扮演风流潇洒的青年男女。前者重唱，后者唱做并重。

在《扬州画舫录》的记载中，老徐班就有多位各擅其行的名优。**山昆璧**，老生，身长七尺，声如铸钟，演《鸣凤记》"写本"一出，观者目为天神。**陈云九**，小生，年九十演《惊鸿记》"学士醉挥"一出，风流横溢，化工之技。前者演的是正生（老生）的"五毒"（正场）戏，在唱、说、做三项中突出了"声如铸钟"，后者（小生）则突出了"化工之技"。"声如铸钟"，便于发挥"唱"的技术；"化工之技"则不能不包括做舞和念白在内。当然，两者在人物类型上也有不同的扮演技巧：前者的气势要"目为天神"，后者要"风流横溢"。

在小旦这一行当中，也有了区分。**许天福**，乾隆年间汪府班老旦出身。入老徐班后，领班余维琛劝其改作小旦。在扮演《义侠记·杀嫂》中的潘金莲、《水浒记·杀惜》中的阎婆惜、《翠屏山·杀山》中的潘巧云、《一捧雪·刺汤》中的雪艳娘、《渔家乐·刺梁》中的邬飞霞、《铁冠图·刺虎》中的费贞娥时，增加摔打跌扑等技巧，"世无其比"，开刺杀旦之先河。而江班的小旦**周仲莲**，则擅演《天门阵》"产子"、《翡翠园》"盗令牌"，《蝴蝶梦》"劈棺"，应视为武小旦。洪班的小旦**范三观**，兼工小儿戏，如《跃鲤记》中的安安小官人之类，啼笑皆有可怜之态，应视为娃娃生。

董寿龄，乾隆年间江班的旦脚，擅演丫环戏，演"所谓倩婢、鬆婢、逸婢、快婢、疏婢、通婢、秀婢，无态不呈"。剧目既多，性格各异，舞台形象，精彩纷呈，当属贴旦（近代又称"六旦"）。从《扬州画舫录》对董寿龄的有关记载中，我们可以看到脚色分工的细密，以及后来花旦行当形成的端倪。

由于扬州盐商所蓄养的家乐，都是七两三钱的优秀脚色，所以促进了表演艺术之发展。不论生旦净丑，各行脚色都在折子戏表演中尽量发挥本家门在塑造人物形象上的特长，出现了不同的艺术流派。有派就有竞赛，对剧艺都起促进作用。例如上面提到的马文观和周德敷，他们同为徐班的大面，而且徐班的大面也不止一个著名的优秀演员，他们不能不从自己的艺术前途考虑，开辟各自的戏路：周德敷"以红黑面的笑、叫、跳擅场"；而马文观则"兼工副净，合大面、二面为一气，擅演白面"。江班的大面范松年，是周德敷的徒弟，"尽得其叫跳之技"，但他又发展创造出啸技。还有前面提到的老徐班著名小生陈云九，风月一派。有徒石涌塘（程班正生），"风流绝世"。擅长剧目：《狮吼记·梳妆、跪池》中的小生陈季常。而同是老徐班小生董美臣，虽然亚于云九，授的徒弟张维尚，曾赴北京演出，人称为"状元小生"。再如张班的老生程元凯，为朱文元高弟子。《鸣凤记》"写本"诸剧，得其真传。

金德辉（生卒年不详），名已佚，以字行，乾隆年间长州（今苏州）人。工小旦（五旦），先后入扬州老洪班和老江班，受洪班名旦余绍美之熏冶很深。早年曾从苏州戏曲音乐家叶堂（广平）的嫡传大弟子纽匪石（树玉）学书法，后知钮精于戏曲，弃业三年，从钮习曲，声名大起。技艺宗"叶广平唱口"，李斗又称他为"金德辉唱口"。他以演《牡丹亭·寻梦》和《疗妒羹·题曲》出名，能够细致入微地表演出杜丽娘和冯小青缠绵悱恻、凄楚哀怨的感情，李斗誉其演此两剧的意境如"春蚕欲死"。尤其是"寻梦"，人称金派唱口，风靡一时。沈起凤称此剧"冷艳处别饶一种哀艳"。乾隆四十九年（1784），高宗第六次南巡，他为扬州盐商出谋划策，以重金聘请江都（今扬州）、苏州、杭州等地的昆曲著名演员和场面，组成一班为高宗演出，得到嘉奖。事后此班不散，称"集秀班"。曾入清廷供奉，往来于苏州、扬州一带演出，成为"苏班之最著者"（《燕南小谱》）。此班至道光七年（1872）才解散，在剧坛上活动达半个世纪。他本人则在道光初年逝世，享年八十余岁。弟子名双鸾，能约略传其声。

实践出经验，长期的实践不仅确保了戏剧艺术的质量，而且也确保了演员的舞台生命。从《扬州画舫录》等一系列的有关记载中，我们可以看出当时重艺不重色，老艺人年龄大艺不老。如前面提到的陈云九，再如徐班老生朱文元，技艺精湛，就因为"年未五十，故无所表现。至洪班则声名鹊起，班中人称为戏忠臣"；徐班马继美，"年九十为小旦，如十五六处子"；黄班三面顾天一，以武大郎擅场，年八十余，演《鸣凤记》报官，腰脚如二十许人；张班老外张国相，工于小戏，如《西楼记》中"拆书"的周旺，《西厢记》中"惠明寄书"的法本最拿手，"近年八十余，犹演'宗泽交印'，神光不衰"；徐班老生朱文元，技艺精湛，就因为"年未五十，故无所表现；至洪班则声名鹊起，班中人称为戏忠臣"。

正由于扬州昆曲有这样的阵容条件，才使演员进一步分工成为可能，而且在各行脚色中，都出现了不止一个著名的优秀演员，为各行表演艺术积累了丰富而有深厚的表演技巧和不同风格等艺术传统，逐步形成了各派、各个行当的独特的拿手剧目。这对促进戏曲艺术的发展，产生了极为深远的影响。

当然，继承流派的意义，决不是消极的模仿，而是要在各自条件的基础上传承发扬。如吴仲熙、吴端怡二人，同拜正旦任瑞珍为师，却各从自己条件的基础上传承其不同之处：

任瑞珍（生卒年不详），乾隆年间老徐班正旦，擅演悲苦戏。史菊观死后，艺臻化境。诗人张朴存尝云："每一见瑞珍，令我整年不敢作'泣'字韵诗。"演《白兔记·磨房产子》别具做工。

吴仲熙（生卒年不详），乾隆年间老徐班正旦。小名南观，拜正旦任瑞珍为师，从自己条件的基础上传承，"声入霄汉，得其师任瑞珍激烈处"。后入程班。

吴端怡（生卒年不详），乾隆年间老徐班正旦。拜正旦任瑞珍为师，"态度幽闲，得其师任瑞珍文静处"。扮演《人兽关·掘藏》中之尤氏，被李斗誉为："端怡之外无人矣。"后入张班，继入江班。

而马文观的徒弟王炳文，"谨守务功白面诸出，而不兼副净"，故凡马务功之戏，炳文效之，仅仅是"说白身段酷似马文观"而已，"其神化处尚未能尽。"范松年是周德敷的徒弟，"尽得其叫跳之技"，且又发展创造出很有特色的啸技，故有"周德敷再世之目"。而范的徒弟奚松年（洪班大面），没有发展创造，仅仅是"声音甚宏，而体段不及"。

大批名艺人涌进扬州，而由艺人根据群众的需要，选择并不断有所改动和丰富的折子戏，将戏剧演出推向高潮。从《佚存曲谱》中《胭脂虎》钞本看，当时演出的排场极大，演《开宗》需四十二人同台：胭脂虎、罗刹女、韦驮、惠岸、四金刚、八禅师、十八罗汉、四沙弥、善才、龙女、观音、伏虎尊者。一出戏有这么多人上场，实属空前。如果不是大的家班，无法上演。当时演唱昆曲的盛况，于此可见一斑。《采风》前后出场角色四十三人，即可赶妆，亦需不少演员。这些梨园台本均系当时实录，若非乾隆盛世，恐决无此排场。

第六章　乾嘉年间的舞台艺术

一、概　述

　　乾隆时期，曲坛之盛，除北京之外，首推扬州。扬州是当时南方的戏曲中心，花雅并奏，十分热闹。据李斗《扬州画舫录》记载，为了恭迎乾隆六次南巡，三十位大盐商（"商总"）在扬州北郊——高桥到凤凰桥两里长的草河（时宽一丈五尺，今称"漕河"）两岸上，"分工派段，恭设香亭，奏乐演戏，迎銮于此"。他们不惜耗费巨资，蓄养阵容庞大、行当齐全的"七大内班"。苏州脚色优劣，以戏钱多寡为差，有七两三钱、六两四钱、五两二钱、四两八钱、三两六钱之分。而内班脚色皆七两三钱，且人数之多，有名姓可考者至百数十人。不仅江湖十二色，色色具备，而且在各行脚色中，都不止一个著名的优秀演员。各班演员可以流动，互相串班，在艺术上起到交流、竞争的作用。一言以蔽之，集中在扬州内班里的昆腔艺人，都是昆曲界的精英，在艺术上有较高的水平。

　　这时，由于清廷大兴文字狱、在扬州设局修改词曲等等原因，剧本创作显然寂寞得多。扬州的昆曲艺人只好一方面发扬善取各家之长化而用之的长处，将康、乾间兴起的花部中地方风味浓郁、错用乡语以针砭时弊的喜剧，连剧目带腔调整个地搬来，在腔格、板式方面加以梳理（《缀白裘》收三十余种五十余出，《纳书楹曲谱》收二十三出），使昆剧向雅俗共赏大大地推进了一步；一方面在家喻户晓的传统剧目里,利用明末清初产生的折子戏的演出形式找出路:把全本传奇中按生、旦、净、末、丑各个大行当中分出的家门,在唱、念、做、打"四功五法"上有独到之处,可以独立演出的某些片段抽出来,在腔调、演唱和身段方面进行精雕细琢,使之组成一台戏,或联折演出,逐步形成独特的折子戏的表演艺术体系。

在《扬州画舫录》中,李斗所提到的昆剧剧目有两处,一在卷五,一在卷九。卷五第19—41、53—54条,是内班演员的擅长剧目,标明是全本的只有四个;没有直接标明全本的有十二个(其中《罗梦》系由弦索调移植的),另有一个只标了剧中人物的名字。标明是折子戏的,却有四十四出,占总数的百分之七十二强。

卷九第49条中,李斗所提到的女子职业昆班双清班擅演剧目,只标传奇中的人物有五个,《琵琶记》和《牡丹亭》与内班相同;标明是折子戏的有八出,除《寻梦》与内班相同外,均可见女子职业昆班的特色。

在《扬州画舫录》一书中,当时扬州郡城昆曲班社的演员所擅长的剧目,标明是全本和没有标明是折子戏的有二十个,直接标明是折子戏的有五十一出(约占总数的百分之七十二)。再加上原为郑振铎收藏的、乾隆第二次南巡(1757)时扬州所进呈的演剧档案中扬州太平班演出的十八出昆曲台本,剔除相同的《堆花》和《请郎》、《花烛》外,折子戏竟有六十六出之多,占总数近百分之八十。

另据与《扬州画舫录》同时(1795)成书的《消寒新咏》,"集秀扬部"在京演出的七十九个剧目已经全部是折子戏。

《审音鉴古录》所选六十六出单出剧目,绝大多数是南戏及明清传奇(截至《长生殿》)名著中的精品。

《佚存曲谱》初集上下两卷,计收开场戏四个、全本一个、折子戏(包括身段谱)十五出。

从上述剧目中,可以看出乾隆时期扬昆表演艺术之走向,以下几点值得注意:

1.昆曲折子戏之定型

在当时剧本创作相对显然寂寞的情况下,扬州的昆曲艺人在家喻户晓的传统剧目里,把全本传奇中的折子戏精品抽出来,进行精雕细琢。

所谓"折子戏"是相对于"全本戏"而言的。在中国戏曲史上,它象征了表演艺术的日益精湛,与脚色分工的日益明确。诚如周传瑛所说:"折子戏在剧中是一个专有名词,不是一部剧作分多少出(折)就有多少个折子戏;它指的是一部剧作里按生、旦、净、末、丑各个家门在唱、念、做、打'四功五法'上有独到之处,从而可以独立演出的某些片段。"所以,《长生殿》虽多达五十出,但折子戏只有《定情》、《絮阁》、《密誓》、《惊变》、《埋玉》、《骂贼》、《闻铃》、《哭像》、《弹词》等十个左右;而《疗妒羹》,则只有《题曲》一个。

最初,南戏传奇一本约有三四十出,一般需要两个昼夜方可演出完。所以,第一天要有一个"小收煞",对当天的剧情进行小结,还要安排悬念,使人想不到,猜不着。后来便出现选取剧中精华出目单独演出(实际上是清唱的多)的方式,谓之"散出"、"零出"、"摘锦"。再经艺术家进行加工,凸显脚色应工为主体之表演艺术,使之自成首尾,才是所谓之"折子戏"。其出现的时间,陆萼庭的《昆剧演出史稿》一书认为,最早出现在"娱宾的厅堂演出的场合",且其时代可上推至明万历年间[1]。王安祈《再论明代折子戏》一文,则举《礼节传簿》和《风月锦囊》为例,论证明嘉靖时已有演出折子戏[2]。林逢源《折子戏论集》一书,又据现存之《盛世新声》、《词林摘艳》、《雍熙乐府》等书所收录之散套与戏文散出,研判折子戏之出现,应可追溯至明正德以前[3]。窃以为,这些大批出现的刊物,其实只是散出选本,是供清曲家清唱用的,不能作为折子戏。而且,当时弋阳腔系的散出选本比昆曲还多。直至明末清初,昆曲折子才逐渐普及起来。由于清廷大兴文字狱,和乾隆在扬州设局修改词曲,致使昆曲剧本的文学创作进入低谷,显得较为寂寞。扬州的昆曲艺人只好在传统剧目里,利用折子戏的演出形式找出路。于是,乾、嘉以降,折子戏乃蔚为大观。这,不仅固定了其以演出折子戏为主体的形式,而且也使演出剧目和演员之身段表演艺术定型化[4]。当然,这种现象也正好反映了社会大众的某种喜好与需求。

2.戏曲演员剧艺之交流

乾隆的六度南巡,两淮盐务例蓄花、雅两部,以备大戏。"凡有一技一艺之长者,莫不重值延至。"于是各地戏班陆续涌入扬州,各逞其能,各奏其技,使扬州声色之盛,一时甲于天下。而演员之间的彼此观摩,互相交流,也间接促进了其表演艺术之精益求精,促进了不同剧种之竞争与流传。于是,扬昆艺人在纵向传统剧目里选

---

[1]详见陆萼庭《昆剧演出史稿》(修订本)第四章第二节《折子戏的形成》,(台湾)"国家出版社",2002年12月,页267。
[2]王安祈《再论明代折子戏》一文,收入其著《明代戏曲五论》,(台北)大安出版社,页16—36。
[3]林逢源《折子戏论集》第一章《折子戏的名义、选本及其兴起的因素》,第三节《折子戏兴起的因素》,(高雄)复文书局,1992年6月,页121—122。
[4]详见汪诗佩《乾嘉时期昆剧艺人在表演艺术上自觉与因应之探讨》,(台北)台湾大学戏剧研究所硕士论文,1999年6月。

用折子戏,进行艺术加工的同时,也横向将花部中一些地方风味浓郁、错用乡语的喜剧汲取过来,适当地在腔格、板式方面加以梳理,设法使其融入昆曲主体样式,与折子戏一起出现在舞台上。

如:来源于《目连》系统《孽海记》的《思凡》、《下山》;来源于弦索调的《罗梦》;来源于弋阳腔系的《出塞》和《李桂枝查监》。《出塞》,明崇祯刊本《怡春锦》选有弋阳雅调《青冢记·出塞》;《缀白裘》第六集卷三有《青冢记》《送昭》、《出塞》两折,剧中丑唱"西调",老旦、贴唱"西调小曲",旦唱"弋阳调"。比较此剧《送昭》与《词林一枝》所选《和戎记·昭君和番》,可知二者并非同一剧目,但两剧中【山坡羊】一曲,曲文完全相同,可见两者又有影响。而《李桂枝查监》出自《贩马记》(《奇双会》、《褒城狱》)。吹腔是徽剧的主要腔调之一,乃明末清初昆弋腔受西秦腔影响,在安徽石牌、枞阳一带产生的新腔调。初名"石牌调",又称"枞阳腔"、"安徽梆子"或"芦花梆子"等。可见昆剧受其影响。

3.着力于塑造人物

从《扬州画舫录》等一系列的有关记载中,我们又可以看出扬昆表演艺术一个突出特点是着力于塑造人物,着力于表演性格。优秀的唱工,出色的做工,各种各样演技上的独特成就,都是在力求表现人物性格、力求揭示人物内心世界的要求下,得到了长足的发展。正是在这样的发展当中,又逐步形成了各派、各个行当的独特的拿手剧目。这两点对促进戏曲艺术的发展,对形成戏曲流派,以及表演艺术上的某些特点等等,都产生了极为深远的影响。在折子戏中对表演艺术的要求非常严格,每出戏必有独到之处;重艺不重色,老艺人年龄大艺不老,确保戏剧的质量;开始了流派师承的讲究,对剧艺起到比较竞争的促进作用。

基于上述种种,这时的表演反而又比明末清初时向前推进了一步。这样,大演折子戏不仅形成了"扬州昆曲"的鼎盛,出现了一代胜一代的名优,形成了众多的各有千秋的表演流派,促使了脚色分工细密和载歌载舞日渐形成,而且艺人也参与了剧本的改编和表演艺术的记录与总结,完备了表演艺术的程式化及相对稳定的剧目表演身段谱,形成了中国戏曲特有的表演体系。这艺人参与剧本的改编,前面已有评述。现在,则评述艺人对表演艺术的记录与上升到理论上来进行总结:前者是扬州老徐班昆剧艺人俞维琛的《梨园原》,后者是王继善刊印的《审音鉴古录》。

二、昆曲艺人对表演艺术的记录与总结

据《扬州画舫录》记载，乾隆时两淮盐务所蓄养的内班脚色中不乏由串戏而入戏班的文人。如：

吴福田（生卒年不详），乾隆年间老徐班小旦。"字大有，幼时从唐权使英学八分书，能背《通鉴》，度曲应笙笛四声。"唱工最好，甚为当时作曲家叶堂（叶天士之孙，字广平）推许。叶广平称其"无双唱口"。徐班散后，回到苏州被拘入织造府班，与朱文元一起做总管。

汪颖士（生卒年不详），乾隆年间正旦，老张班的教师，"本海府班串客"，"沦没手段如《邯郸梦·云阳》、《渔家乐·羞父》最精"。

陈应如（生卒年不详）乾隆年间，老徐班的老生（继张德容之后），"本织造府书吏，为海府班串客，因入是班"。后入洪班。

费坤元（生卒年不详），乾隆年间，老洪班的老旦。原为串客（"本苏州织造班海府串客"），入苏州织造海府串班，后为扬州老洪班老旦，"歌喉清脆，脚步无法"。

他们和《陶庵梦忆》中的彭天锡一样通书史、解音律，具有较深的文化艺术修养，对如何深刻地理解剧本和反映生活，如何创造完整的舞台艺术形象，以及如何提高表演艺术的各个方面，起到了一定的积极作用。原先，演唱在整个昆曲的演出中占突出地位，与其他艺术手段之间处于不平衡状态。这时在折子戏的表演中，不论生旦净丑，都尽量发挥本家门在塑造人物形象上的特长，在表演形式上就增加了念白和做舞，对各种表演手段之间的比例做了调整，使之在新的基础上进一步平衡，进一步戏剧化，最终使做舞达到与唱工并驾齐驱的水平，逐渐形成了载歌载舞的表演形式。不仅如此，由于他们通书史，具有较深的文化艺术修养，还把表演艺术记录成身段谱，并将表演经验提高到理论上来进行总结，写成了著作。

（一）余维琛及其《梨园原》

老徐班的副末（领班）余维琛，据《清代伶官传》，是乾、嘉时期（至道光七年止），"南府"昆腔演员中丑兼小生黄幡绰的弟子。《扬州画舫录》说他"本苏州石搭头串客"，"能读经史，解九宫谱"。他精通各色行当，班中许天福，本汪府班老旦出

身，余维琛劝其改作小旦后，在"三杀""三刺"中，增加了许多摔打跌扑的技巧，有杰出的表现，"世无其比"，开刺杀旦之先河。后来年至五十，仍为小旦。足见余维琛知人善任。继老徐班入德音班后，江春更称赞他是"通人"（精通各色行当演艺的领班人物），要他任总管，为江班的领班。在乾隆末年，余维琛就已享盛名。

道光初年，余维琛和乾隆年间苏州的昆剧演员龚在丰，得到他老师黄幡绰一生表演经验的残存手抄本。其友胥园居士庄肇奎增加了一些考证，改名为《梨园原》，有嘉庆二十四年己丑郑锡瀛序。"其后人不知爱护，鼠啮蠹食，迨过半矣"。他们又根据自己的多年舞台实践经验，各出心得，口述出来，托友人秋泉居士（保定府人，名叶元清）在文字上代为修正增补，再度成书（有道光九年乙丑秋泉居士序）。可惜又依然未能刊行，仍以抄本流传。直到1917年，才有梦菊居士汇集两个抄本，加以校订，铅印出版。

《梨园原》，又名《明心鉴》。周贻白先生说，"明心鉴"就是指一个演员要想把所扮饰的人物演好，必须把这个人物的性格，和他在剧情中所处的地位，先在心中弄明白；然后根据自己的体会，再从内心出发，来演出这个人物在剧中的经历。"鉴"就是镜子，也就是把演戏时应该注意的一些问题或者较易发生的毛病，分别指出来，作为一种"借鉴"。一个民间艺人，能够自学成才，有这样的理解，算是不错的了。其实，"明"通常是形容词，此作动词。也就是说，看了这本书以后，心里就明白了。这本书实为戏班中祖祖辈辈心口相传的演唱诀谚，它的承继线索是很分明的。

这是一本关于戏曲表演理论的专著。全书的主要内容有：批评表演上常见的十种弊端（《艺病十种》），说明戏曲中道白表演的注意事项（《曲白六要》），提出一套有关形体训练和舞台形体动作的基本规范要点（《身段八要》），从名叫《宝山集》的书里转录了有关表演艺术的论述（《宝山集六则》）。这些都是极其精炼扼要的实践经验总结，对于戏曲舞台表演有着实际而具体的不可忽视的指导意义；此外还摘录了明朱权《太和正音谱》、王骥德《曲律》及其他书中的一些论曲见解。《梨园原》一书体现了中国戏曲表演的艺术精神。关于中国戏曲演员对内心体验与外部动作关系的理解，关于演员的训练方法，关于角色的创造，关于戏曲表演与观众的关系等等许多问题。由于作者是艺术修养很深的艺人，因而书中内容多系表演艺术经验之论，特别具有实践指导价值。

鉴于艺人文化水平的限制，在古代谈论戏曲的著作中，以表演技术为主的，这是仅见的一部。尽管书中有些辗转抄引的材料，近似于神话传说，难以置信；但这本著作，既在某一方面集中整理和肯定了昆山腔表演发展中的优秀成果，又从表演技术、技巧与表演创作方法的内在联系中总结出一些非常精练而扼要的实际经验，是戏曲表演艺术达到成熟的结果，具有不可忽视的意义。其中最精彩的"艺病十种"、"曲白六要"和"身段八要"等部分，都是从戏曲艺人的舞台表演经验中总结出来的，合乎科学的技术要求，合乎艺术创作规律，遵循了生活真实与戏曲舞台艺术真实的辩证关系，对演员掌握正确的表演技术要领、避免某些非美感的表演动作，有很大的启迪和帮助。

"艺病十种"并非每条皆绝对是"病"。按剧中人物情景，有时还需要"曲踬"、"扛肩"、"白火"、"大步"。只是"错字、讹音、口齿浮、强颈、腰硬、面目板"十分要不得。其"面目板"云："凡演戏之时，面目上须分出喜、怒、哀、乐等状。面目一板，则一切情状俱难发挥，不足以感动人心。则观者非但不啼不笑，反生厌恶也。"在"曲白六要"中，作者对"文义"、"典故"、"句读"、"音韵"、"五声"、"尖团"等，都有精确的标准。

"身段八要"是该书谈表演艺术的核心，提出了一整套形体训练和舞台形体动作的比较科学的基本规范要点。首先是"辨八形"，要求演员善于辨别生活中的八种类型的表情与形体动作；次则"分四状"，了解喜怒哀惊的基本表现形态；再次是舞台形体动作的活动要领（"眼先引"、"头微晃"、"步宜稳"、"手为势"），最后是严格要求："镜中影"，"无虚日"。前六要，对演员很有参考价值。现引原文如下：

辨八形——身段中有八形，须细心分清。

贵者：威容　正视　声沉　步重

富者：欢容　笑眼　弹指　声缓

贫者：病容　直眼　抱肩　鼻涕

贱者：冶容　邪视　耸肩　行快（按：如《东郭记》。古礼：尊贵者行迟，卑贱者行速。）

痴者：呆容　吊眼　口张　摇头

疯者：怒容　定眼　啼笑　乱行

病者：倦容　泪眼　口喘　身颤

醉者：困容　模眼　身软　脚硬

分四状——四状为喜、怒、哀、惊。

喜者：摇头为要　俊眼　笑容　声欢

怒者：怒目为要　皱鼻　挺胸　声恨

哀者：泪眼为要　顿足　呆容　声悲

惊者：开口为要　颜赤　身战　声竭

　　眼先引——凡作各种状态，必须用眼先引。故昔人有曰："眼灵睛用力，面状心中生。"

　　头微晃——头须微晃，方显活泼，然只能微晃，不可大晃及乱晃也。

　　步立稳——台步不可大，尽人皆知矣，然而亦不可过小。总之，须求其适中，以稳为要；虽于极快、极忙时，亦要清楚。

　　手为势——凡形容各种情状，全赖以手指示。

　　镜中影——学者宜对大镜演习，自观其得失，自然日有进益也。

　　无虚日——言其日日用功，不可间断；间断一日，则三日不能复原。学者切记之。[1]

　　辨八形、分四状，是依据剧中人物之身份地位、心理状态和情绪起伏，在面容、眼神、声调、步法、形态各方面指示了一些关于表情身段程式化的表演技法。他所概括的这些特点，是对实际生活的细心观察得来的，对演员用外形与表演动作来表现人物有很大帮助。当然，这仅仅是"形似"，是一种简单的类型化。此外，尚须配合剧情，揣摩人物思想情感的发展，在程式化的表演中更细致地呈现人物性格与局部做表之夸张与特写，方能"神似"。"凡男女角色，既装何等人，即当作何等人自居。喜怒哀乐、离合悲欢，皆出于己衷，则能使看者触目动情，始为现身说法，可以化善惩恶，非取其虚戈作戏，为嬉戏也。"

（二）王琼圃父子选录的《审音鉴古录》

　　乾隆二十九年甲申（1764）起，陆续刊印当时伶工实际演出的散出选集《缀白裘新集》，在"出版说明"中说："书中所收，无论昆曲抑或地方戏，都是当时苏州、扬州等地舞台上流行的剧目。"此时对于剧作中原有的说白，已不再作为歌唱的解说和附属，而是作为表演艺术中，与歌唱并列且密切结合，刻画人物的一种表现手段进行

---

[1] [清] 黄幡绰等著《梨园原》，《中国古典戏曲论著集成》（九），中国戏剧出版社，1959年12月，页20—21。

再创作。不仅长短平仄，调停得当，而且情意婉转，音调铿锵。因而，其情节和科白，已与原著有了较大的出入。

例如《浣纱记》演出本的《回营》（原本第七出《通嚭》），就由于艺人的不断创造，不仅将文种出场前伯嚭与千娇的一大段调笑的无聊唱白全部删去，而且还把原来只由文种一人单方面介绍礼物，没有展开戏剧冲突，动作性也不强的说白，改为几次介绍礼物，把伯嚭的贪婪与势利一次比一次地深刻揭露出来，进一步戏剧化了：文种先递过礼单，伯嚭见是黄金五千两，吩咐"摆酒宰鸡"；再看有彩缎五千端，又吩咐"宰羊"；三看有白璧二十双，吩咐"宰牛"。文种见伯嚭收下贿礼，又提出"还有一对活东西"。伯嚭正是在欣喜地接受了贿赂之余，才接受了文种提出的种种要求，其贪婪心理被揭露得淋漓尽致。

又如昆腔的唱，多是抒情细曲，而且用赠板的时候相当多，"一字之长，延至数息"（明顾起元《客座赘语》）。曲中字与字的间隔，有相当充裕的时间。在分句之间又没有过门，要随着笛子一直唱下来。如果坐着或站着干唱，真正单调得很。再加上唱词不通俗，观众不易听懂。于是，首先从生活中说话时的辅助姿态和手势（昆剧行话叫做"手面"），发展创造出一些描写性（解释曲词）的舞蹈表演。

由于表演艺术高度发展，舞台演出仅仅根据文学剧本或唱腔曲谱已不够满足。于是，就出现了将表演要求反映到剧本中的梨园脚本"身段谱"。正式刊行之身段谱，仅有清乾隆年间王琼圃父子选录的《审音鉴古录》一种，是昆剧表演艺术已趋固定程式的反映。据此书卷首琴隐翁（汤贻汾的号）道光十四年（1834）作的序，说此书是王继善偶于京师得之，后"辗转购得原版，携归江南，稍事补雠，便公同好。第是谁所评辑，一时无稽"。但书中所涉的演员，大多见于《扬州画舫录》。如《荆钗记·上路》的总批云："此出乃孙九皋首创，身段虽繁，俱系画景，惟恐失传，故载身段。"《牡丹亭·冥判》中【煞尾】"将天地拜"一段的眉批云："'地'字工尺，教习陈云九传。"孙九皋和陈云九，是乾隆年间扬州老徐班的老外和小生，可知评辑者所要"鉴"的"古"，乃是乾隆年间或者更早时候的昆曲艺人的演出经验。这部书中关于舞台动作的注释，是当时演员表演艺术创造成果的记录，反映了乾嘉时代的表演水平。尽管注释详略精粗不一，但足以看出乾嘉之际扬州昆曲折子戏的艺术水平。

《审音鉴古录》今存道光十四年东乡王继善补雠原刊本，台湾王秋桂主编《善本戏曲丛刊》，就以此本影印出版。琴隐翁所作的序言及该书编撰缘起时称："元明以来，（传奇）作者无虑千百家，近世好事尤多。撷其华者，玩笑主人；订以谱者，怀庭居士；而笠翁又有授曲教口之书。皆可谓梨园之圭臬矣。但玩笑录剧而遗谱，怀庭谱曲而废白，笠翁又泛论而无词萃。三长于一编，庶乎氍毹之上，无虑周郎之顾矣。"序中还谈到《审音鉴古录》一书的特点云：

> 选剧六十六折（按：当作六十五折），细言评注，曲则抑扬顿挫，白则缓急高低，容则周旋进退，莫不曲折传神，展卷毕现。至记拍、正宫、辨讹、证谬，较讲泰而折芒按，亦复大具苦心，谓奄有三长而为不易之指南可也。

《审音鉴古录》[1]确实兼有玩笑主人的选编《缀白裘》、叶堂（怀庭）的编曲谱及李渔的作曲论这样"三长"。编书者不仅对选剧别具慧眼，而且对所选剧目，于歌唱（曲）、说白（白）及舞台动作（容）诸方面都力求做到细言评注，曲折传神。

全书选了六十六个折子，绝大多数是南戏及明清传奇（截至《长生殿》）名著中的精品，其中以《琵琶记》、《荆钗记》、《牡丹亭》三剧选目为最多。尽管所注详略不一，但对每一脚色穿扮、表情、身段，都有明确提示。《荆钗记·上路》、《铁冠图·刺虎》、《南西厢·佳期》、《鸣凤记·吃茶》等少数几出注有全部或较多"声容"提示。书中记录了经明清艺人在昆曲舞台上演出实践中不断加工的成就，他们根据舞台演出的需要，对原传奇本进行了取舍和增补，又批注了众多而详细的舞台提示，作为创作舞台形象和匡正演唱时弊的规范。从表演方法、技巧和技术基础等方面提供演出范本。

六十六出中，注释得最详尽的一出是《荆钗记·上路》的身段。剧情是：王十朋得中状元后，原除鱼米之乡江西饶州金判，因参相不从招赘，被改除烟瘴地面广东潮阳（与同乡王士宏调换）。五年后，朝廷别立丞相，得知王十朋办事清廉，持心公正，升迁江西吉安太守。王十朋因吉安离家乡温州不远，差李成搬取岳父母到任，同享富贵。《上路》本是一个过场戏，写其岳父母与李成到他任上去。明末的汲古阁《六十种曲》为第四十一出，题名《晤婿》，欠当；演出本改名《上路》较妥。情节很简单，只是说三个人在赶路，唱词完全是写景。老徐班的老外孙九皋首创舞蹈动作，将它变成一出载歌载舞、情景交融的折子戏。

孙九皋（生卒年不详），乾隆年间徐班老外副席，但戏情却熟于（王）丹山，只

---

[1]以下所引，均据道光十四年（1834）刻本。

是声音、气局不及。后入洪班,"年九十余,演《琵琶记·遗嘱》令人欲死"。孙九皋以身段见胜,《荆钗记·上路》的舞蹈动作即为他首创。

中国戏曲历来没有布景,都是用唱词来写景的。王十朋的岳父母与仆人李成到王十朋的任所去同享富贵。情节很简单,"外"扮的钱流行,和"付"扮的继室姚氏,以及"末"扮的钱仆李成,三个人在赶路,唱词都是关于风景的描绘,所以演出本改名《上路》。这本是一个过场戏,而孙九皋则首创舞蹈动作来"画景",将它变成一出载歌载舞、情景交融的折子戏。王琼圃父子惟恐失传,详尽地记载了这出戏的身段。其第三支曲子【八声甘州】中"旗亭小桥景最佳"一句完全以虚拟动作,表现三人过桥时的情景和他们之间的关系(为醒目起见,改用下列形式排印。"外"为钱流行,"付"为钱的继室姚氏,"末"为钱仆李成):

外　(直身转对下场,双手摊指左地,慢转对右上介);

末　(从右下场指走至右角,见桥止,即对"外"左手指桥式),

外　(作知状);

付　(在左边下场观景,至右横,亦作停步介)。

外　(走右角转看桥,将拐倚肩挟右臂,扛肩,用左手一大指在胸弯指桥式,令"付"小心过去式)。

付　(即走上探桥,怕貌,退右根拔鞋科);

末　(先上桥中,俟主母掺扶状)。

外　(转身对左,提杖于桥上戳定后,左手提衣连右足起,在"小"字上踏下)。

末　(将右手掺"外"左手)。

外　(即右足上桥,至中立住,身对正场,将拐尾与"付"作扶手而引状);

付　(见"外"上桥愈加足软式,在"景"字搭杖尾上桥科介)。

　　(各对正场,皆要横走,至"最佳"二腔,似桥动,各蹬身式,皆照面摇头,怕科,立起,俱慢横走过桥)。

付　(回身重顾,对"外"伸舌摇头,即随"外"从左角转介)。

末　(至右下指内式,"外"走中,蹲足望左下科,"付"手捧"外"腰,低首亦盼式)。

一句七个字的唱腔,就有如此繁复的做工,正充分体现出昆剧表演载歌载舞的形式特点（洛地先生谓之"一唱就动"）。

《审音鉴古录》中所记之演出实录，不同于一般的演出台本，它接近于现代的导演脚本或演出记录本。它不但对所选的每一出剧目都有对舞台节奏设计的说明、对角色基本形象的解释；有较详尽的关于剧中角色的气质、风度、表情、态度、形体动作等"科介"的说明，有对角色在具体特定情境中的心理活动和情感交流的提示和解释等等，还包括导演构思、导演设计等有关导演工作的全部内容，相当丰富。例如于正文唱念间"夹注"科介，包括与台词相应的动作、心理活动、表情和潜台词等；"旁注"对唱念的舞台说明；"前注"人物上场的按语，对人物形象的基调作出舞台提示；"眉批"人物形象的基调和表演方法；"总批"全折导演处理的主要关键，艺术风格等。它还为匡正演唱时弊作出了规范，如《琵琶记·赏荷》【桂枝香】首句，"危弦已断"下注"旧弦，俗作'危'，非"；【梁州新郎】（前腔）"听轻雷隐隐"下注"俗作'渐'，非"；"但觉得荷香十里"下注"俗作'闻'，非"，皆匡正时弊之文。此书的编著，当在乾隆后期，序文中对书的评价是："曲则抑扬顿挫，白则缓急高低，容则周旋进退，莫不曲折传神，展卷毕现。"在这些记录中，有的解释与说明很有理论价值[1]，对于戏曲导演特别有参考价值。中国戏曲导演向来没有专门著作，这个选本的导演理论虽然也只是在实际剧本的基础上生发，仍缺乏系统性和理论性，但其立论基础已经形成了导演学的雏形，其价值不容忽视。如书中有时对演出作总体指示，有时对动作和表情作简要揭示，有时对舞台动作作出具体而又细致的规定，有时则对曲子唱拍、部分曲子的工尺、一些人物的化装等，作简要指示。总之，交代了演出时需要注意的各个方面。书中还有一些动作身段谱，对演员在舞台上的一举一投足都作了详备的规定和启示，这种动作身段谱，注意剧中角色的形象特征，注意剧中人在特定情境中的特定反映，注意对手、眼、身、法、步等各类动作的设计，使之组成一幅幅光彩的舞台流动画面。

《琵琶记·嘱别》的眉批说："赵氏五娘正媚芳年，娇羞含忍，莫犯娇艳态歧。"《荆钗记·议亲》的人物上场按语说："老旦所演传奇，独仗《荆钗》为主；切忌直身大步、口齿含糊。俗云；夫人虽老，终是小姐出身；衣饰固旧，举止礼度犹存。"这是对角色基本形象的解释。又如《长生殿·弹词》的人物上场按语说："末白须旧衣抱琵琶上。不用带扇，如搊扇，更象走边街等流也。"这是对人物上场的外部造型和气

<hr/>

[1] 参阅郭亮《昆曲表演艺术的一代范本——〈审音鉴古录〉》，《戏剧报》1961年19、20合刊。

度的规定或解释。对人物的某一具体舞台行动的解释和处理则更丰富。

又如《牡丹亭·离魂》的眉批：

> 此系艳丽佳人沉疴心染，宜用声娇、气怯、精倦、神疲之态。或忆可人，晴心更洁；或思酸楚，灵魂自彻。虽死还生，当留一线。

这段批语首先指出杜丽娘的走向死亡并非出于生理的原因，而是由于"心染"，即心病，系出于心理的、精神的原因；其次指出表现特定人物（"艳丽佳人"）杜丽娘在这个特定的情境（"沉疴心染"）时的特定表情和神态（"声娇、气怯、精倦、神疲之态"）；再进而启发演员的"内心独白"或"内心视象"（"忆可人"，"思酸楚"），通过这种内心体现，能更自然、准确、生动地表现角色的神态（"晴心更洁"，"灵魂自彻"）；最后还特别点明杜丽娘之死并非"真死"，因为她的"情"，她的某种意向和精神依然存在，而且要在另一个世界中顽强地表现出来并获得新生（"虽死还生"），所以在表演她的死时，应当留下"还魂"的一线希望（"当留一线"）。

《审音鉴古录》有时还通过比较，指明了人物的贯穿动作。如《荆钗记·议亲》总批云："《琵琶》重唱，《荆钗》重做。蔡中郎孝子始终，王十朋义夫结局。演者不可雷同。"又如《琵琶记·称庆》总批：

> 蔡公宜端方古朴，而演一味愿儿贵显；与《白兔》迥异。秦氏要趣容小步，爱子如珍样式，与《荆钗》各别；忌用苏白，勿忘状元之母身分。

这段批语指出蔡公的贯穿动作是"愿儿贵显"，秦氏（蔡婆）的贯穿动作是"爱子如珍"；前者的外部特征是"端方古朴"，后者的外部特征是"趣容小步"。尤其值得一提的是把蔡公的动作特征与《白兔记》中的李大公作比较，认为两者"迥异"，又把蔡婆的动作特征与《荆钗记》中的钱玉莲继母作比较（都是付角扮演），认为两者"各别"。因为蔡公、秦氏与李大公、钱氏的身份和处境毕竟不同，对其气度、形态的表现自然不能划一，而只有通过比较，才更利于较准确地找出角色的动作特征。

《审音鉴古录》还对动作的过程和节奏作出明确的规定。如《西厢记·惠明》尾批："俗云'跳惠明'。此剧最忌混跳。初上作意懒声低，走动形若病体；后被激，声厉目怒，出手起脚俱用降龙伏虎之势。莫犯无赖绿林身段。"而《荆钗记·上路》

还把以动作描写景物的身段记载下来。

演员表演角色，还要注意戏剧情境所规定的情调、意境与风格特色。《琵琶记·镜叹》总批说：

> 剧有千百出，曲有万千种，莫难于《镜叹》、《思乡》最难于排演。如《寻梦》、《玩真》内含情景，外露春生，可增浓淡点染。惟此二出全在白描愁苦上做出个本色人来。当知妻贤子孝，可化愚妇愚夫，使观者有所感动也。

这里把赵五娘《镜叹》的思夫与杜丽娘《寻梦》的伤情作比较，认为前者比后者更难排演。因为《寻梦》、《玩真》所表现的是一种带有强烈浪漫色彩的异乎寻常的情景，演员可以表演得很有色彩，容易产生动人的剧场效果。而《镜叹》、《思乡》所表现的却是普通家庭中常见的思恋愁苦之情，如果表演过火，反显得虚假。只有在"白描"上，即素淡的色调上下工夫，在真实可信的基础上，才可演出人的本色自然的情感，只有通过一种潜在的深沉的情感力量，才能达到感化观众的效果。

《审音鉴古录》的理论精华在于表演艺术见解，而演员表演的根本任务是创造角色，本书在这些方面的解说虽是零星的，却包含着深刻的道理，而且是非常实在的，因为这是对舞台表演实践的忠实的记录和阐述。

如果从《审音鉴古录》作者在批点中对各个剧目演出的具体指示和解释看来，这部书则兼具导演台本的性质，可以把它看作是一部导演实践的著作。

此书有时对演出作出总体指示，如对《琵琶记·嘱别》的批示："此出为《琵琶》主脑，作者勿松关目"，"此套曲尺寸要紧中宽"。

有时对动作和表情作出简要的指示，如云"小旦正坐科"、"作侧软跪科"、"皱眉爱护式"、"恬淡式"、"直挑语式"、"没趣似省式"等，可知表情要讲究分寸，已经有程式把它固定下来的趋势。但又反对死搬程式，而要有所变化。如《红梨记·草地》谢素秋与花婆行路时唱【倾杯玉芙蓉】，特别注明两个旦脚的走法，要"或前或后，或正或偏，或对面做，或朝外诉"。对于时俗演出中有些处理不大合适的，则提醒演出者注意防止，如《琵琶记·规奴》出小姐唱曲时应与在场的侍女交流。旁注："俗对正场独唱，不与侍女相言，非。"就指出了时俗演出没有注意到这一点。

有时对舞台动作作出具体而又细致的规定。如《琵琶记》《规奴》中牛女侍婢下场时，要"朝上暗摊手，作变面，气叹式，随（牛女）下"。《嘱别》出蔡伯喈（小生）

与赵五娘（正旦）话别，蔡公（老生）与蔡母（副）亦在场，动作规定是："正旦视老生，正旦左手遮，小生亦右手遮；正旦附小生耳，老生即朝下场假看扇面科。"《思乡》出小生唱【雁鱼锦】"思量那日离故乡"前，动作规定则是："思式。先静其心，或侧首、或低眉、或仰视天、或垂看地，心神并定则得之类。清鼓二记，一板，音乐徐出。"

《审音鉴古录》这个选本的最大特点是舞台性。它对于演出时需要注意的各个方面，都注意到了。例如对于曲子唱拍、部分曲子的工尺、一些人物的化妆等等，书中也都简要地作出了指示。

在明末清初毛晋编选的《六十种曲》中，已记录了《琵琶记》演出台本对原作进行了取舍和增补，而《审音鉴古录》又作了处理，并指示了舞台的连贯动作。例如原来有一段关于"伯喈弹琴诉怨"的白和唱，先看《六十种曲》（生为蔡伯喈，贴为牛氏）：

〔贴白〕相公，原在此操琴呵。……斗胆请再操一曲，相公肯么。〔生〕夫人待要听琴，弹什么好？我弹一曲《雉朝飞》，何如？〔贴〕这是无妻的曲，不好。〔生〕呀，说错了。如今弹一曲《孤鸾寡鹄》何如？〔贴〕两个夫妻正团圆，说甚么孤寡。〔生〕不然，弹一曲《昭君怨》何如？〔贴〕两个夫妻正和美，说甚么宫怨。相公，对此夏景，只弹个《风入松》好。〔生〕这个却好。〔弹错介〕〔贴〕相公，你弹错了。〔生〕呀！到弹出《思归引》来。待我再弹。〔贴〕相公，你又弹错了。〔生〕呀！又弹出个《别鹤怨》来。〔贴〕相公，你如何恁的会差？莫不是故意卖弄，欺侮奴家。〔生〕岂有此心，只是这弦不中用。〔贴〕这弦怎的不中用？〔生〕我只弹得旧弦惯，这是新弦，俺弹不惯。〔贴〕旧弦在那里？〔生〕旧弦撇下多时了。〔贴〕为甚撇了？〔生〕只为有了这新弦，便撇了那旧弦。〔贴〕相公何不撇了新弦，用那旧弦？〔生〕夫人，我心里岂不想那旧弦。只是这新弦又撇不下。〔贴〕你新弦既撇不下，还思量那旧弦怎的？我想起来，只是你心不在焉，特地有许多说话。〔生〕夫人。（唱【枝枝香】）旧弦已断，新弦不惯。旧弦再上不能，待撇了新弦难割弃。我一弹再鼓，一弹再鼓，又被宫商错乱。〔贴〕相公，敢是你变心了？〔生〕（唱）非是心变，这般好凉天。正是此曲才堪听，又被风吹别调间。

《审音鉴古录》把对话作如下改写（为醒目起见，改用以下形式）：

小生：夫人待要听琴，弹什么好？（有心语触）嗄，弹一曲《雉朝飞》，何如？

小旦：（未解状对）这是无妻之曲，不好。

小生：嗄啐，弹个《孤鸾寡鹄》，何如？

小旦：夫妻正团圆，说什么孤寡。

小生：不然，弹一曲《昭君怨》罢。

小旦：我和你正和美，说甚么宫怨。弹个《风入松》到好。

小生：（口是心非式）这个却是。（只弹"一别家乡远"，不用唱妥。笛弦照旧式吹弹）

小旦：相公，弹差了。弹《风入松》，怎么弹出《思归引》来？

小生：哎呀，果然差了。待我再弹。（作想悲容弹"思亲泪暗弹"一句。弦宜用老弦弹。其音似变，其声似泣）

小旦：相公，你又差了。

小生：哎呀，啐啐啐，又弹出《别鹤怨》来。

小旦：（微怒色）嗄，敢是故意卖弄，欺侮奴家。

小生：（转折陈辞）我只弹惯旧弦，这是新弦，（着意）却弹不惯。

小旦：旧弦在那里？

小生：（摇首慢云）已撇下多时了。

小旦：（迫念）为甚撇了？

小生：（看小旦，顾弦）只为有了这新弦，（皱眉看外），便撇了那旧弦。

小旦：（就里未明，带笑应对）相公，何不撇了新弦，用那旧弦？

小生：（真情）夫人，我心里岂不想那旧弦。只是这新弦又撇不下。（右手拍桌）

小旦：你新弦既撇不下，还思量那旧弦怎的？（小生低头莫对，小旦从此始疑）我想起来，只是你心不在焉，（不悦式）特地有许多说话。

小生：夫人。（唱【桂枝香】旧弦已断，新弦不惯。旧弦再上不能，待撇了新弦难挤。我一弹再鼓，一弹再鼓，又被宫商错乱。

小旦：（真色）相公，敢是你变心了？

小生：（唱）非余心变，（借景支吾）这般好凉天。正是此曲才堪听，又被风吹别调间。

改本的舞台动作，更细致地体现了蔡伯喈的内心矛盾，关于表情有"口是心非式"、

"不悦式"等,关于外部动作有"皱眉看外"、"右手拍桌"等。

《审音鉴古录》中还有一些动作谱,对演员在舞台上的一举手一投足都作了详备的规定。如《琵琶记·思乡》中蔡伯喈唱一套【雁鱼锦】集曲,舞台动作指示非常细致。这里选录其第二段:

> 〔二段〕(定神思之)思量,(走至右上角坐椅介)幼读文章。(在袖出扇开做)论事亲为子,也须要成模样。真情未讲,怎知道吃尽多魔障。(侧恭下场)被亲强来(右手指圆)赴选场,(恭上场)被君强官(落下介)为议郎,被婚强效鸾凰。三被强,(直诉状)衷肠事说与谁行。(左手拍腿)埋怨,(立起走中)难禁这两厢。(左手指左下角)这壁厢道(收介)咱是个不撑达害羞的乔相识。(右手捏扇指右下角)那壁厢道(收介)咱是个不睹亲负心的薄幸郎。(怨恨声,跌足。苦意悲思)

这种动作谱注意剧中角色的形象特征,注意剧中人在特定情境中的特定反映,注意对手、眼、身、法、步等各类动作的设计,使之组成一个完整的舞台流动画面。我们在读这些舞台指示时,清代扬州昆曲表演的情况,便在头脑中"立"起来了。

当然,由于演员的文化素养的局限,也酿成了折子戏的一些不足。如《西楼记》第八出《病晤》,于鹃(叔夜)初访穆素徽,轻叩铜环,内作丫鬟应介:"是哪个?"于鹃接唱:"忽听莺声度短墙。"演出本把丫鬟改作老旦,而唱词未改。又如《水浒记·活捉》,贴唱【锦渔灯】"我是那怀抱臂薛昭临赠"。付扮张文远白:"嘎,薛家里革昭姐吓。"演员不知唱词用的典故是《太平广记》张云容事,薛昭是男性。

三、昆曲艺人对舞台美术的贡献

(一)魏长生发明梳水头与踩跷

魏长生(1744—1802),字婉卿,小名三儿,四川金堂人。(老)秦腔在乾隆年间已流布全国。乾隆中叶,各地秦腔艺人集结北京。魏于乾隆四十四年(1779)进京,搭双庆部,以《滚楼》一剧名动京师。因色艺盖于宜庆、萃庆、集庆之上,致使"京腔旧本置之高阁","六大班几无人过问"(《燕兰小谱》)。"于是京腔效之,京秦不分。"(《扬州画舫录》)这样,(老)秦腔基本上兼并了京腔,取京腔称盛的地位而代之。

乾隆四十七年（1782），清廷采取禁演的措施。魏长生一度被迫加入昆弋班，接着毅然离京，于乾隆五十三年（1788，一说乾隆五十二年1787），"年四十"（此非确数，若以此为准，则为乾隆四十九年1784）的魏长生来到扬州"投江鹤亭"（乾隆五十五年1790，始转入苏州），江鹤亭热情接纳，演戏一出，赠以千金。这就进一步推动了京、秦两腔与皮黄（安庆二黄）的融合，鼓励了演员的兼收并蓄。

自序于乾隆五十六年（1791）的沈起凤《谐铎》，卷一二"南部"条也说："自西蜀韦（魏）三儿来吴，淫声妖态，阑入歌台，乱弹部靡然效之。而昆班子弟，亦有倍（背）师而学者，以至渐染骨髓"[1]。春台班的郝天秀，得魏长生之神，柔媚动人。

古代男旦居多，与女性最大的区别是头与脚。在魏长生发明梳水头与踩跷之前，也有假髻（内用铜丝做成骨架，外用绉纱裱糊成发髻状），但制作得不好，民间戏班的旦脚往往仍用黑纱包头，或用湖绉包头等比较简陋的办法来代替发髻（所以，旦脚又称"包头"）。发髻是女性美的重要特征之一。扮妇女形象而无美观的发髻，总是一大遗憾。魏长生发明了梳水头，片子用人发制成，用刨花水粘贴在两颊，以网巾下部两根扁带将其根部固定在头顶；再用人发制成的水头，在网巾之外以网巾顶部细绳固定，梳理成大发团置于脑后；然后饰以头面。这样就比较花俏，弥补了遗憾。魏氏南下扬州后，客座江鹤亭之春台班，对于江南旦角之服饰装扮与演出技艺，多所刺激，启发颇大。沈起凤《谐铎》卷十二《南部》指出，不仅"乱弹部靡然效之"，"昆班子弟，亦有倍（背）师而学者"。魏氏发明的这个经过艺术处理的假髻，比真头发更加符合戏曲的形式美，所以不仅对于当时的男旦是迫切需要的，而且后来的女性旦角演员也同样要戴假髻演出，以致"扬州鬏勒，异于他地"。当时李斗的住地新盛街（即今之新胜街），开有许多珠翠首饰铺："肆市韶秀，货分队别"，"有蝴蝶、望月、花篮、折项、罗汉鬏、懒梳头、双飞燕、到枕鬏、八面观音诸义髻，及貂覆额、渔婆勒子诸式"，以致街名曾谓之"翠花街"。直到嘉庆初年，北京春台班名旦葛玉琳的"发髻花样，俱自扬州购来，故妙绝一时。"[2]当可看作魏氏的余绪。沈起凤《谐铎》中，称扬昆洪班、江班的小旦金德辉是"后起之秀"。而江班擅演《天门阵·产子》、《翡翠园·盗令牌》、《蝴蝶梦·劈棺》的周仲莲，与金德辉并列，亦当为乾隆末年昆曲界的"后起之秀"。他学魏氏所创始的梳水头（戴网子、假髻

---

［1］［清］沈起凤《谐铎》卷一二"南部"条，人民文学出版社，1985年1月，页176。
［2］［清］小铁笛道人见《口下看花记》卷二，张次溪编纂，《清代燕都梨园史料》，中国戏剧出版社，1988年12月，页68。

外，还要贴片子)，比较到家。"每一梳头，令举座色变"，可能是昆曲演员中掌握化装新法最早、最成功的一个。

踩跷被外国人学去，创造出高跟鞋，使女子免受裹脚之苦，而有婀娜多姿之美。因为踩跷要有一段艰苦的适应和练习过程，荀慧生(白牡丹)学艺时有段记述。中华人民共和国建国后，曾一度废去。后武汉京剧院演出《小脚女人》时恢复，满台生辉。现票友中也恢复了。这和男旦一样，也是一门艺术，不可废也。

(二)脸谱和服装

原来北杂剧中由末、外扮演的性格豪放和粗犷的正面形象，到昆山腔中则归之于大面。大面原来分红、黑面，也有反面人物。后来不仅有原来的红、黑面，还创造出白面，表现得更为突出。"沉雄之气寓于嬉笑怒骂者，均于粉光中透出"(《扬州画舫录》)。这所谓"均于粉光中透出"，说明白面的化装对演员的表情起了烘托作用。由于清初的"剃发令"，男人都剃去前面的头发，因而使大面的脸谱中的勾油脸者，由原来只能画到发际线，一直扩大到脑门顶。用水色抹脸的白面，却延伸至额顶，而将网巾低扎至眉际。而二面(副、副净)的脸谱规格，则介于大面中的白面和三面(丑、小丑)之间，即把丑脚眉眼间的白斑扩大些，上齐眉，下过鼻尖，两侧可以勾过眼梢；但又不同于白面可以扩大到整个脸部。"气局亚于大面，温暾近于小面"(《扬州画舫录》)。这从《连环记》中可以看得很清楚：曹操是二面(副净)，董卓是白面。在找不到表现柳敬亭(丑)、苏昆生(净)等正面人物的新的"花面"化装时，则干脆"洗去粉墨"净扮可也。而女子职业昆班，在排场上不带框框，净丑可以少勾脸或不勾脸。

昆剧脸谱向有"二丑、三僧、四白、五毒、六巧、七红、八黑、九杂"之说(实际不止)。这七红、八黑、三僧、四白属于大面，五毒、六巧、二丑属于二面、三面，凡未形成定谱的，均属九杂。

按剧情需要，剧中人突然改变脸色，谓之变脸。《金锁记·羊肚》中张驴儿之母喝下窦娥送来的羊肚汤，脸部当场变黑，是预先将干油烟灰置于碗底，在表演喝汤时，用鼻孔猛吹气，使其扬起，粘在脸上。《水浒记·活捉》中张文远，在阎婆惜索命时，是在跌扑动作时，用手将脸部化妆揉乱。

从明代天启元年(1621辛酉)，一直到清康熙六十一年(1722壬寅)这漫长的整整一百年，是一个昆腔竞演新戏的时期。诚如吕天成在《曲品自序》中所说"时作纷出"、"多不胜收"。即使不是为昆山腔写的剧本，也可改调而歌之。上演剧目的丰富和不断更新，促使演出的服装有一个新的发展。此时"江湖行头"的规模已大得多了。据《扬州画舫录》卷五《新城北录下》所载，已分"衣、盔、杂、把四箱"（但在行文中，又多出一个"靴箱"）。而衣箱之中，又有"大衣箱"和"布衣箱"之分。"大衣箱"和"盔箱"，又分"文扮"、"武扮"和"女扮"三类。在"武扮"中，"扎甲"（靠）已列为第一项，可见它的重要性已大大提高了。"旗包"中也有了"背旗"（即靠旗）。但那时的"扎甲"（靠）尚未分五色（"龙箭衣"已写明分"五色"），而且缺少女将的鲜明冠服。因才子佳人戏和忠奸斗争戏的需要，"文扮"又要比"武扮"更丰富，吸收了不少明代的生活服装，经过艺术加工，充实到传统的衣箱中去。值得注意的是，江湖行头中有一类服装是以剧中人物命名的。如：大衣箱"文扮"中有"百花衣"，"武扮"中有"白蛇衣"，盔箱"文扮"中有"汾阳帽"、"诸葛巾"，"武扮"中有"二郎盔"、"周仓帽"，"女扮"中有"观音帽"、"妙常巾"等等。最初是专人专用的，是为了把百花公主、白娘子、郭子仪、诸葛亮、二郎神、周仓、观音、陈妙常等人物塑造得更鲜明、更突出；到了后来，其中的一部分也成了某一类型的人物通用的了。例如，"妙常巾"是演出《玉簪记》为陈妙常创制的，后来剧中扮演道姑，也都戴"妙常巾"了。又如，"汾阳帽"是清初演出《满床笏》时为汾阳王郭子仪所设计的一种盔头。后来再演《明凤记·河套》出两个内阁大臣时，就让夏言仍戴相貂，而让严嵩戴"汾阳帽"加翅。这种装扮上的改进，既突出了严嵩位压群僚、权势显赫的特殊地位，也反衬出杨继盛、邹应龙等人的倒阁斗争是何等的不易。

入清以后，人们的生活服装起了很大的变革，但清政府并不禁止舞台上沿用明代戏装，所以，戏曲艺人就在明代戏装的基础上继续艺术化、舞台化。乾隆时，因扬昆的表演中，歌与舞有了更高度的综合，就要求服装和砌末必须具有可舞性。于是，旦脚服装的用料轻软了，生脚的髯口加长了（变成了舞具），并出现了有飘带的纱帽和"飘巾"，帽翅"不摇而自动"。这一切，均增加了舞蹈时身段的优美。同时，演员又反转来利用加长了的髯口的飘动和帽翅的摇动，来表示人物的心态和情绪。后来的盔箱中，又进一步根据纱帽帽翅的形状，将方翅的确定为"忠纱"，尖翅的确定为"奸纱"。杂箱中的胡子（髯口），不仅有正面人物带的白、黑、苍（灰）三色的三髯，正反面人物均可带的虬髯，飞鬓，和白、黑、苍三色的满髯，还有较多用于反面人物的"落腮"、"白吊"、"一撮"、"一字"，以及几种特殊用途的髯口。

乾隆时，因扬昆的表演中，歌与舞有了更高度的综合，就要求服装和砌末必须具有可舞性。于是,旦脚服装的用料轻软了,生脚的髯口加长了(变成了舞具),并出现了有飘带的纱帽和"飘巾",帽翅"不摇而自动"。这一切,均增加了舞蹈时身段的优美。同时,演员又反转来利用加长了的髯口的飘动和帽翅的摇动,来表示人物的心态和情绪。

康熙时的村优陈明智,已经发明高底靴、"帛抱肚"(胖袄)一类的东西,来改变自己的形体条件,塑造某些舞台艺术形象。康熙南巡时,被皇帝赏识,带回北京,"供奉内廷"。到了乾隆年间,高底靴和胖袄已不再是陈明智的专利。这种来自民间的扎扮技巧,先在宫廷演出中流行起来,然后再反转来影响民间。不仅净脚穿靴有讲究,连生脚的靴底也加厚了。而且由于戏钱报酬以艺术水平的优劣分出多寡,也促使了一些收入较高、艺术上有追求的演员有"私房行头"。如初居小秦淮、后迁芍药巷的女子职业昆班双清班中的纱帽小生巧官,就"自制官靴,落落大方"。

由于康熙、乾隆的多次南巡,扬州盐商蓄养的家乐,几为全国之冠。如徐尚志、董元德、张大安、汪启元、程谦德、洪充实、江鹤亭等,都备有戏班。至此,商人家乐已取代了士大夫家乐,蔚为风尚。由于盐商的经济力量雄厚,注重排场,讲究行头,在服装、砌末上极尽其铺张装点之能事,推动了戏曲艺术的全面发展,于戏曲发展作出了贡献。如康熙间首富"南季北亢",泰兴季振宜家的女乐,"珠冠象笏,绣袍锦靴,一妓之饰,千金具焉";[1]山西平阳亢氏,命家伶演《长生殿》传奇,"一切器用,费镪四十余万两"(王友亮《双佩斋集》)。据《扬州画舫录》所载,乾隆时盐商的"内班行头",不仅在服装、道具、排场方面猎胜炫奇,竟尚豪华以卖弄阔绰,而且有意识地运用色彩来渲染气氛。前者如小张班在演《牡丹亭·惊梦》时,花王和十二月花神的戏衣,就价至万金;百福班演一出《北饯》,十一条通天犀玉带……备极其盛。道光十二年(1832),陶澍任两江总督后改两淮盐法,富商大贾顿时变为穷人,家班纷纷解散。唯黄漱泰家班犹存,人数不足二三百人,而戏箱却价值二三十万[2]。后者如老徐班演全本《琵琶记·请郎、花烛》,用红全堂以渲染喜气;演《风木余恨》用白全堂衬托悲凄;大张班演《长生殿》,用黄全堂以示皇家气派。所谓"全堂",包括大帐、桌围、椅披、椅垫,以及人物的服装,全用一色。这种处理方法,只有在服装色彩比较丰富的前提下才能采用,也只有少数大盐商的内班才能办到。后来,这种用色彩渲染气氛的做法,也影响了民间的戏班;服装上不仅色彩分为五色,而且

[1][清]钮琇《觚剩续编·季氏之富》,重庆出版社,1999年10月,页233。
[2][清]金安清《水窗春呓·河厅奢侈》卷下第48条,中华书局,1984年3月,页42。

发展为"上五色"和"下五色"。

昆山腔的服装,不仅色彩丰富,而且在装饰性上也大为提高。本来,扬州的刺绣,就素以针法缜密多变、色彩丰富、表现力强著称。这时,又采用了上海"以科甲起家"、"豪华成习"的"露香园"顾氏家姬的刺绣——"顾绣"工艺,形成了精美、典雅的风格。乾隆时,扬州的戏装艺人也吸收了这种"顾绣"技巧,提高了戏衣的工艺美术价值。另外,扬州制花业十分发达。在唐代,绒花已经作为"宫花"列入贡品。这时,武生头巾上的绒球、旦角披风上的绒束、异族狼主的绒巾等等,都有助于脚色的英武、妩媚、或豪强。

(三)砌末和布景

在《牡丹亭》的《惊梦》中,原作只上一个花神。这时发展为一个大花神和十二个小花神,而且每个花神手里还都持有特制的砌末——花灯或花束,创造了一套"堆花"的歌舞表演。女子职业昆班,在道具、布景上,更是尽心尽力。但砌末的革新,总是要以经济、物质为条件的。一般的民间职业戏班,没有这种条件,所以保留在《扬州画舫录》所记的"江湖行头"中的经常使用的砌末,还是比较简单的。然而比明代中叶,昆曲初创阶段,要丰富得许多。如"旗包"中不仅有各种旗帜,还有大小帐、布城、山子等砌末。在舞台装置不发达的传统演出形式中,这些旗帜,结合了表演,实际上起了活动装置的作用。例如,在一般的戏里,水是无形的。只能用船桨和表演暗示船和水的存在。而在《雷峰塔·水斗》中,水却是有形的——众水族用水旗来表现波涛汹涌,既帮助白娘子向法海进攻,又掩护白娘子退却。既能把这个武打性的歌舞场面烘托得格外火炽热闹,又是人民正义力量的一种象征。

到乾隆时期,扬昆的砌末有灯彩化的倾向。《侏存曲谱》中《火焰山》钞本,《得扇》、《反赚》用插形表示假魔王(如人少不扮假牛王,就与真牛王做,另插小猴形,以真作假,省得再扮亦可)、假八戒(原人做插牛形亦可),观众一看就懂,决不会引起误会。《降魔》牛王、狐妖之显形,皆用插形。以及《反焰》配用火药烟火表示火势;《得扇》之小扇变大扇,配用烟火,与小洪班"点三层牌楼,二十四灯"(《扬州画舫录》)的"灯戏"一样壮观,说明扬昆在乾隆年间已初具灯彩戏之雏形。《扬州画舫录》的作者李斗,常被江春邀约编制"灯戏"。他的《岁星记》传奇在当时颇受欢迎,"登场者邀其顾误"。

中国戏曲历来没有布景,都是用唱词来写景的。如最有名的《西厢记·长亭送别》中的【正宫端正好】："碧云天，黄花地，西风紧，北雁南飞。晓来谁染霜林醉?……"乾隆时，又曾出现过用"身段"来"画景"的方法。例如前举的《荆钗记·上路》。《林冲夜奔》、《思凡》、《下山》等等，均是以"身段"画景的名剧。

明末清初时，昆剧曾经在写实布景上进行过有益的尝试。如《陶庵梦忆》中《唐明皇游月宫》的月宫，李渔《蜃中楼》中的蜃楼，孔尚任《桃花扇》中《哭主》的黄鹤楼匾、《骂筵》的条幅（画轴）、《选优》的匾和对联。乾隆时，小洪班演灯戏在舞台上置三层牌楼，点二十四盏灯;《胭脂虎》钞本中《说法》一折，"正场搭欢门楼，挂匾额大雌宝殿"（与佛寺中的"大雄宝殿"相对）等等。在道光年间陶澍改盐法后，也随着扬州的盐商家班纷纷解散停止了。只有黄漱泰家班在演出《浣纱记》吴王《采莲》以及《琵琶记》蔡状元《赏荷》时，满场还是用纱縠做水面和荷花[1]。

四、剧学家及其剧学专著

康熙以后，乾、嘉以降，昆曲逐渐脱离大众，剧本创作就再也无法出现"南洪北孔"那样的奇观，传统曲学方式的研究也结束了它的黄金时代。戏剧学家们把注意力放到对舞台艺术的深入研究上，或转移到花部领域。中国戏剧学是从对民间艺术的记录开始的，最早的一批戏剧学论著是研究演员艺术与演唱规律的。这时，中国戏剧学走过了一个螺旋形的大圆圈之后，又把注意力集中到民间戏剧和演员艺术上:或在理论上作更深入系统之探讨，或在材料上作更仔细全面之记录。李斗和焦循都是乾嘉年间人，而且都对扬州的戏曲有论述。一前一后，正好给我们提供了乾嘉年间舞台艺术花雅之间斗争融合的演变资料。

（一）李斗《扬州画舫录》

李斗的《扬州画舫录》十八卷，初刊于乾隆乙卯（1795），为自然庵藏版，重刻于同治十一年（1872）。后迭经翻刻，清末有石印本出;民国间有古今书室石印本;1960年4月，中华书局出版了排印本;1984年10月，江苏广陵古籍刻印社经周光培点校，恢复袁枚和阮元的序以及焦循诸家的题词;2001年5月，山东友谊出版社出版了由周春东点注的横排本，书末增附人名索引。本书所引，统一为1960年中华书局本。

---

[1][清]金安清《水窗春呓·河厅奢侈》卷下第48条，中华书局，1984年3月，页42。

其《扬州画舫录》，是比较全面记载18世纪扬州社会生活状况的一部书。是作者家居扬州期间，根据"目之所见，耳之所闻"，"自甲申（1764）至于乙卯（1795）"，积三十多年的时间陆续写成的，涉及的范围相当广泛，"上之贤大夫流风余韵，下之琐细猥亵之事，皆登而记之"（自序）。该书体例，阮元的《序》说是"仿《水经注》之例，分其地而载之"。用李斗自己的话说，是"以地为经，以人物记事为纬"，按扬州城市区域的划分，记载了康、乾盛世时扬州社会生活状况，涉及山川形胜、运河沿革、社会经济、文坛艺苑、园林寺观、文物古迹和民情风俗等诸方面，保存了丰富的历史文化资料，历来为文史学者所珍视。该书卷五专门记载了从清初至乾隆以来扬州戏曲情况。其中转录了黄文旸《曲海总目》所收元、明、清杂剧、传奇一千零一十三种和焦循《曲考》增补《曲海目》诸剧目六十八种。叙录了扬州的昆曲（雅部）及各地方戏曲（花部）的演出情况，记录了梨园的脚色体制（行当）、班社组织与师承流派关系，并以较多的笔墨评述了当时昆班名角的生平事迹和表演艺术，戏曲场面规模、乐器名称和演奏方法，江湖行头的组合，衣箱戏具的名称等。兼及对扬州一带地方花部演出方式的介绍，弋阳腔、罗罗腔、二黄调传入扬州和各种声腔剧种的流变，以及对花都演员的评述。其他各卷中另载有昆曲清唱的源流实况和若干关于曲艺、杂技、猴戏等各种民间技艺演出情况，具有极其重要的史料价值是清代乾隆年间扬州地区戏曲史的重要文献之一，向为史家所重。扬州大学任二北先生将该书有关戏曲部分内容摘录在一起，题名为《艾塘曲录》，收入《新曲苑》。

　　李斗的着眼点与一般只能欣赏生旦戏的文人不尽相同，故而《扬州画舫录》具有鲜明的特色。他自己也是一位戏曲作家，并亲自粉墨登场。因此，他对演员的技艺了如指掌，一眼就能看出名家的高明之处。例如他赞扬老徐班大面周德敷，就抓住周德敷在几部戏中对不同人物形象的处理，点出周德敷擅场的"笑、叫、跳"三绝技。而且，他的评论相当全面，只要技艺出众，即使是零碎配角（如董寿龄），都要加以赞誉。因而，比较真实地反映了雍、乾、嘉时期昆剧艺术重艺不重色、对表演非常严格的特点及其发展情况。

　　该书以较多的笔墨评述了当时昆班名角的演技，例如在对徐班"白面"演员马文观的评论中，除了说明演员马文观的精湛演技外，还着重说明了一个道理：要演好一种脚色，必须兼通几种行当；戏路子的宽阔有利于表演技巧的提高。马文观"能合大面、二面为一气"，所以"白面擅场"；其徒王炳文谨守白面，不兼副净，所以未能及于"神化"。而周德敷的徒弟范松年，不仅戏演得好，而且擅长说《水浒记》评话。因为评话与演戏有许多相通之处，说书人登台和大面一样，都必须中气（提丹田之气）足，方能声音洪亮、精力充沛。生活中许多人物，犹如戏中的生旦净末丑，样样都有，必须模仿得像，才不致露怯。所以，不仅能"尽得"其师的叫、跳之技，而且尤精于"啸技"，博得"周德敷再世"的美誉：

> 其啸必先敛之，然后发之，敛之气沉，发乃气足。始作惊人之音，绕于屋梁，经久不散；散而为一溪秋水，层波如梯，如是又久之；长韵嘹亮不可遏，而为一声长啸，至其终也，仍嘐嘐然作洞穴声。

这段文字着重描述其"啸技"的精妙惊人，用以说明"大面"声音气局之不凡。

该书在谈到花部时，对丑脚表演亦有准确理解："丑以科诨见长，所扮备极局骗俗态，拙妇呆男，商贾刁赖，楚咻齐语，闻者绝倒。"在赞叹花部著名丑脚演员刘八之妙时，说他把人间的丑恶表演得淋漓尽致，以此达到鞭挞丑恶的目的；并说明丑脚表演要善于体会人的灵魂深处的各个侧面，以丰富多变的技巧予以生动体现。

有关中国传统戏曲之艺术美的讨论，大多从色艺出发，终结于形神。而李斗在《扬州画舫录》中特别注意揭示演员的传神表演，如说徐班老生张德容，本小生，工于巾戏，演《寻亲记》周官人，"酸态如画"；徐班小生陈云九，年九十演《彩毫记·吟诗脱靴》（应为《惊鸿记·学士挥洒》）一出，"风流横溢"；张班老外张国相，年八十余犹演《宗泽交印》，"神光不衰"；张班小旦马大保，演《占花魁·醉归》，"有娇鸟依人最可怜之致"；江班小旦金德辉，演《牡丹亭·寻梦》、《疗护羹·题曲》，"如春蚕欲死"等等。书中突出渲染演员动人的"神"、"态"，一方面盛赞了表演艺术家的高超的艺术水平，一方面也反映了优秀的艺术家努力追求表演的出神入化，以神动人。这样，《扬州画访录》不仅记录了戏曲演出历史的现象，而且揭示了中国表演艺术的本质特征，为后人提供了戏曲表演家的优秀范例。

李斗还以专门段落详细介绍了许多向来不大为人注重的戏剧因素，如对"场面"的全面介绍是未有的；而对"行头"的详备记录，与明代《脉望馆抄校古本古今杂剧》中的"穿关"记录及以后的《穿戴提纲》，并为我国古代有关"行头"记载的宝贵资料。这些都使《扬州画舫录》成为中国戏剧史研究中不可或缺的重要文献。

（二）焦循《剧说》、《花部农谭》

焦循（1763—1820），字里堂，晚号里堂老人。清甘泉（今扬州）人，世居北湖黄珏桥（今属邗江区）。他是著名的经学家，扬州学派代表人物之一。乾隆四十四年（1779），刘墉以侍郎督学江苏，来到扬州，考核经与诗赋特别严。首试即补焦循为县学生员。复试时，又再三嘱咐焦循学经："不学经，何以足用？""不学经，无以为生员也。"于是，焦循发愤攻易经，兼及他学。乾隆四十五年（1706），娶太学生阮赟尧之女为妻。二十岁之前，极受岳父赏识、爱护、教导、督促、激励。

乾隆五十四年（1789），阮元中进士，五十八年奉旨任山东学政，邀族姐夫焦循入幕（做私人秘书）。六十年正月，焦循与阮元在山东东昌相见。先后游历山东东昌、临清、济南、青州、莱州、登州、武定。乾隆六十年冬天，阮元督学浙江，焦循随之客居杭州，游历浙江。客居期间，焦循与阮元等切磋考据之术、易经之学，协助阮元纂辑成《淮海英灵集》。嘉庆六年（1801）中举后，参加过一次会试，落第后不再赴考，以授徒、著述为乐。嘉庆九年后，重修家室，名为"半九书塾"，又筑雕菰楼，著述其中，足不入城。五十岁后，病魔缠身，腰足疼痛，取书不便，由孙代检；目力不济，手腕摇颤，口授由子记录；夜间失眠，则拥衾思考；咯血不止，仍倚榻笔耕，终使许多著述一一脱稿。

焦循毕生"究习经书，博览典籍"，于经、史、历算、音韵、训诂、诗词、医学、戏曲等多有创建。著述颇丰，近二十种、三百卷，收于《雕菰楼集》、《焦氏丛书》。生前即名重海内，为世人推崇。逝后，阮元称其学精深博大，为扬州通儒。

焦循致力治经。以数理通释《周易》，更由治《易》的方法通释诸经。著有《易通释》、《易图略》、《易章句》，此即为著名的"易学三书"，被王引之誉为"凿破混沌，扫除云雾，可谓精锐之兵矣"。曾仿戴震的《孟子字义疏证》，作《论语通释》，后又纂成《孟子正义》三十卷，被公认为清代学者所著群经新疏中的代表作。焦循又精于天文数学，撰有《释弧》三卷、《释轮》二卷、《释椭》一卷、《加减乘除释》八卷、《天元一释》二卷、《开方通释》一卷，总结了天文学中的数学基础知识，为我国古典数学中的要著。焦循在史学上颇多创见。应邀参与编修《扬州图经》时，曾写《上郡守伊公书》给知府伊秉绶，列举十条理由，说明原拟采用纂录体不当。佐姚文田纂修《重修扬州府志》时，提出许多卓识见解。还编纂了《北湖小志》、《扬州足徵录》、《邗记》等地方志书。其学术成就还有：《雕菰医说》一卷（其时，种牛痘之术刚从西方传入，世人将信将疑，他先让儿孙试种，后撰《种痘书》十篇，分送乡人）。

又善画,曾作《独步早春图》。[1]

扬州学派中,精通经史历算训诂者众,在戏曲理论上卓有成效者稀。而焦循自幼爱好戏曲,演绎戏史、编辑戏书、考订曲目、著述剧论,著述丰富,贡献显赫。其中《曲考》是剧目类著作,已佚,今无传本。王国维《录曲余谈》云:"焦里堂先生《曲考》一书,见于《扬州画舫录》。闻其手稿,为日本辻君武雄所得;遗书索观后,知焦氏后人自邵伯携书至扬州,途中舟覆,死三人,而稿亦失。里堂先生于此事用力深,一旦淹没,深可扼腕。"嘉庆十年,作《剧说》六卷,是涉及戏曲史、创作到演出的杂录;嘉庆二十四年(1819)成《花部农谭》一卷,是长年观剧、考证所得;嘉庆十八年,焦循"易学三书"(《易通释》、《易图略》、《易章句》)后,将数年中有随笔记录之书,编辑为《易余龠录》(龠,古代一种管乐器名)。其中约半数见于《剧说》(文字偶有不同),故不为人提及。今人谈论焦循的戏曲理论,主要关注其《剧说》和《花部农谭》。

1.《剧说》

《剧说》,戏曲"曲话类"论著,共六卷,成书于嘉庆十年(1805)。卷一开头,类似于自序,云:"乾隆壬子(五十七年,1792)冬月,于书肆破书中得一帙,杂录前人论曲、论剧之语,引辑详博而无次序。嘉庆乙丑(十年,1805)养病家居,经史苦不能读,因取前帙,参以旧闻,凡论宫商音律者不录,名之以'剧说'云。谷雨日记。"

焦循所处乾嘉年间,正是清代考据学极盛的时代,所以该书内容庞杂,是一部涉及戏曲从历史、创作到演出的方方面面的杂录,集辑了从汉、唐以来散见于各书中论曲、论剧之评述而成。以考据学治戏曲,启始于明代胡应麟的《庄岳委谈》,李调元《雨村曲话》和焦循《剧说》则是清代这方面的代表作。特别是焦循的《剧说》,研究的范围涉及到戏曲史的各个方面,搜集的材料也扩展到经史子集无所不包。卷前开列引用书目一百六十六种,可谓博览,实际上还不止此数,其中有不少罕见的珍本,有的现已不存,为研究古典戏曲汇集了相当丰富的参考资料。卷一63条,援引大量资料考证了戏曲表演的各种形式的源流,言之有据。例如第1条,把《乐记》、《左传》、《史记》等古代著作中关于俳优的记载引进戏曲学领域,说明戏剧起源于上古优人之技:"优之为技也,善肖人之形容,动人之欢笑,与今无异耳。"给后人许多启发。第17条和第29条,则援引资料说明海盐腔的起源,今人考证时仍然作为论据。

---

[1]王澄主编《扬州历史人物辞典》,江苏古籍出版社,2001年1月,页775—776。

第50条，引《西河词话》，说明"古歌舞不相合"如何到"稍稍相应"；由"鼓子词"的有曲无白，到"董西厢"的有白有曲，再到"连厢搬演"的带唱带演。"然犹舞者不唱，唱者不舞，与古人舞法无以异也。至元人造曲，则歌舞合作一人……谓之'杂剧'。……但唱者止二人，末泥主男唱，且儿主女唱也。若杂色入场，第（只）有白无唱，谓之'宾白'。'宾'与'主'对，以说白在宾，而唱者自有主也。至元末明初，改北曲为南曲，则杂色人皆唱，不分宾主矣。"其他还有：我国一些戏曲名词术语与来源，戏曲角色命名的由来与含义。这种考据学治戏曲的精神与方法，影响了此后近一个世纪的戏曲研究，并在以后王国维的研究中得到了发扬和发展。

《剧说》大部分篇幅是考索戏曲取材的渊源与演变，不仅为戏曲研究提供了许多新材料，而且能时出创见。如卷三8、9、10三条，对《唐伯虎三笑姻缘》的历史真相和前后演变的情况说得清清楚楚，见本书第五章中"昆曲艺人对传统剧目的改编"。又如卷二第2条，对梁山伯、祝英台故事的考索："……乾隆乙卯（六十年，1795），余在山左（即山东省）学使阮公修《山左金石志》，州县各以碑本来。嘉祥县有祝英台墓碣文。丙辰（嘉庆十一年，1806）客越（浙江），至宁波，闻其地亦有祝英台墓。载于志书者详其事……此说不知所本，而详载志书如此。乃吾郡城北槐子河旁有高土，俗亦呼为'祝英台坟'，余入城必经此。或曰：'此隋炀帝墓，谬为英台也。'"第4条援引《书影》、《旷园杂志》、《诗辨坻》等书，考索《会真记》和《西厢记》中的崔莺莺与郑恒事。第5条援引各书考索《西厢记》的各种演变及其优劣。第15条举张士贵和薛仁贵事迹与史不合例，详细考析杨业和潘美事迹与史不合："吾详录史文以证杂剧之诬，而不能无疑焉。"反映焦循并不尽信书，而是善于思考，敢于质疑。

《剧说》还收辑了一些重要演员的轶事资料，对于研究中国戏曲的表演艺术，了解当时演员的艺术生涯颇有裨益。如卷六计60条，生动记载了演员演技和演出场景，记述当时名优达十五人之多。其第9条收辑《菊庄新话》载王载扬的《书陈优事》（记陈明智事），第11条收辑侯朝宗《马伶传》（记马锦演《鸣凤记》事）等。而第3条："江斗奴演《西厢记》于勾栏，有江西人观之三日，登场呼斗奴曰：'汝得虚名耳！'指其曲谬误，并科段不合者数处。斗奴恚，留之。乃约明旦当来；而斗奴不测，以告其母齐亚秀。明旦，俟其来，延坐，告之曰：'小女劣劣，劳长者赐教。恨老妾瞽，不及望见光仪。虽然，尚有耳在，愿高唱以破哀愁。'客乃抱琵琶而歌。方吐一声，亚秀即曰：'乞食汉非齐宁王教师耶，何以绐我？'顾斗奴曰：'宜汝不及也。'客亦大笑。命斗奴拜之。留连旬日,尽其艺而去。"这段文字不知出于何处,惜未标注。

《剧说》对一些剧作家生平趣闻及文人演剧观剧之轶事也有所记录。卷六第7条收辑《筠廊偶笔》载袁于令夜晚乘肩舆(轿)归,舆人云:"如此良夜,何不唱'绣户传娇语'?"袁狂喜,几堕舆。第5条收辑《旷园杂志》载钱塘周诗发榜前一夕,"独从邻人观剧。漏五下,周登场歌《范蠡寻春》。门外呼'周解元'者声百沸,周若弗闻"。第4条,记一贵官为母称觞,演《辞朝》。始以为曲文完美。伶人唱至"母死王陵归汉朝",忽怃然,遂当场易以"母子华堂儿在朝"七字,主人大悦。一时名重今梨园尽宗此,殊不知改者一时权变,其文固妙耳。在评价演出效果时,焦循重视广大观众在赞赏过程中的移情作用。卷六第13条,记录了观众在观看《精忠记》演出时,出于义愤上台殴打饰演秦桧的演员,甚至"挟利刃直前刺桧,流血满地。执缚见官,讯擅杀平人之故"。这些资料一方面反映观众的强烈爱憎,一方面反映演员演出的效果。

《剧说》还收辑了一些我们扬州一带徽商间流传的遗闻轶事,可供传奇作家编剧的好材料。如卷三第28条前半的《只麈谈》,后被改编成程派名剧《锁麟囊》。《剧说》也收辑了北曲和南曲的风格和词采的品评、戏曲文物等等。作者并参以个人的见解,加以分析、排比、考证、辨讹,展示出他焦循作为一代考据大师的功力。

焦氏手稿本现藏北京图书馆。另有民国六年董康辑《读曲丛刊》本,民国十年陈乃乾辑、古书流通处印的《曲苑》本,民国十四年的《重订曲苑》本,民国二十一年上海圣湖正音学会增订、上海六艺书局印行的《增订曲苑》本,民国二十八年上海书务印书馆出版的《国学基本丛书》,1957年收入上海古典文学出版社出版的《中国文学参考资料小丛书》本(据《读曲丛刊》本排印),1959年编入由中国戏曲研究院编、中国戏剧出版社出版的《中国古典戏曲论著集成》第八集。

2.《花部农谭》

《花部农谭》是考评"花部"剧目的戏曲论著,是中国戏曲理论批评史上第一部专论地方戏曲的著作,成书于嘉庆二十四年(1819)。书中虽时有附会,但一反传统偏见,竭力推崇遭到文人鄙弃的地方戏曲,是焦循的绝大功绩。

其卷首小序通过花部与雅部的比较,热情赞扬了为文人士大夫所鄙弃的花部,表达了作者对民间戏曲的重视和热爱。他提出:"'花部'者,其曲文俚质,共称为'乱弹'者也,乃余独好之。盖吴音繁缛,其曲虽极谐于律,而听者使未睹本文,无不茫然不知所谓。其《琵琶》、《杀狗》、《邯郸梦》、《一捧雪》十数本外,多男女猥爽，如《西楼》、《红梨》之类，殊无足观。"比较了"吴音"（雅部）与"花部"的声腔、曲文、剧目，提出："花部原本于元剧，其事多忠、孝、节、义，足以动人；其词直质，虽妇孺亦能解；其音慷慨，血气为之动荡。"

花部由于在"事"（剧本内容）、"词"（戏曲语言）、"音"（戏曲声腔）三方面都压倒了雅部，因而受到了广大群众的欢迎，"郭外各村，于（农历）二、八月间，递相演唱，农叟、渔父聚以为欢，由来久矣"。

《花部农谭》选取花部所演的十种剧目，分别叙其本事，加以考证和评论。其中最为焦循赞赏的是《清风亭》和《赛琵琶》。他在叙述乱弹班《清风亭》的演出情节时说："其侍从奴仆感动，跪代为乞"，"改自缢为雷殛，以悚惧观，真巨手也"。他还对比了昆腔班《双珠记》[1]和乱弹班《清风亭》的演出效果："余忆幼时随先子观村剧，前一日演《双珠·天打》，观者视之漠然。明日演《清风亭》，其始无不切齿，既而无不大快。铙鼓既歇，相视肃然，罔有戏色；归而称说，浃旬未已。"然后明确指出："彼谓花部不及昆腔者，鄙夫之见也。"他还竭力称赞《赛琵琶》的《女审》一出："此剧自三官堂以上，不啻坐凄风苦雨中，咀茶啮蘖，郁抑而气不得申，忽聆此快，真久病顿苏，奇痒得搔，心融意畅，莫可名言，《琵琶记》无此出也。"他认为，陈世美之错，"皆一时艳羡郡马之贵所致"。妻挈子女入都，"陈亦念故"；妻跪求，"陈意亦怆然动"，然终不能敌富贵二字，反而"夜遣客往旅店刺杀妻及儿女"。"然观此剧者，须于其极可恶处，看他原有悔心。名优演此，不难摹其薄情，全在摹其追悔。当面诟王相、昏夜谋杀子女，未尝不自恨失足。计无可出，一时之错，遂为终身之咎，真是古寺晨钟，发人深省。高氏《琵琶》，未能及也。"

在谈到《铁邱坟》、《两狼山》一类历史题材的花部剧目时，焦循不赞成《八义记》照搬史书。认为《两狼山》直接将王佐这一历史人物删除，使人物事件更加典型，只要结构合理，同样可"与史笔相表里"。

《花部农谭》今存有焦氏稿本及徐乃昌辑刻《怀豳杂俎》所收本（有清宣统三年序），另有民国六年（1917）董康辑《读曲丛刊》本，民国十年陈乃乾辑、古书流通处印的《曲苑》本及民国十四年的《重订曲苑》本，民国二十一年上海圣湖正音学会增订、上海六艺书局印行的《增订曲苑》本，1959年收入中国戏曲研究院编、中国戏

---

[1]《双珠记》四十六出，明沈鲸据《南村辍耕录》卷十二《贞烈墓》所载千夫长李某垂涎部卒王楫妻郭氏，陷王楫下狱，郭氏决以死殉，卖子，走至溪水中，危坐而死事（原文见《剧说》卷四第二条）改作。改为真武神所救，送至楫母处；王楫遇赦，子中状元，一家团圆。《缀白裘》于《投渊》出后另增《天打》出，以应观众欣赏心理需求。沈鲸，字涅川，生卒年不详。浙江平湖人，于成化年间曾任嘉兴府知事。

剧出版社出版的《中国古典戏曲论著集成》第八集。

3.《易余龠录》

《易余龠录》，是焦循著《易学三书》（《易通释》、《易章句》、《易图略》）后，于晚年整理编定的读书笔记。本书论及古代戏曲史、戏曲作家、作品者约二十则，主要集中于卷五和卷十五中。其中约半数见于《剧说》中，文字偶有不同。如本书卷十七之二十二论元杂剧《杀狗劝夫》等剧不题作者姓名，所据为《点鬼簿》所载，而在《剧说》（卷一）中作《录鬼簿》。他对《点鬼簿》与《录鬼簿》二书的论证和对《西厢记》脚色的研究，为今天的戏曲史家所重。他推崇元代杂剧可与楚骚、汉赋、唐诗、宋词并列为"一代之所胜"的文学。王国维所谓"一代有一代之文学"本此。

《易余龠录》有《木犀轩丛书》本。今人任中敏（二北）曾选辑其中有关戏曲者十八则而成《易余曲录》，收入所编《新曲苑》中，便于读者翻检。但任所代拟的标题（原书各条均无标题），其中亦有与内容不妥者，且均未注明在《易余龠录》的卷数，而文字删简亦未加注明，故使用《易余曲录》时仍需核查原著。

（三）其他剧学论著

1. 黄文旸《曲海总目》

黄文旸（1736—?），字时若，号秋平，又号焕亭，甘泉（今扬州）人，居天心墩。贡生。工诗古文辞，通声律之学。乾隆间巡盐御史伊龄阿奉旨在扬州设局审查戏曲剧本，聘其为总校。拟将所见杂剧传奇，"各撮其关目大概，勒成一书"，定名《曲海》。先写出总目录一卷，列作者姓名和剧本名称，此即《曲海总目》，或称《曲海目》。通行的只有李斗《扬州画舫录》卷五的转载本。另有管庭芬同治二年（1863）题《跋》、无名氏重订的《曲海总目》一卷，收入《销夏录旧五种》稿本中。《中国古典戏曲论著集成》（七）所收《重订曲海总目》，即以《销夏录旧》为底本。原目收1130余种，重订本删去重复实存1050余种，另据焦循《曲考》补入55种、据叶堂《纳书楹曲谱》补入14种附录于卷末。重订本的原目数和增目数与《扬州画舫录》所载均有差异，且其订补并不完全可信，当与其他各种曲目参照使用。

2. 凌廷堪《燕乐考源》

凌廷堪（1757—1809），字次仲，故称仲子。祖籍安徽歙县，父亲文煟来江苏海州板浦（今连云港市东海），投靠祖母许氏，以经营盐业为生。凌廷堪生于板浦，六岁而孤，十三岁从父习贾。年青时习贾不成，转而攻读诗文。他生性颖悟，识力精卓，青年时期就颇有名气。十九岁应海州前辈吴恒宣之聘，协助编纂《云台山志》。自幼爱好词曲，留心南北曲之学。与戏曲作家、诗人程枚等切磋技艺，谈论戏曲，交往甚密。曾撰《与程时斋论曲书》一文赠程枚。二十余岁出游扬州。乾隆四十二年（1777），两淮巡盐御史伊龄阿奉旨于扬州设局审定戏曲，凌廷堪和程枚均受聘担任分校，删改古今杂剧传奇之违碍者，历时四年。乾隆四十八年（1783）游学京师，见知于南阁学士翁方纲。经翁推荐，参加《四库全书》的编纂工作。乾隆五十五年（1790）进士，欲以知县用，后改任安徽宁国府教授。乾隆五十八年（1793），程枚的《一斛珠》传奇，历时十七年，八易其稿，终于付梓，凌廷堪为之作序。嘉庆十四年（1809）殁于歙县。《清史稿》、《清史列传》有传。

凌廷堪博学多才，一生著作甚丰。他对于戏曲、音律、礼经、历算、天文等都有独到的见解和卓著成就。他的诗歌，钱泳谓之"沉博绝丽"；他的文章，梁启超谓之"力洗浮艳，如其学风"。他所著的《燕乐考源》，成书于嘉庆八年（1803），共六卷。广泛论述了历代俗乐宫调的沿革，探索了燕乐二十八调的源流，提出了"四宫七调"之说。以曲论曲，是其特色。他所著《论曲绝句》三十二首，以诗歌形式，对元明清三代的戏曲作家、作品、音律、声韵以及戏曲文学和历史学的关系等，都作了精辟的阐述。他的《南北曲说》、《声不可配律说》、《明人九宫十三调说》、《与程时斋论曲书》、《一斛珠传奇序》等著作，对后人研究戏曲音律和戏曲理论都有一定的学术价值。凌廷堪其他著作还有：《校礼堂文集》36卷、《诗集》14卷、《梅边吹笛谱》2卷、《充渠新书》2卷、《后魏书音义》4卷、《礼经释例》13卷等。

3.袁承福《戏园歌》

袁系清嘉庆时东台人，流寓扬、泰二州，所著《啸竹诗抄》（泰州市图书馆有藏）内收有一首写于嘉庆十三年（1808）的《戏园歌》，对当时戏园规模、演剧情形有真实描绘。歌词为：

燕吴有戏园，扬州无戏园。扬州繁华甲天下，繁华正若名空存。那知忽来冷眼人，居奇射利创造新。固乐丰乐又阳春（皆园名），利之所趋人妒嗔。汗浆流背不畏暑，骑者坐者皆如堵。少犹五百多千人，百钱一号利可数（戏园坐有票号）。君不见珠帘画栋起楼台，竞选新声妙舞来。冶游子弟无他事，早去园中日晚回。

五、民间职业戏班

清代康、雍、乾年间,扬州成了全国戏曲活动的中心,扬州民间职业昆班与扬州盐商的家庭昆班并驾齐驱,有幸在文献资料中出现。

当时,有案可稽的扬州民间职业昆班除了维扬广德太平班外,还有百福班、双清班、集秀扬部、聚友班等。

(一)维扬广德太平班

据北京图书馆藏原为郑振铎氏收藏的、乾隆二十二年(弘历第二次南巡)在扬州接驾时进呈备查的演剧档案。其《太平班杂剧》六册中,录有扬州太平班八十名艺员的名单,和该班演出的十八出昆曲台本。张鑫基说,"广德"是盐商张芳贻的商号,可能是张芳贻的家班,不知李斗为何没有列入内班。

该班阵容强大,上场演员有五十二名,另有教习七名,场面乐队二十一名。角色行当齐全,有老生七名、小生七名、老旦五名、正旦五名、小旦五名、贴旦一名、净五名、副四名、末五名、丑四名。雍正末年至乾隆时期,该班曾流动演出于扬州和安徽广德一带,又曾到苏州的梨园总局登记备案。苏州老郎庙《历年捐款花名碑》之六的碑上,记录了该班于乾隆五十年(1785)捐钱三十二千五百十五文,与列名的同类昆班比较,其规模属于上等。另外,嘉庆五年(1800),林苏门在《续扬州竹枝词》中赞扬花部四喜班时,抬出太平班作为追步的榜样:"乱弹谁道不邀名,'四喜'齐称步'太平'。"足证太平班在群众中声誉之高、影响之大了。

王九皋(生卒年不详)维扬广德太平班场面,弹弦子。在《扬州画舫录》卷五中,王九皋只是老徐班"副末"副席。到雍正十二年(1734)苏州老郎庙《奉宪永禁差役梨园扮演迎春碑文》中,已有其大名;在乾隆四十五年《捐款花名碑》第一碑上,他又名列第一,可谓是昆坛耆宿了。

(二)百福班

该班名称仅在《扬州画舫录》卷五第52条,谈到"内班行头"时,有这么一句:"百福班一出《北饯》,十一条通天犀玉带。"《北饯》是昆戏《安天会》(《西游记》)中的一出折子戏,演唐僧从长安启程时众将官为之饯行的故事。百福班用十一条通天犀玉带来装扮上场的角色,显示其戏具行头的豪奢阔气。按理,它也是盐务内班,但《扬州画舫录》没有对该班作出进一步的说明,可能也是乾隆时扬州的职业昆班,为接驾时御前承应而临时征聘的。

(三)女子昆班双清班

昆剧折子戏形成之初,演剧活动显得热闹繁荣,女戏班也特见活跃。清代乾隆年间,曾流动演出至泰州、南京、苏州等地的扬州著名职业女子昆班"双清班",就是在这样的社会条件下产生的。诗人赵翼多次到扬州看戏,其《陈绳武司马招同春农,寓斋宴集,女乐一部,歌板当筵,秉烛追欢,即事记胜》诗三首,女乐即双清班。

其班主是吴门(苏州)人顾阿姨,初居小秦淮客寓,后迁芍药巷。女演员一十八人,场面五人都由歌童担任,掌班教师二人,男正旦一人是教师的儿子,衣(行头衣箱)、杂(检场杂务和杂色)、把(把子)、金锣四人。脚色行当齐全,演技做工多可与当时的名伶金德辉、范松年媲美。其中唯一的男伶许顺龙却充当正旦,人谓之生旦变局,恰为趣谈。当时盛行雏伶演剧,该班季玉和鱼子都只有十一二岁。从《扬州画舫录》卷九有关"双清班"的成员情况看,女演员似乎从元代以来一直活跃在戏曲舞台上。而从剧目来看,以搬演折子戏为主,符合乾隆时期的特点。从许指严《南巡秘记》看,当时扬州已经开始风尚女伶。

在演出上,女戏固然受男优影响,但由于本身的具体条件,善于演生旦戏是其特色。因而,在创造生旦脚色的性格、形象、做派、表情上,常反转过来影响男优的演出。她们在排场上不带框框,净丑可以少勾脸或不勾脸,而生旦的四声歌舞,乃至道具、布景,却尽心尽力,精益求精,匠心独运。常演《女长亭》、《双思凡》,如申官、酉保姐妹俩,作《双思凡》,为一班之最。

喜官(生卒年不详),小旦。《寻梦》一出即金德辉唱口。

玉官(生卒年不详),小生。装扮登台后有男相。

巧官(生卒年不详),纱帽小生。眉目疏秀,博涉书籍。为了艺术,自制官靴,落落大方。

小玉(生卒年不详),贴旦。为喜官之妹,因而常与喜官结伴演出。喜官作崔莺莺,小玉则为红娘;喜官作杜丽娘,小玉则为春香,互相评赏。

金官(生卒年不详),小旦。因为凭人傲物,故而班中谓之"斗虫"。但演《钗钏记》之《相约》、《相骂》,如鬼斧神工。

徐狗儿（生卒年不详），小旦。清拔文雅，赢瘦玉削。为了保持苗条的身材，饮食甚微。坐戏房如深闺，一出歌台，便居然千金闺秀。

三喜（生卒年不详），小旦。为人矜庄，一遇稀姓生客，辄深嚬蹙额，故其技不工。

顾美（生卒年不详），小旦。依仗其母（顾阿姨）是班主，凌猎人物。班中人也因为这个缘故而让她，但已有离心焉。

季玉（生卒年不详），小旦。年龄才十一岁，对于云情雨意，已经了了。

秀官（生卒年不详），小旦。人物秀整，端正寡情，所作多节烈故事。闲时藏手袖间，徐行若有所观，丰神自不可一世。

康官（生卒年不详），小旦。年纪小，不聪慧，涕泪狼藉。但声音清越，教曲不过一度。使其演《艳云亭·痴诉点香》，甫出歌台，满座叹其痴绝。

申官（生卒年不详），小旦。与酉保姐妹，"作双《思凡》……为一班之最"。

酉保（生卒年不详），小旦。与申官作双《思凡》，一班之最。

黑子（生卒年不详），小旦。"作红绡女（《双红记》），……皆一班之最。"

六官（生卒年不详），小旦。"作李三娘（《白兔记》），皆一班之最。"

二官（生卒年不详），正旦。作赵五娘（《琵琶记》），咬姜呷醋，神理亲切。

许顺龙（生卒年不详），正旦，教师之子，亦间在班内串戏。与有男相的玉官演《南浦嘱别》，玉官演蔡伯喈，许顺龙扮赵五娘，人谓之"生旦变局"。

庞喜（生卒年不详），老旦。垂头似云中鹤。

四官（生卒年不详），司小锣的歌童，又能唱大花面，演《宵光记·闹庄救青》最为擅名。此戏铁勒奴有笑技，四官演来神似老江班名净范松年。

鱼子（生卒年不详），三面。骨法灵通，伸缩间各得其任。

顾蝶之女（生卒年不详），三面。令其与康官演《艳云亭·痴诉》作瞎子，情状态度最得神。因其母顾蝶是瞽婆，母子气类相感，一经揣摩，便成五行之秀。

（四）集秀班

乾隆四十九年（1784甲辰），高宗第六次南巡。江班名伶金德辉倡议，集苏州、杭州、扬州三郡昆班中最优秀的伶人迎銮接驾。该班声容浩大，皆为一时之选，原名"集成班"，后更为"集秀班"，至道光十七年（1827）散班。拙著《扬州探微录》未记集秀班，因其系集苏州、杭州、扬州三地昆班中之最优秀者组成的班子，虽往来于苏州、扬州一带演出，非扬州内班之故。

集秀班是清代昆班中最负盛名的班社，号为昆腔中第一部，龚自珍《定盦文集·书金伶》云：

> 乾隆甲辰（乾隆四十九年，1784），上六巡，江南尚衣（按：指苏州、江宁、杭州织造）、鹾使（按：指两淮盐运使）争聘名班之某色人，艺绝矣，而某色人颇绌；或某某色皆艺矣，而留师、鼓员、琵瑟员不具；或皆具而有声无容，不合。驾且至，颇窘。客荐金德辉，德辉上策曰："小人请以重金，号召各部，而总进退其所短长，合苏、杭、扬三郡数百部，必得一部矣。"鹾使喜，以属金。金部署定，其目录：琵琶员曰苏州某，笛师曰昆山某，鼓员曰江都某，各色曰杭州某，曰江都（今扬州）某，而德辉自署则曰正旦色吴县某。队既成，比乐作，天颜大喜。内府传温旨，灯火中下珍羞酝、玉器、宫囊不绝。又有旨询班名，盐使奏：江南本无此班，此集腋成裘也。驾既行，部不复析，而宠其名集成班，后更名曰集秀班。

当时苏、杭织造和两淮盐务所备的几本大戏，大都出于金兆燕和沈起凤之手。该班不仅在艺术上达到了第一流的水准，讲究功夫和经验的积累，不特重旦色，并且"不事艳冶，而声律之细，体状之工，令人神移目往"，是道地的昆剧特色，给昆剧演出树立了楷模。集秀班自乾隆四十八年（1783）组成，至道光七年（1827）春夏之交才最后报散（《金台残泪记》），活动达半世纪之久。这种特色一直贯穿到清末，未曾稍有走样。

除了《扬州画舫录》中所述及之名伶金德辉、王喜增、李文益俱在该班外[1]，还有沈文振（《履园丛话》）、张蕙兰（《燕兰小谱》）、王鸣珂（《听春新咏》），以及《日下看花记》中的名旦王三林、郁树宝、陈翠林、沈凤林、玉喜等。如清小铁笛道人《日下看花记》卷一所记：

> 三林，姓王，年十六岁，苏州人，集秀部、此部初自南来，闻风者交口赞美，则旦色之佳，有以动人也。是日亮台，座客极盛，意其必有足以登吾花记之选者，丞

---

[1]［清］李斗《扬州画舫录》卷五，条29："李文益丰姿绰约，冰雪聪明，演《西楼记》于叔夜，宛似大家弟子，后在苏州集秀班，与小旦王喜增串《紫钗记·阳关折柳》情致缠绵，令人欲泣。"又条38："王喜增，姿仪性识，特异于人，词曲多意外声，清响飘动梁木。金德辉演《牡丹亭·寻梦》，《疗妒羹·题曲》，如春蚕欲死。"中华书局，1960年4月。

往观焉。脂粉如云，而登场接演者，惟三林剧最多，其一班中之前茅与，姿则艳而不靡，质则婉而有情，观其演《赏荷》则幽娴贞静；演《金山》则软欹轻盈；及演《武塑》数出，则骆宾王所云："峨眉不肯让人，狐媚偏能惑主"者，彼善诛心，此巧传神矣。一日之间，一台之上，王郎之能事已不仅一斑之见也。其外有翠林陈郎，安庆人，沈郎凤林，杭州人，色亦尹邢材如韩虢，尚未细为端详，第与三林连类及之，亦可想见矣。近见有玉喜者，亦隶是班，颇著名。[1]

集秀部曾于嘉庆初期进京演出，应京城时尚旦色，所派入京的演员以年轻的旦色居多。集秀部旦脚表现出色，王三林之擅演若此，且程度与他相类者还有陈翠林、沈凤林等，果不失为"集秀"之班。集秀班招牌响亮，伶人莫不向往，吴长元《燕兰小谱》卷五，记苏伶张蕙兰之事，即是一例：

> 苏伶张蕙兰，吴县人。昔在保和部，昆旦中之色美而艺未精者。常演《小尼姑思凡》，颇为众赏，一时名重，蓄厚资回南，谋入集秀班。集秀，苏班之最著者。其人皆梨园父老，不事艳冶，而声律之细，体状之工，令人神怡目往，如与古会，非第一流不能入此。蕙兰以不在集秀，则声名顿减，乃捐金与班中司事者，挂名其间，扮演杂色。噫！为名为实，吾不能知，而其志则可嘉矣。[2]

集秀班"非第一流不能入此"，如此一分为二，则不在集秀班的伶人，声名必然顿减，生意自然大受影响。

另外，许指严的《南巡秘记》早已看过。因其"水剧场"之说近乎荒诞，且是孤证（李斗《扬州画舫录》都未见记载），并未指明是第几次南巡，以为是小说家言，故《扬昆探微录》未将其写入，后文联老学者许少飞曾提出这一问题。既然是笔记小说，当与现今之虚构小说不同。所以这次将其附后，以供后来者再挖掘资料证之。

（五）四喜班、集庆班、如意班

雪如（生卒年不详），清乾隆年间，"四喜班"之女伶。凡江汪马黄等豪家，无不有其踪迹。皇帝南巡时，在盐商汪某的安排下，得以朝夕供奉；又以皇帝曾抚其肩，

---

[1]《清代燕都梨园史料》，张次溪编纂，中国戏剧出版社，1988年12月，页64。
[2]同上，页43、44。

而肩绣小龙，以彰其异。乐元淑《雪如小传》中的苏州人袁葆珠，也叫雪如，不知是不是同一个人。

蕙风（生卒年不详），乳名如意，清乾隆年间来扬创集庆班，与雪如南北对峙，声誉日隆。时值皇帝南巡，绅商推江春（鹤亭）为领袖，筹划迎銮接驾之事。原议以女乐，恐高宗好名，于是延蕙风为主，再广购吴越弟子训练。未料，在盐商汪某的安排下，雪如得以朝夕供奉；蕙风"竭其生平之长技，欲以动天听，久而寂然，大窘"。蕙风欲雪前耻，又组"如意班"（御赐名）。仅江春愿为资助，然已有俚歌"江郎妙计倾天下，赔了面皮又折金"讽之。

蕙风归集梨园弟子，组"如意班"（御赐名）。誓言：成者"如意班"独霸江南，败者去之天涯海角。席间有少年天胜者，以剧场布景称雄大江南北，蕙风令其"自明日御启行始，依程献艺，行千里不虚度，其间幕天布地，令皇上有居室之乐，无登程之苦"，于是有如意班"水剧场"之事。江春又一次漂亮地完成主持迎銮的任务，"如意班"声誉亦如日中天。

（六）集秀扬部

乾隆末年，借用扬州集秀昆班之名在扬州组成的昆乱兼演的戏班。集秀班原为乾隆四十九年（1784甲辰）供奉乾隆帝第六次南巡，由老江班名伶金德辉建议，从苏、杭、扬三郡昆班中精选艺员而组成。"集秀扬部"即效其组班方式，集合扬州的昆乱新秀，于乾隆五十八年（1793）夏季进京，既演花部乱弹，也演雅部昆曲，花雅并举，艺术水准较高，可与同是来自扬州的春台班比美；演员多数为扬州人，"集"扬州徽班之"秀"，名不虚传。成书于乾隆六十年的《消寒新咏》是这样记载的：

> 癸丑（1793）夏，集秀扬部到都。闻其当行各色，富丽齐楚，诸优尽属隽龄。一日，友人式南自歌馆回，艳称是部足冠一时。

该部虽以花部为主，但部中许多有才能的艺人都是文武昆乱兼演的。常演的昆曲剧目有《西厢记》、《水浒记》、《玉簪记》、《金雀记》和《白蛇传》等。集秀扬部的出现，反映了乾隆末年花部兴起后昆山腔与乱弹腔合流的趋势。

李桂龄（生卒年不详），集秀扬部的小生，一名大体。清乾、嘉年间在北京，扬州人。时为集秀扬部主角最杰出者，文武昆乱不挡，表演准确传神。性格温和，扮相俊美，能串旦角，"丰韵韶秀"，"顾盼嫣然"，擅演《跳墙着棋》、《调叔》（饰潘金莲）和《改妆》（饰周文彬）等昆戏。为人重情义，对喜欢他的观众以礼相待。《消寒新咏》卷二，记述了他和一位知音观众的动人故事。

倪元龄（1782-?），清代乾隆末年人，集秀扬部的小旦，"其年甚少，逢场作戏，即梨园老手亦未必尽能若渠之酷肖"。"丰姿玉质"，嬉笑逼真。常演剧目有《看会》、《背娃进府》、《遇妻》、《巧配》、《骂灶》、《卖解》等出。

王喜龄（生卒年不详），集秀扬部的贴旦，又名双喜，清代乾隆末年金陵人，"姿容皎洁"，被称为"维扬异卉"，以演《围棋》、《长亭》、《偷词》、《写真》、《出塞》、《乔醋》、《百花赠剑》等昆戏最为出色。

李福龄（生卒年不详），集秀扬部的贴旦，又名金官，清代乾隆末年安庆人，表演天真自然，尤擅悲剧。其所擅长之昆曲剧目，有《水漫》、《断桥》、《学堂》、《阵产》、《捡柴》、《断机》。嘉庆初年改隶三庆部。

李秀龄（生卒年不详），集秀扬部的武旦，清代乾隆末年安徽人，"画戟长拖，梨花落袖；彩旗斜挂，蓉匣藏锋。矫若猿奔，疾同鸟落。真所谓'箫管声中闻战伐，绮罗筵上遍旌旗'者也。……他亦间演闺门戏"，如《跳墙》、《着棋》等剧，演来"体肃而娇，声圆而正"，当行本色。

第七章　扬州昆曲对徽班的影响

早在上一世纪,《佚存曲谱》和《昆曲曲牌及套数范例集》先后出版的时候,我就撰文考证了在扬州流传的昆曲和扬州本地的小唱之间的相互吸收融合。昆曲在扬州的兴盛,带来了两个结果。一个是扬州昆曲的形成,另一个则是当地的民间音乐完成了曲艺形式的演变,并大约在清代康熙年间,至迟在雍正年间形成了扬州的"本地乱弹"。

而到了乾隆年间,由于乱弹诸腔汇集扬州,不再是昆曲和本地小唱之间的相互影响与融合了,而是唱"扬州昆曲"的本地乱弹对乱弹诸腔的吸收与融合,结果变成了花雅兼擅、包容诸腔的"徽班",最后形成了至今执掌中国戏曲之牛耳的京剧。

一、四大徽班中的扬籍名伶

据前人记述,进京献艺的四大徽班,不仅有扬州籍名伶多人,而且与扬州的关系非常密切。

(一)三庆班

三庆班是第一个进京的,故而被称为徽班鼻祖。虽然乾隆中期组建于安徽省安庆府怀宁县石牌镇,但从三庆班的主要演员多为扬州籍来看,它的基地应该在

175

扬州；从《消寒新咏》说高朗亭善唱【寄生草】【剪靛花】来看，它也演出于里下河地区；从它能被闽浙总督挑选进京为乾隆祝寿来看，它应该也在杭州演出过。扬州和杭州，都是乾隆皇帝历次南巡必至之地。所以，很可能参加过迎銮接驾的演出。最早记载其班其人的，是《扬州画舫录》：

> 京腔本以宜庆、萃庆、集庆为上。自四川魏长生以秦腔入京师，色艺盖于宜庆、萃庆、集庆之上，于是京腔效之，京秦不分。迨长生还四川，高朗亭入京师，以安庆花部，合京秦两腔，名其班曰三庆，而囊之宜庆、萃庆、集庆遂湮没不彰。[1]

是高朗亭"以安庆花部，合京秦两腔"，名其班曰"三庆"呢，还是自以为色艺盖于宜庆、萃庆、集庆之上，名其班曰"三庆"呢？不得而知。反正是喜听新腔的北京观众使其班名声大噪。祝寿完毕以后，该班便留在了北京，且成为京师众多戏班的首席。《日下看花记》、《众香园》、《听春新咏》、《听花小谱》等，所记述的都是三庆和春台进京以后四大徽班的情况。只是由于当时京师舞台旦角独领风骚，加上京师"狎优"之风特炽，官僚士大夫热衷于捧旦、评花，并非生、末、净、丑，没有优秀艺人。

余老四，三庆班班主，工生，是一位多才多艺的表演艺术家，进京前早在南方享有盛誉（杨懋建《辛壬癸甲录》）。其所授弟子颇多，《扬州画舫录》所记述的高朗亭是其中之一。进京以后，由于京师的捧旦之风，余老四只得退居幕后，让高朗亭掌班。

高朗亭（1774—1828年之后），宝应人。幼年聪慧，酷爱家乡民歌小调。原住在宝应北门外福元庵附近，福元庵是安徽会馆，常有徽班在此唱戏。高朗亭童年便常在这里白看大戏，对旦角的表演模仿得惟妙惟肖。一日，被班主余老四抓住，要他唱一段。他就唱了一段偷学的徽调，余老四大为赞赏，当下就收他为徒，取艺名为"月官"。从此，不满十岁的他便告别家乡，入徽班学艺，开始了舞台生涯。由于他扮相俊俏，嗓音清脆，表演灵活，十多岁就走红扬州及杭嘉湖一带。十七岁（虚龄）已色艺双绝，任三庆班首席演员，成为旦角台柱，以《傻子成亲》一剧著称。乾隆五十五年（1790）进京后，由于表演上功底深厚，生动传神，广为文人士大夫们赞誉。《日下看

---

[1] ［清］李斗《扬州画舫录》卷五，中华书局，1960年4月，页131。

花记》载其为"二簧之耆宿也，善南北曲，兼工小调"，虽"体干丰厚，颜色老苍"，然"一上毡毹，宛然巾帼，无分毫矫强，不必征歌，一颦一笑，一起一坐，揣摩雌软神情，几乎化境，忘乎其为假妇人"。[1]并归纳其炉火纯青的表演完全由"体贴精微而至"。《消寒新咏》卷四，还说他继承扬州昆曲，"善南北曲，兼工小调。……若【寄生草】、【剪靛花】……淫靡之音，依腔合拍。"

高朗亭历经乾隆、嘉庆、道光三朝皇帝，大部分时间在北京度过。而这段时间，正是徽剧向京剧发展的关键时期。高氏在艺术上勇于革新，不墨守成规，敢于吸收其他剧种的优点，使其成为京剧奠基人之一，可以说是京剧的鼻祖。

《江苏戏曲志·扬州卷》据乾隆五十五年（1790）入京时高朗亭才十六七岁，推断他生于1774年。在引小铁笛道人《日下看花记》时，言其"颜色苍老"，又随文括注"时年三十多岁"，是对的。但最后说他"二十二岁在扬州任'三庆班'掌班"，则显然矛盾。据说，乾隆五十五年入京时班主为余老四。入京后，由于京城捧旦之风，班主余老四才不得不隐身幕后，让二十二岁的高朗亭为班主。高朗亭的卒年应在1828年汉剧入京之后。

朱福寿（1785—?），扬州人，三庆班的旦角演员。嘉庆初到北京，演《花鼓》（即《打花鼓》），脱离窠臼，崭崭生新。《斋饭》（即《打盏饭》）本詹双庆所擅场，他与朱福寿同庚、同里、同班，以演《斋饭》《青炭》为拿手。今朱郎继响，声形笑貌，近似詹郎。然其姿容神采，焕发于詹，腴润于詹，音调更清脆于詹，宛然小家碧玉。（《日下看花记》）

陈桂林（1786—?），扬州人，三庆班的旦角演员，清乾、嘉年间在北京。字仙圃，天性爽朗，无傲气亦无脂粉气，雅嗜围棋。《日下看花记》说他"歌喉清滑，娇靥鲜妍，顾盼玲珑；灵心慧齿，如听百啭林莺，体段亦停匀合度，后来之秀应数此人"。举止洒落，擅演聪明伶俐、温柔妩媚之女性形象。能戏颇多，常演剧目有昆曲《盗令》、《游街》、《学堂》、《思凡》、《拷红》、《戏叔》等。

吴莲官（1791—?），字香芸，又字广平，以秦腔见胜，能融会魏长生、高朗亭内派之长，形成个人的独特表演风格。《听春新咏》评其"《闯山》、《戏凤》、《背娃》诸剧，得魏婉卿（魏长生）之风流，具高朗亭之神韵（原注：朗亭，名月官，三庆部，工《傻子成亲》剧），已堪睥睨群芳矣"。这表明进京后的徽班，已经从进京前的"合

---

[1]〔清〕小铁笛道人《日下看花记》，《清代燕都梨园史料》，张次溪编纂，中国戏剧出版社，1988年12月，页65。

京、秦二腔"进而扩展其诸腔杂奏的领域，发展到兼收并蓄京、秦两腔的独特表现手段，以丰富徽班的表演艺术。而《玉蓉镜》、《珍珠配》两出，演婢女学夫人之态，极尽其妙。吴莲官文化素养颇高，喜画兰，间作小诗，颇有天趣。

庆龄，善弹琵琶，因而又称"琵琶庆"，扬州人。学成于扬州，享名于嘉庆间京师戏曲舞台，为三庆班进京时主要演员之一。至道光初叶，已逾不惑之年的庆龄，仍为三庆班的台柱之一。三庆后起之秀，强半出其门下，若论名辈，则"皆其孙、曾行。"演皮黄戏《战宛城》饰张绣婶母，固为歌坛老斫轮驾轻就熟之作，而以近"知天命"之年饰演《荡湖船》之江南湖滨少女，容华不减当年。怀抱琵琶，且弹且唱（滩簧调），曼声娇态，台下四座倾倒。后台孙、曾辈则骈肩窥帘，尽皆叹服。终庆龄之世，三庆班演此剧，无人超越庆龄达到的艺术高度。庆龄为徽班之艺术生涯最长的元老之一。（杨懋建《辛壬癸甲录》）

赵庆林（一作赵庆龄，1793—？），扬州人，三庆班的旦角演员。字仿云，又字小倩，师从吴下张莲航，留心问业，技艺日精。清嘉庆年间在北京，擅演剧目为昆曲《思凡》、《佳期》、《藏舟》等，而以《春睡》一出最佳。《听春新咏》评其"星眼朦胧，云罗掩映，尤得'半抹晓烟笼芍药，一泓秋水浸芙蓉'之妙"。

小庆龄（1793—？），三庆班的旦角演员。"年十八，扬州人，工《思凡》、《佳期》、《藏舟》、《春睡》等剧，宫商协律，机趣横生。"（《听春新咏》）

郑三宝（1795—？），三庆班的旦角演员。"年十六，扬州人，工于昆剧，亦唱秦腔，《思凡》、（石秀向潘巧云）《交帐》诸剧，淡宕风华，好声四起。三宝之艺证明：阳春白雪未必曲高和寡。"（《听春新咏》）

王翠翎（生卒年不详），扬州人，三庆班演员。婉转如意，动人可怜。擅演《茶叙》、《观花》等剧。《长安看花记》说："是儿意态，近之如山茶花，秾而不俗。大家儿女固应尔尔。此蘅芜院中黄莺儿也。"

谢添庆（生卒年不详），扬州人，三庆班演员。昆曲"歌喉响亮"，"间唱秦声（即秦腔）"（《听春新咏·徽部》）。

（二）四喜班

四喜班是在扬州组建的，长驻基地在扬州，成名也在扬州。《续扬州竹枝词》的作者林苏门，在追忆它乾隆间在扬州演出盛况时，曾把它比成"维扬广德太平"昆班，可知其在维扬戏曲舞台上举足轻重的地位。"乱弹谁道不邀名，'四喜'齐称步'太平'。每到采觞宾客满，'石牌'串法杂'秦'声。"进京后，留在京中的昆剧艺人，如余启秀、霓翠两班中专唱昆腔的一些脚色，大都集中于四喜班，所以，在京城有"四喜的曲子"之誉。

袁双桂（生卒年不详），字韵兰，号月香，清嘉庆、道光间扬州人，与兄弟袁双凤（小名阿来，号竹香），同为四喜部著名旦角演员，为北京梨园"二双"。后入集芳班，擅盛名于道光初年。擅弹琵琶。善画兰，工笔札。曾至粤中奏技，为《红楼梦》传奇作者陈仲麟所赏（《辛壬癸甲录》）。集芳班解散后，与兄弟袁双凤改隶春台部。弟子吴金凤（号桐仙），传其书画笔札，善画兰竹，《换字》、《射覆》诸戏俱佳。后隶春台部，为扬州籍名角吴秀莲之师。

杨发林（生卒年不详），一名法龄，号惠卿，又号韵香。扬州人。清嘉、道年间在北京，本为北京四喜部老曲师，所演皆昆曲，后入集芳部，工旦。杨发林家境贫寒，有两个兄弟，九岁时被父母所卖，后入京都。一说他十余岁被卖到梨园。他秉性清高、旷达，不为权贵折腰，善清言，不喜饮酒。成名后，不忘父母亲族，常叹曰："吾但得厘田区宅奉老母，放浪于山水间足矣。"道光八年（1829）七月，弃业举家返江都，奉侍老母，且把所带银钱全部赠给亲族中贫困者。几年后复入京，但很快脱离歌场，闭门谢客，亦未收弟子。杨发林昆乱皆能，而以昆曲为佳。"以色倾一时，尤善歌。尝遇雪天，独歌户外，听者至数百人。有车而过者，马皆仰沫悲嘶不行。"（《金台残泪记》）其演唱婉转缠绵，颇具韵味，为道光初北京梨园"二双三法"四喜部五大名伶之一。擅演剧目为《疗妒羹·题曲》、《游园惊梦》，而以《疗妒羹·题曲》享名十年之久。所演乱弹戏有《醉打山亭》、《折柳阳关》，而后者与其四弟合演，《金台残泪记》有诗赞此合作："泪到春风杨柳条，伶俜阿弟让阿娇。桃花细雨无情思，忆杀江东大小乔。"《燕台集艳》评他为"仙品"。集芳班解散后，回到南方。

胡法庆（生卒年不详），清道光间昆曲演员，字小云。本为北京四喜部老曲师，后入集芳班。集芳班散，隶春台班。与杨法龄、王法宝、袁双桂、袁双凤为北京梨园"二双三法"四喜部五大名伶。擅演《刺虎》等剧。弟子吴金凤、张金麟，皆为昆曲后劲。见清张际亮《金台残泪记》卷一。集芳班解散后，与弟子吴金凤改入春台班。

王文林（1779—？），清乾嘉年间在北京，扬州人。字锦屏。隶四喜部，工昆旦，神态潇洒，气运淡逸。演戏但求神似，如白描好手，妙在天趣。擅演《玉鸳鸯》，而以《盗巾》一剧颇工。声容场步，合节应弦，口齿清澈，有逍遥自在之姿。

刘彩林（1785—？），清乾嘉年间在北京，扬州人。字琴浦。隶四喜部，工武旦。

179

初演《军门产子》，云姿月态，举止静雅（《日下看花记》），生动传神。后又演《捉奸》、《服毒》、《刺梁》、《刺虎》等，不以武功精湛见长，而气势逼人，"奕奕骇人瞻瞩"。亦能演文戏，《玉鸳鸯》一出颇佳。其高徒滕翠林，亦扬州人，字兰苕，由三多入四喜部。常演剧目为《思春》、《醉归》、《金盆捞月》等，表演自然，动静合宜，大有青出于蓝而胜于蓝之势。《听春新咏》评其"气明神清，实能越其传之范围，而独标风格者"。

蒋天禄（1790—？），徽班演员。清嘉庆年间在北京，扬州人。字韵兰。曾隶四喜、和春、三多等部，工旦。在当时北京舞台上比较活跃，与朱天寿、王添喜、范添喜并称"四美"。《听春新咏》述其为"四美领袖，名高众部……莲步登场，羊车入市，黄童白叟，无不知其为韵兰也"。然其演技却经历了从不成熟到日臻精湛的发展过程。初演昆曲《借茶》，不甚成功，有生硬做作之嫌。然而他谦虚好学，刻苦练功，不久，表演已近自然。十五岁（1805）入和春都，论者称之为"巨擘"。十六岁转入三多部，《众香园》评其曰："其韵清，其态媚"，"第翩跹舞袖，影摇千尺龙蛇……"

杨长青（1793—？），清嘉庆时在北京，扬州人。字啸云。隶四喜部，文武昆乱不挡，工旦。才艺出众，性情高傲（《听春新咏》），喜读书，不愿唱戏，有脱离歌场之意，然迫于家传，未能如愿。其表演出神火化，刻画人物力求神似。常演剧目有昆曲《水斗》、《断桥》、《盗令》、《杀舟》、《卖身》（《粉妆楼》第四本）等，而以《独占》最佳。或慷慨悲歌，或温柔旖旎，令人忽惊忽爱忽喜忽悲（《听春新咏》），皆惟妙惟肖，合情合理。小泉山人评曰："静中带媚，淡处含情；其韵在神，其秀在骨。"其武戏身段便捷轻灵，如"明珠旋转玉盘中"。

（三）春台班

春台班本是两淮盐商总管江鹤亭为承应乾隆皇帝南巡而在扬州组建的，组建时间不会迟于乾隆第二次南巡。它是一副颇具规模的扬州乱弹戏班。该班虽然也是为承应乾隆皇帝南巡而建立的，但除供御承应外，还多次到江鹤亭的老家安徽歙县演出，上海也是它的活动地盘，甚至南下广州，所以称为外江班。它是两淮盐务所备的八个班社中，唯一的一个花部班社；也是后来进京、真正是扬州籍演员演唱扬州昆曲，并兼唱乱弹和"二簧调"（实即皮黄）的"四大徽班"中的一个班社。

春台班因其最初"不能自立门户，乃聘四方名旦，如苏州杨八官、安庆郝天秀之类；而杨、郝复采（魏）长生之秦腔，并京腔中之尤者，如《滚楼》、《抱孩子》、《卖饽饽》、《送枕头》之类,于是合京秦二腔矣"[1]。

杨八官(生卒年不详),清乾隆年间长洲(今苏州)人。作盛夏妇人入私室宴息,迫于强暴和尚,几为所污,谓之"打盏饭"[2]。

郝天秀(生卒年不详),字晓岚,清乾隆年间安庆人。柔媚动人,得魏三儿之神。人以"坑死人"呼之,赵云崧有《坑死人歌》。

关大保(生卒年不详),清乾隆年间扬州人。演《水浒记》之阎婆惜,仿效京师萃庆班谢瑞卿("小耗子")。自此,扬州有谢氏一派。

综上所述,春台班不仅以扬州昆曲、扬州乱弹和徽戏二黄为主,亦合并京、秦二腔了。

扬州乱弹以丑、旦为重,而丑又以科诨见长,"所扮备极局骗俗态,拙妇马矣男,商贾刁赖,楚咻齐语,闻者绝倒"(《扬州画舫录》卷五)。扬州乱弹的小丑,原来也和各地乱弹一样,囿于土音乡谈,"楚咻齐语",取悦于乡人而已(在扬州演唱的昆曲艺人,当初之所以改用扬州方言唱念,也是为了取悦观众),终不能通官话。后来,江鹤亭不仅聘有关大保、郝天秀、杨八官等四方名旦,也聘有京腔的小丑刘八入班,风气渐改。

刘八(生卒年不详),清乾隆年间广东人。工文词,好骑马。因为赴京兆试,流落京腔,以官话科诨,成小丑绝技。所演之《广举》一出,"岭外举子赴礼部试,中途遇一腐儒,同宿旅店,为群妓所诱。始则演论理学,以举人自负;继则为声色所惑,衣巾尽为骗去,曲尽迁态",皆其亲身经历。又有"毛把总到任"一出,为把总以守讯之功,开府作副将。当其见经略,为畏缩状;临兵丁,作傲倨状;见属兵升总兵,作欣羡状、妒状、愧耻状;自得开府,作谢恩感激状;归晤同僚,作满足状;述前事,作劳苦状;教兵丁枪箭,作发怒状;揖让时,作失仪状;经略呼,作惊愕错落状。曲曲如绘,足见平日观察之细。刘八入春台班后,本班小丑效之,风气渐改。然刘八之妙,《毛把总到任》一出,惟胜春址某丑效之能仿佛其五六,至《广举》一出,竟成《广陵散》矣。

约于明中叶(最迟不迟于万历初叶),北方的弦索流传到湖北以后,与襄樊一

[1][清]李斗《扬州画舫录》卷五,中华书局,1960年4月,页31。
[2]此剧和"四卖一垃圾"(《卖草原》、《卖青炭》、《卖明矾》、《卖橄榄》、《捉垃圾》),都是后滩老十八出中的剧目。滩簧有雅俗之分,前滩雅,剧目多由昆剧剧目改编而成;后滩俗,剧目多为民间谐谑小戏。乾隆四十五年前后,沈起凤《文星榜》传奇第四出,净扮道士以吴语打诨道:"区区晚爷姓焦,从小领我出道……滩王是我起首,双鼓槌算我顶燥……《卖橄榄》粗话直喷,《打盏饭》嚼蛆一泡。"

带的民歌小调融合，经过许多变化以后变成了襄阳腔。后在汉水流域继续发展，又在音调上发生更大的变化，形成了汉调的"西皮"。

黄翠娘，江西籍演员。能为新声，善唱"西皮调"。崇祯年间随其父黄六流动演唱于大江南北，所至人争致之。时人曰："西皮调"，新翻妙；黄家腔，世无双。"[1]于是，在长江中下游，襄阳腔被称为"西皮调"，作为一项"新声"传唱开来。

据谷剑东从周贻白处抄录的乾隆年间的《滚楼》剧本，虽然注明为"江西二黄调"，内中也有不少西皮板式。[2]再则，《禁书总目》中载有乾隆四十五年（1785）十一月二十八日上喻曰："兹据伊龄阿复奏：'……再查昆腔之外，尚有石牌腔、秦腔、弋阳腔、楚调等项，江、广、浙、四川、云贵等省，皆所盛行。……'"这楚调，又叫楚腔，或曰襄阳腔、西皮调。杨明、顾峰主编《滇剧史》说："'襄阳'来自楚腔。"滇剧的音乐结构是襄阳腔（西皮）、胡琴腔（二黄）、丝弦（梆子腔）三大声腔，以襄阳腔为主。因此，此说具有一定的权威性。然则，与其说襄阳腔来自楚腔，不如说襄阳腔就是楚腔。史料显示，襄阳腔之名不及楚腔之名流布广远。因为楚可以代表全湖北，襄樊只是湖北的一部分。既然盛行于江苏境内，势必盛行于时为戏曲中心的扬州。而且，李汉飞《中国戏曲剧种手册》"汉剧"条也说：乾隆中叶以降，"很多汉调（林按：即楚调）艺人长期被组织在'徽班'中。这"徽"、"汉"合流，"皮"、"黄"合奏，就不是在徽班进京之后。谨慎一点说，在徽班进京之前，"徽"、"汉"已经开始合流，"皮"、"黄"已经开始合奏。

樊大（《花部农谭》为"樊八"），春台班演员。"演《思凡》一出，始则昆腔，继则罗罗、弋阳、二簧，无腔不备，议者调之戏妖。"[3]足见春台班在声腔方面以色艺最优的安庆花部，合京秦两腔，既唱二簧、弋阳腔，也唱昆腔，亦唱花腔小调，同时吸收汉调的部分曲调，"联络五方之音合为一致"，"昆、乱、梆子俱谙"，"文、武、昆、乱不挡"的一种多声腔"合班"性质。[4]

蔡三宝（1776—？），清乾隆年间扬州人。字莲芳，隶春台部，工旦。"素著声于邗上"——早年在扬州就享有盛名，入京后，"步武（魏）长生，别开生面，穷形尽相"（《日下看花记》），以清新之气声振京都。其表演、唱腔颇似魏长生，时有"赛

[1] 刊本《梅雨记》，转引自杜颖陶《二黄来源考》。
[2] 谷剑东《江西二黄调〈滚楼〉及其他》，见《〈戏曲艺术〉二十年纪念文集·戏曲文学、戏曲史研究卷》，页527。
[3] [清]李斗《扬州画舫录》卷五，中华书局，1960年4月，页131。
[4] 详见陆小秋《从徽班看徽戏》一文，收入颜长珂、黄克主编《徽班进京二百年祭》，文化艺术出版社，1991年，页43—52。

魏三儿"之称。昆曲亦佳（艺精花雅），所演诸剧，音弦相随，歌舞"自然入化"（《日下看花记》）。擅演剧目为《打门吃醋》。

葛玉琳（1780—?），扬州人，体干丰肥，色亦中等，盖以艺胜（《日下看花记》）。其演"《连相》一出，错杂于诸美中，风情自胜。《顶砖》一剧，较（蔡）三宝《打门吃醋》，可称异曲同工。"

薛万林（1880—?），清乾嘉年间在北京，扬州人。隶春台部，文武昆乱不挡，生旦俱佳。曲白清晰，跌扑轻捷。瘦而无华姿，然丰神秀韵自在言谈举止之间；其表演曲尽人情，其意味却在世俗咸酸之外。《乾坤镜》、《翠云楼》诸剧俱佳，而昆曲《题曲》尤为佳妙。演唱吐字清楚，表演准确传神。演才女乔小青，素衣青裙，不饰铅华，而其神毕现。

陈翠林（1784—?），清乾、嘉年间在北京，扬州人。字苏心，工旦，隶春台部。常演剧目有《打樱桃》、《遇妻》、《踢毬》等，以《打樱桃》为擅长。《日下看花记》说他声如碎竹，扮相亦不甚娟秀，妙在表演身段，"佳处更在行走间，觉其步步生香也"。

李桂林（1785—?），《日下看花记》卷三载他性情温和，有大家子弟风范，满面书卷气。隶春台部，工旦角，十八岁成名。擅演《跳墙着棋》等昆戏。扮莺莺，清姿淑质，天然如画。后因倒仓，而改演小军、仙童之类配角。有诗评曰："悦耳莺歌春正浓，无声反舌隐花丛，明知缄口犹难毁，谁分当场作哑钟。"

戴庆林（1786—?），徽班演员。清乾、嘉年间在北京，扬州人。隶春台部，工旦。十七岁成名。《日下看花记》卷三载他以《佳期》一出，名振时下，表演身段合度适宜。也有人认为"炯炯双目，不堪送媚"，嫌其生硬。然小铁笛道人则谓"全才难得，可以微而弃连城之璧乎"？评价比较客观。

吴福寿（1788—?），徽班演员。清嘉庆时在北京，扬州人。字春祉，隶春台部，工旦。姿容明媚，形体停匀。昆乱皆能。工《学堂》、《碧玉钏》、《惊变》、《埋玉》诸剧。擅于把握人物个性和心理，演来分寸得当，维妙维肖，在昆曲《学堂》中演社丽娘，闺阁风仪，别具魅力。演《英雄谱》饰霍玉蝉侍婢春花，"代主抵罪"一段，情辞激烈，声容哀绝，儿女英雄，令人泪下。被认为是徽班进京初期新秀中之杰出人才。常演剧目尚有昆曲《跳墙》、《下棋》、《相约》、《讨钗》等，亦演武戏，盘旋自如。

范添喜（1794—?），徽班演员。清嘉庆年间在北京，扬州人。字如兰。隶春台部，工旦。生性聪敏，表演"能于旧套中别翻新样"，以"媚"取胜。"唱到水红花歇尾，无人不当女儿看"。擅演剧目有昆曲《铁弓缘》(京剧据此移植)、秦腔《十二红》、柳子腔《小寡妇上坟》等，其余"诸剧俱能自成一派"(《听春新咏》)。《留香阁小史》评其《铁弓缘》胜于三庆部名旦刘朗玉(魏长生之得意门生)。因其在观众中有广泛影响，而成为春台部的台柱子。嘉庆十年(1805)秋，他卧病两月，春台部声价锐减。这说明进京的徽班，自乾隆末至嘉庆中还不足二十年的时间里，便绽放出流派的蓓蕾。

吴秀莲(生卒年不详)，字花君，清嘉庆年间扬州人。隶春台部，为本部名伶吴金凤(桐仙)的最后一个徒弟，也是最得意的一个弟子。秀莲从师不落陈规，聪明好学，刻意求新。他与师傅吴金凤一起，借鉴"击鼓骂曹"的构思，编演了花部新戏《快人心》，演"岳云骂秦桧"。《丁年玉笋志》曰："词曲、宾白、科诨……非依样胡芦也。桐仙以一夕成之，花君以一夕习之。明日入戏园，登场搬演，耳目一新。"足见师徒二人在艺术革新上的才能。

魏良辅改革"昆山腔"，只是熔北曲和弋阳、余姚、海盐等南曲诸腔之长，却不是多声腔的剧种。在昆曲舞台上的北曲杂剧，依然是昆山腔唱口。而乾隆末年进京的"四大徽班"之一的春台班则不同，如樊大所演之《思凡》，它"花""雅"兼擅、包容诸腔。[1]更主要的是，不仅声腔曲调空前丰富，而且不同声腔都拥有各不相同的剧目，改变了昆剧剧目"十部传奇九相思"的题材狭窄单调的局面。

这样，以诸腔杂奏为特征的徽班进京以后，可以替代京腔、秦腔、梆子、昆腔等等花雅戏班，而诸般花雅戏班却不可以替代徽班。于是，从前由唱京腔而效仿魏长生秦腔的宜庆、萃庆、集庆"遂湮没不彰"。正由于此，徽班特别看重演员昆乱兼擅的优长，非但没有忘记昆曲与自己的历史渊源，相反，倒是更加强了昆曲在徽班中的作用。这在中国戏曲史上，为中国戏曲的发展划出了一个新的时代。

(四)和春班

和春班是嘉庆八年新春期间进京演出的，也是在扬州组成的。它以乱弹戏《收妲姬》一炮打响[2]，以武戏擅场，有"和春的把子"之誉。据《片羽集》和《听春新

---

[1]拙著《扬昆探微录》："那时的剧团班社和演员，都没有现在剧种的严格限制，可以兼演多种声腔。"中国戏剧出版社，2004年10月，页288。至少说，解放前还是如此，谓之"风搅雪"、"两下锅"。现在，正在逐步恢复这一优秀传统，谓之"混搭"。但愿这种"混搭"继续"搭"下去，"三十年"必有"一变"！扬州市政府之所以让扬剧团保护"扬州昆曲"，其目的正在于此。

[2][清]小铁笛道人《日下看花记》，《清代燕都梨园史料》，张次溪编纂，中国戏剧出版社，1988年12月，页106。

咏》所录，该班由扬州十三人，苏州五人，安徽四人，上海、北京、直隶各一人。

蒋韵兰（1791—?），扬州甘泉人。

张连喜（1796—?），扬州人，隶和春部。姿态端妍，丰神和畅，《顶嘴》一剧最佳，时人评云："抑扬顿宕，活泼可爱"，"香溢氍毹，流韵绕梁"。（《听春新咏》）

宗全喜（1796—?），扬州人，隶和春部。扮相稍逊于张连喜，然却备极风雅，于调笑中见诙谐，以《顶嘴》《卖饽饽》两剧倾倒时人。（《听春新咏》）

夏双喜（1797—?），扬州人，隶和春部。昆曲《藏舟》、秦腔《背娃娃进府》诸剧，演来皆楚楚动人，而昆曲《洛阳桥》一剧，更显丰容妍丽，宛若洛浦神姝，时人以曹植《感甄赋》"翩若惊鸿，婉若游龙"句赞誉之。（《听春新咏》）

小铁笛道人在《日下看花记·自序》中写道："迩来徽部迭兴，踵事增华，人浮于剧，联络五方之音，合为一致，舞衣歌扇，风调又非卅年前矣。"[1]这表明自徽班进京（1790）至嘉庆八年（1803）的十三年间，北京的戏曲舞台发生的巨变。明王骥德《曲律》云："世之腔调，每三十年一变"。（《论腔调第十》）这不是历史的巧合，而是历史发展的规律！

自嘉庆八年（1803）至《两般秋雨庵随笔》成书的道光十七年（1837）之前的三十多年中，京师的戏曲舞台，特别是徽班，正经历着"又非卅年前"的变革。这一变革，在刊刻于道光二十五年（1845）的《都门纪略》中有所反映。在其"词场门"对京师七副著名徽班的主要演员及其拿手戏中，我们可以看到，除"小耗子"谢瑞卿外，徽班进京初期的元老和新秀，均已退出戏曲舞台，多半作古。而进京徽班第二代优伶的佼佼者，便是生行的崛起。

综上所述，四大徽班由于拥有以高朗亭为首的一批优秀的扬州籍名伶，不但在唱念声韵上保持了扬州昆曲的特色，增益了身段，文戏武唱，更具魅力，而且继承了扬州昆曲谦虚和敢于竞争的意识，富于兼收并蓄和开拓进取的革新精神。在艺术上勇于革新，不墨守成规，敢于吸收其他剧种的优点，不仅合京秦两腔，花雅兼擅，"昆、乱、梆子俱谐"，既唱二簧、弋阳腔，也唱昆腔（昆乱不挡），亦唱花腔小调，"善南北曲，兼工小调。……若【寄生草】、【剪靛花】……淫靡之音，依腔合拍"（《消寒新咏》卷四）。而且于未进京之前，已在扬州这块土壤上开始徽汉同台，吸收了汉调的西皮，完成皮黄合奏这一件中国戏曲剧种史上破天荒的大事（谓之"徽

[1]［清］小铁笛道人《日下看花记》，《清代燕都梨园史料》，张次溪编纂，中国戏剧出版社，1988年12月，页55。

调皮黄")。于是,进京以后即能使人耳目一新,战胜秦腔剧种班社而站稳脚跟,并以海纳百川的姿态融会整合其他腔调,开拓地盘,壮大自己,开创了徽班称盛的局面,填补了秦腔被黜后的领袖地位,最后于自身的诸腔杂奏中确定皮黄为主干声腔,同时完成了"徽调皮黄"向北京味儿的"京调皮黄"(时称"京二黄")的转变,于道光中叶形成了至今执掌中国戏曲之牛耳的京剧。

二、留守扬州的徽班

徽班进京之后,留在扬州的徽班尚有胜春班、福寿班和卞三庆徽班等,表演体制一如徽戏,但略有差异。扬州徽班亦流转各地演唱,足迹遍及江苏、浙江、安徽诸省。不仅在北京徽班繁盛时,有不少扬州籍名伶仍和家乡交往,而且在道光年间,北京某些徽班一度报散,兼之清政府改专司内廷演剧的南府为升平署,裁减南府"伶官",并勒令被裁减的艺人归里。这些从北京归来的徽班演员,将京师戏曲舞台的京调皮黄带回到扬州,这对南派京剧(即海派京剧)的兴起和里下河地区地方剧种(如淮剧、淮海戏、扬剧等)的形成与发展,有很大的关系。

杨玉元(生卒年不详),昆、徽艺人。祖籍河北保定。沈阳(奉天)人。是王鸿寿的师叔辈,杨洪春的祖父。道光年间,为扬州某盐商家班福寿班的教习兼班主。

咸丰三年(1853),太平军攻陷南京,扬州成为军事前哨,盐商逃离,扬州的昆、徽班就或迁或散。其中一部分沿京杭大运河北上赴京;一部分沿江、沿运河城镇及里下河地区演出;一部分则辗转前往上海。如扬州金台徽班的全体主要成员和女优郑云芝、郑云舫、武迎芷、武赛仙姐妹等直接去了上海。

郑云芝,女优,"维扬人,工唱《满江红》,兼擅昆曲,音韵悠扬婉转,一波三折,饶有余情,能于氍毹上演《楼会》、《偷诗》诸剧,态度神情,无不毕肖。""有姐曰云舫,艺亦与之等,色似弗如。然以丰腴胜不知者不敢以肥婢目之。"[1]

武迎芷,女优,"自称为邗上人,先隶苏台,后来复沪曲,与姐武赛仙同居。""体态轻盈,言辞倩妙"。"十五不足,十四有余,一段妖娆。"以扬州乱弹《吃醋》为最工,"声调悠扬,神情婉转,同座无不悉心倾听,击节称妙"。[2]

而扬州昆、徽班中的很大一部分,则迁移到运河以东、淮河以南、远离城市、相

[1][清]王韬《淞滨琐话·谈艳》,齐鲁书社,1986年6月,页174。
[2]同上,页176。

对安定、求神谢神活动多的一大片湖泊群体的水乡，沿里下河向黄海之滨苏北地区发展，逐渐衍生为"里下河徽班"。这是扬州徽班在里下河地区的延续和发展，是扬州徽班的里下河徽班时代。清末民初，南派京剧勃兴。南派京剧奠基人王鸿寿、南派京剧第一代名伶景四宝、吕昭卿、潘月樵、朱湘其、小桂寿、陆玉珍、李铭顺、凌云、吴喜贵、周松林、周来全等，都是扬州徽班、里下河徽班出身，或者隶籍扬州、里下河地区。

咸丰三年，杨玉元带领福寿班大部分人马，和扬州在道光、咸丰年间以唱昆腔为主的苏家班一起逃离扬州，沿里下河辗转演出至南通州。杨玉元有八个儿子，都有较高的表演水平，在里下河地区享有很高的威望，时称"杨家八锁"：大锁工老生，二锁工靠把老生，三锁工花旦，四锁唱花面，五锁演小丑，六锁、七锁、八锁均在武行，技艺都很精湛。

杨玉元在南通乡绅王藻的支持下，曾招收城内贫家子弟和徽班艺人的子弟五十余人，办起了里下河徽班史上第一个科班——小福寿科班。这个科班昆乱兼习，文武并重，以徽为主。杨玉元精通昆剧，又是徽剧全才，可谓"文武昆乱不挡"、"六场通透"，又从苏州请来两名曲师，专教昆曲。

小福寿科班的学员，三年学成科满以后，不愿离去。杨玉元就以这一批学员为基础，组成了"小福寿徽班"。由于这一批学员基本功扎实，文武昆乱不挡，演戏认真，很快就名噪里下河地区。其中就有个唱花面的顾大六。

顾大六（1838—1892），徽剧艺人。南通州人。幼时家贫，入杨玉元主办的小福寿科班学戏，工花面。为人刚直，重情义。满师后不愿离去，仍随福寿班演出于南通里河地区。福寿班报散后，受聘于里河各乡班，搭朱大姑娘班、顾爱银班时间较长。顾大六身材魁伟，方面大眼，是花脸行中难得的好扮相。他嗓音洪亮，唱腔浑厚。擅长用炸音、吼音，声若铜钟，于深夜在庙台上唱念，声闻一二里外，为花脸中的魁首与全才。这是天赋条件与后天练就的技巧两相结合的结晶。表演特点是于细腻传神中展现花面艺术的粗犷美。他的戏路宽，铜锤、架子"两门抱"，尤以油脸（铜锤）著称。拿手戏有：《战宛城》、《沙陀国》、《牧虎关》、《铡包勉》、《二进宫》等。演《铡包勉》中的包公，感情变化鲜明。开铡前，愤恨难抑，表现出凛然正气。开铡后，亲情难舍，唱腔悲痛感人，两眼滴下鲜红的血泪（带眼彩），表现出叔侄之间的骨肉情。他的粉脸戏也很出色。如演《马踏青苗》中的曹操，在马踏青苗后，有各种复杂的身段。对一些诙谐的花脸戏，如《黑风帕》、《沙陀国》等，顾大六演来另有一番情趣。嘴里打"嘟嘟",每如一串圆珠从嘴中抛出,常赢得阵阵掌声。

里下河徽班早期比较著名的还有:

(一)聚友班

原是道光、咸丰年间以唱昆腔为主的扬州职业戏班,因班主姓苏(女,扬州人),所以也称苏家班。专工昆曲,兼擅徽戏,能唱皮黄,全班艺员三十人,为男女合班。后因太平军战事影响,该班于咸丰三年逃离扬州,转移到里下河地区流动演出,最后落户在南通,风靡一时。自母女过世后,苏氏后人在南通以演唱皮黄为主,直到1937年抗战爆发后才散班。

苏老板(生卒年不详),聚友班班主,道光、咸丰年间扬州人,系女伶,专工昆曲,兼擅徽戏,能唱皮黄,以青衣、花旦兼刀马旦应行,擅演《昭君出塞》、《琵琶上寿》等戏码。

苏瑞仙(1847—?),昆、徽剧女艺人,原籍扬州。聚友班主角,班主的女儿,自幼学戏,传承其母的技艺,工昆曲,兼擅吹拨、皮簧,应工青衣、花旦,兼能武旦、刀马旦。她不仅扮相俏丽端庄,嗓音圆润,唱腔甜美,表演细腻,擅长刻画人物心理。尤以扮演端庄文静的大家闺秀和温柔善良的少女著称。苏瑞仙弹得一手好琵琶,是当时里河班中技艺最佳的女演员。传承其母的《昭君出塞》、《琵琶上寿》等戏,因擅弹琵琶,有"锦上添花"之誉。能戏很多,昆、徽兼演,以昆为主,常演《牡丹亭》、《长生殿》、《思凡》、《下山》、《斩娥》、《水斗》等剧,深得观众喜爱。据老艺人回忆,她红极一时,才艺令人入迷。清咸丰年间,随聚友班来通州流动演出,从此落户于里河地区。通州知州嘉其才艺,曾传聚友班进衙演戏,特准苏瑞仙坐轿直抬至二堂下轿,一时传为美谈。苏瑞仙死后,班子由其妹苏瑞凤接管。

(二)全福班

金老二,原为扬州徽班演员,昆乱兼擅,允文允武,且富有编导才能。咸丰三年流入里下河地区,联合原扬州徽班星散的演员共同组成全福班,以唱昆曲为主。曾编导该班演出《全部封神榜》,其中的《黄河阵》、《万仙阵》、《诛仙阵》,舞台造型、特技、彩头、表演富于特色,故成为该班的"看家戏"——"封神三阵"。

全福班人才荟萃,文武昆乱兼擅,颇能代表扬州徽班与里下河乡班融汇以后,显见于舞台艺术上的高品位、新面貌。它的看家戏"封神三阵",是从《封神榜》中精选出来的三出大型剧目。声腔曲调为皮黄、昆腔、吹拨的结合混用；在舞台设计方面，则着眼于造型、道具等彩头效应。剧中的白象、青狮、麒麟、青牛，皆用布制象形套装，和民间舞狮一样，由两名演员穿着装扮；让剧中的神仙骑着表演各种身段。四大金刚、十八罗汉，都带特形面具。该班演出《目连救母》时，"游十殿"的油锅、刀山、火海、锯人等等，皆以特技表演和彩头取胜。全福班的戏，于新颖的构思和恢弘的排场中，流露出一种古傩戏文化的魅力。金氏父子曾于同光年间率全福班去上海演出，其表演特色、艺术风格均对南派京剧产生影响。

（三）秦家班

秦金鼎（1845—？），兴化唐刘乡千户庄人。先演唱"六书"，后起班唱戏。全班有七八十人，流动于兴化、盐城、建湖等地。先唱徽腔，后逐步改唱京剧。他工须生，声音洪亮，唱腔圆润。拿手戏有《太白醉写》、《借东风》、《打鼓骂曹》等。

（四）杨文友班

杨文友，生、旦兼能，杨文友班班主。咸丰六年（1856）率班自句容来到里下河地区。主要演员有：蒋麻子，文武老生；崔龙根，靠把老生等。该班演出剧目在百出以上，常演剧目有《全部双狮图》、据《赛琵琶》改编的《秦香莲与陈士美》以及众多的三国戏等。

（五）孔郎中班

徽戏班社。班主**孔友发**（约1837—1925），祖籍安徽桐城，自幼随父行医来俞垛落户。孔友发幼年酷爱剧艺，嗓音高亢。后组班唱戏，活动于里下河一带。因其原本行医，故在俞垛方圆几十里中，人们称之为"孔郎中班"。其子**孔福如**做班主时，逐步改唱京剧，取名为"春台班"。孔友发擅演老生，能戏颇多，拿手戏有："三审一关"（《审人头》、《审潘洪》、《审刺客》、《天水关》），"二打四取"（《打棍出箱》、《打鼓骂曹》、《打渔杀家》、《取成都》、《取荥阳》、《取东川》、《取南郡》）。

（六）贾四班

贾四（1847—？），东台南安丰人。贾四班班主。因班中人少，常与秦家班、孔郎中班联合演出。贾四擅演花旦、武旦；代表剧目有《取荥阳》、《取成都》、《生死

189

板》、《抚琴摔琴》等。擅演剧目有《打花鼓》、《拾玉镯》、《水漫蓝桥》。贾四演技为人称颂，故徒弟多。有影响的弟子有徐洪鼎、陆宝珠等。

（七）陆宝珠班

陆宝珠（1867—1907），徽班演员。泰县下庄人。师承贾四，工花旦，兼擅花面。他扮相俊，嗓音亮，戏路宽，拿手戏有《取东川》、《取南郡》、《生死板》等。先在贾四班中学戏演出，后单独置办衣箱建班唱戏，流动于里下河一带演出。擅演剧目还有《乾坤福寿镜》、《二度梅》、《桑园会》、《秦香莲》。《二皇图》饰演贺后，唱道："直骂得老王爷无口言答，叫皇儿，掺为娘，到后堂，吃杯香茶，歇息歇息再骂他。"做工潇洒，酷似女人。

刘春荣，约生于清同治九年（1870）前后，里下河一带三阳人。人称刘和尚。工生。擅演《盗宗卷》、《北天门》、《吕伯牙抚琴摔琴》等等。擅长做工，扮《盗宗卷》中陈平，在表现丢掉送给吕后的宗卷，夜里打灯寻找时，用动作刻画人物焦急的心情，细腻逼真。

陈时宝，约生于1875年前后，泰州吴平庄人。工小生，常与刘和尚合演《吕伯牙抚琴摔琴》，扮钟子期。另外擅演《九龙山》、《大显小显》等剧目。在里下河一带颇有影响。

清咸丰、同治年间，里下河徽班名伶如云。除上述《江苏戏曲志·扬州卷》所涉及者外，据先岳徐叔良（如皋人，曾任泰兴京剧团团长）在世时回忆，佼佼者还有下列诸位：

杨扣铃，原为扬州徽班演员，工老生，旗人。咸同年间，曾率班前往上海演出。光绪中叶，曾率班前往杭嘉湖演出很长时间。其子杨恒九（生于光绪初年，卒于1918年）传其艺，工文武老生。嗓音宽亮，唱、做、翻、打俱能，拿手戏较多，身段洒脱洗练，动作节奏鲜明准确。尤其是在《雪拥蓝关》中韩愈的表演，创造了许多高难度的动作；在《蜈蚣岭》中饰演武松，把徽班的火炽的单刀表演与优美的昆曲歌唱，结合得熨帖、完整。

徐大网，扬州徽班早期落籍里下河的演员之一，如皋人。自幼进里河班学戏，擅做工老生，且"六场通透"，吹、打、弹、拉，无一不精，"文武昆乱不挡"。各班争相邀请他担当当家老生并"拿戏目"（后台总管）。常搭福寿、全福、新双福等名班，在全福班时间尤长。嗓子略带沙音，唱腔浑厚，讲究吐字归韵，字正腔圆。潜心做表，以在不同剧目表演中不同的"三哭"、"三笑"、"三叫"、"三气"——"四个三"独称于时，为道光末、咸同间蜚声里下河地区的老徽调演员。演出的代表剧目有《扫松下书》、《西川图》、《举鼎观画》、《徐策跑城》，然以《雪拥蓝关》、《梁灏夸才》享有盛名。在《雪拥蓝关》中饰演韩愈，唱"导板"后扬鞭出场，后随张千、李万，通过亮相时眼神的运用和水袖的挥动，表现出狂风扑面、大雪纷飞的气候环境。继而左手勒马向前，髯口向右后方飘拂，左帽翅颤动不止；反转身来，髯口向左后方飘拂，右帽翅颤动不止；加以张千各种角度的撑伞动作相衬托，表现出主仆三人在逆风中行进的情景。

徐甫阶，艺名"七三子"，为里下河徽班名伶"十子"中之资格最老者。原籍苏州，青少年时代在扬州徽班度过，约于咸丰三年（1853），来到泰州搭班。因常期住在泰州，故自称泰州人。同治、光绪年间享名里下河地区。他工靠把老生，善唱昆腔戏，代表作有：《单刀会》中的关羽、《三挡》中的秦叔宝、《夜奔》中的林冲、《探庄》中的石秀等。清末民初里下河徽班中的著名老生演员，"十子"中的"六五子"金光明，是徐甫阶的亲传弟子。

清光绪二十三年（1897），两江总督张之洞等人奏请兴建沪宁铁路。沪宁线的开通，无意间把扬州这座赫赫有名的"淮左名都"甩到了南北钢铁大道之外。这似乎漫不经心的一笔，使得曾经占尽交通枢纽优势、凭长江运河走南闯北的扬州陷入了闭塞的困境。这也严重影响到了扬州戏曲的发展，曾经对南北各地的地方戏曲迎来送往的气势不再，扬州从此完全失去了全国戏曲中心的地位。这一时期扬州演剧活动主要表现为现代地方戏（即维扬戏）的流行。

扬州小唱虽然在康熙年间形成了本地乱弹，后来又对乱弹诸腔进行吸收与融合，结果变成了花雅兼擅、包容诸腔的"徽班"，最后形成了至今执掌中国戏曲之牛耳的京剧。但扬州本地的小唱，又和花鼓戏融合到一起。花鼓戏因演出时敲打花鼓而得名。早期为两小戏、三小戏，一人执锣，一人背鼓，边唱边舞。表演朴素，乡土气息较浓。进入城市后，才出现专业剧团。

王万青（1899—1967），扬州广陵昆曲研究社王弼成之子。十二岁时即于读私塾的闲暇随其学唱昆曲。十五岁时又对扬州小唱发生兴趣，自学"阔口"（本嗓）。继而苦练"窄口"（模仿女性的小嗓），自成一派，誉满曲界，对扬州清曲（小唱）和扬剧都产生了重要的影响。

苏北民间在酬神赛会时，还有一种由男巫扮演的香火戏。1911年由扬州进入上海,改称"维扬大班"。因其唱腔比较粗犷,像南戏最初用锣鼓伴奏,故俗称"大开口"。而扬州花鼓戏,于1920年进入上海,改称"维扬文戏"。因其吸收了扬州小唱中的地方民歌小调,唱腔细腻,用丝弦伴奏,故俗称"小开口"。1930年,大小开口合流形成维扬戏。建国后,定名为扬剧。

第八章 扬州昆曲的传承和新生

乾隆三十四年（1769），清高宗重申禁令的次年，在从扬州府裁出的通州石港场（今通州市石港镇），布衣文人陈邦栋和大慈观音阁主持一懒上人，文正书院院长吴退庵、张蕊秋，以及在苏州演唱昆曲返乡的艺伎金校书等三十余人，就结成了樵珊昆曲社（石港古称"樵珊浦"），排演《旗亭曲》、《一斛珠》和张蕊秋的《青溪笑》诸出。他们和金陵、扬州、苏州、重庆、桐城等地昆曲同好及如皋剧作家黄振广为交游，开二百年票房史先河，昆曲从此由家乐班社走向民间。此后，民间结社习（昆）曲之风一直延续至今，海外华侨聚居区仍有传习。

道光三十年（1850），淮南仿陶澍在淮北推行的票盐法，废引改票；继又改漕粮为海运，扬州的地方经济遭受沉重的打击。此外，长达十三年的太平天国运动（咸丰元年1851—同治三年1864），也使整个昆曲走向衰落。太平军攻克扬州郡城后，盐运重心移至南通，昆剧的演出中心则移至上海。各地剧团由于互不通气而不得不民间化、地方化，形成了"北昆"、"京昆"、"湘昆"、"川昆"等"本土化"支流。而扬州昆曲除流变为徽班者外，其剧目均保存在整个昆曲之中，被大家公认为传统剧目。但扬州本地由于没有了专业剧团，不得不通过清唱形式保存于歌姬与曲社中。不过他们只会清唱定腔，不懂得深奥的曲理，因而理论研究只能另由文人进行。

同治、光绪年间，扬州一些"世家"里仍有昆曲家班。南通振古曲社主要创办人徐朗屏说，他就是从小在扬州外祖父家耳濡目染而爱上并学会许多昆曲的。

同治年间，歌姬陈玉蝠流动于扬州、泰州两地。《白门新柳记》也记录了来自广陵的十七位歌姬。

光绪元年（1875），苏、扬清曲家分别于十月、十二月客串于上海三雅园。这次演出为近代有记录的最早客串演出。光绪三年（1877）七月二十四日至十一月二十五日，扬州昆曲艺人应上海集秀园之聘，在该园演出，挂牌称"老洪班"。

清末民初，扬州唱曲者多为业余爱好，如十三峰画派中之佼佼者徐东园（名震甲），"高唱入云，伶工叹其弗及"（《扬州画苑录》）。妓女王雷（工净），曲艺演员戴善章、张丽夫（回民，旦脚），医家耿光奇（医名世珍，耿鉴庭之六伯祖）、陈履之，里人王小汀、汪砚山、金墨庄、刘树君、薛晓棠、秦端甫等。由于昆剧行将失传，所以向"戏工"靠拢，"同期"时也敲锣鼓、打引子、带说白、做简单的动作。除私人偶有宴请（堂会）外，绝大多数在茶社或园林的僻静之处，或每月一聚，或每周一聚、两聚不等。在曲友中，唐琢斋，住安乐巷。声音甚宏，嗓音被推为第一。陈祖赓，广东道尹，陈邦彦之伯祖，住糙米巷（即"曹李巷"），藏有《四梦传奇》之早期刻本。耿鉴庭说他对曲学颇有研究，曾与其父耿耀庭多次同拍昆曲，并共同研究，但未见有著作问世。陈祖赓有一笛师也姓陈，老年耳聋，能看唱者的口型吹笛子，堪称一绝，可见其功底之深。

1911—1924年间，曲友有：

潘啸岩，正旦，字正腔圆，音高而脆。在《双珠记》郭氏"投渊"，决以死殉时，悲壮显诸声韵中，堪称一绝。又工于《南浦》（蔡伯喈进京赴试，赵五娘南浦送别）等，均见功力。亦善吹笛。

颜小麻（惜忘其名），丑角，对《疯僧扫秦》、《拾金》等，均推其为绝唱。尤其是《扫秦》中之嬉笑怒骂，透露而又含蓄，颇见功夫。

陈树森，弦笛皆佳，生角。唱腔潇洒，有余音绕梁之美誉。

一、徐仲山与广陵昆曲研究社

民国十三年（1924）左右，绍兴徐仲山定居扬州张甲桥（巷）一号后，和郭坚忍女士、耿耀庭、江石溪等人发起成立广陵昆曲研究社，与苏州道和曲社、南京栖霞曲社鼎足而三。因其宅第宽敞，曲社即设其家中（去世后，上世纪60年代为曲艺团团址）。每次同期，曲友络绎不绝，少则10人，多达30人。

(一)广陵昆曲研究社三大元老

徐仲山(1876—1956),名铎,字仲山,以字行。浙江绍兴人,曾客居清江浦,后来长期定居扬州。年轻时业余喜爱京剧,不久即酷爱昆曲。最初在上海由陈凤鸣曲师教唱、排演,专攻大冠生,擅演唐明皇李隆基。嗓音堂厚,讲究抑扬。尤擅演唱《长生殿》的《闻铃》、《迎像》、《哭像》、《见月》、《雨梦》等折。能演唱之曲,在300折左右。服装、砌末,均系自备;吹打乐器,一应俱全。在上海参加庚春曲社,经常与著名昆曲家俞粟庐、徐凌云诸先生一处演唱,并往返于苏州与陈贯三氏曲聚。后经营盐业于江苏新浦,与袁宜盛、邱梦麟等组成曲社。所到之处,有曲社就参加演唱,没有曲社,就邀友朋组建。

耿耀庭(1869—1951),祖籍山东东阿,乾隆中叶,避水患来扬州。初居东乡翟家庄,后遭火灾。因其先祖耿树初,知医识药,精园艺,善治咽喉急症,曾由卧佛寺僧人介绍,治愈万寿寺(寺址今为扬州市五中[1])住持之垂危急症,故万寿寺住持拓平寺前瓦砾,为其先祖耿树初搭棚暂居。经数世之经营,成为今日之耿家巷。

其祖父耿松年,曾为丹徒籍的扬州盐商商总包松溪垒石穿池,规划设计棣园(位于扬州南河下湖南会馆内),并在园的西侧,建一楠木结构、方梁方柱、二丈见方、高出地面四尺许、供演唱昆曲用的戏台(惜今已拆除),台前有观戏厅(犹存)。

清末的扬州昆曲家耿光奇(医名世珍),是耿耀庭的六伯父(耿耀庭为七房)。昆曲爱好者寒士居多,如遇困难,老辈们往往争先相助。耿耀庭先生,包括他的祖父辈,是以医为业的。清寒曲友及家属生病,几乎把医药全部包下来。

耀庭先生幼年承嗣外祖家,故复姓“耿刘”,单名一个“宾”(彬)字。其子耿鉴庭(北京中医研究院研究员)一家在北京,仍以耿刘出名。因耿耀庭排行第六,人称小六子。挂牌行医时,取名耿耀庭,而世人仍习惯称其耿小六。洒脱的他,听了不仅不生气,反而取其谐音,自号“蕉麓”。每日下午在富春茶社品茶、唱曲、会友。早年唱老旦,擅唱《占花魁·劝妆》。1925年,他和江石溪、徐仲山等人发起成立“广陵昆曲研究社”(简称“广陵曲社”)后,是曲社中坚。

江石溪(1870—1933),原名江绍岳,字汉。祖籍徽州,先居于徐凝门,后居于罗总门与斗鸡场一带(薛家巷与五谷巷之间,韦家井西南)。少时从丁沟名医周云溪习歧黄,业成取名江石溪,悬壶于头桥、仙女庙(今江都市江都镇)。医术精湛,医

---

[1]现改名田家炳中学。原校门朝南,现在原后门的西南开大门,靠近文昌路。

德高超，心地善良，信实不欺。凡贫家穷民登门求医，不仅诊费分文不取，还慷慨施药。每当乡村流行所谓的"时气毛病"（瘟疫），江石溪总是亲自煎药，用大缸存储，供病家随到随服。江石溪行医多年，惠及四乡，救人无数，深得当地百姓赞许。江树峰《忆父吟》云："丁沟习医六年成，医学文章曾惊人。头桥仙（女）镇悬壶久，劳人茅屋药能春。"

江石溪早年参加"冶春诗社（后社）"，著有《梦笔生花馆诗集》。风格近于白、陆，又多隐逸之气。病故前，曾自豪地说："而今赖有诗囊在，身外浮名且让人。"（《病中口占》）惜已散佚，仅存零星诗篇，被江都编为《江石溪诗抄》。1915年，"应南通张謇之聘，任大达内河轮局协理，实业报国，业绩卓然，可谓经纬之才"（潘天骥《江石溪诗抄·前言》）。江石溪闲爱品箫笛，善吹铜箫，喜唱扬州昆曲及扬州清曲，善画山水，"几番山水丹青笔，笙管歌吹任网罗"（《六十述怀》）。江上青烈士《哭父》诗亦云："空留丹青迹，不与石谷殊。故园闻笛响，客梦一棹孤！"[1]

江石溪工闺门旦，喜唱《孽海记》中的《思凡》。曲社中另一曲友屠泉荪，也喜唱《思凡》，于是，曲友们就谑称江老为"胖师太"、屠老为"瘦师太"。

袁世凯与日本签订"二十一条"卖国条约时，江老于仙女庙乡下行医之暇，愤撰新词多首，以扬州清曲大骂日寇，讥讽民贼袁世凯，教唱乡里，深受农民欢迎。爱国情怀，倍受世人尊崇。1933年9月病故于扬州，远近众多名流贤达前来吊唁。韩国钧的挽联是：

> 向秀赋方成，惊听笛声到邗上；
>
> 江郎才未尽，尚留诗卷在人间。

据江树峰回忆，其父病逝前，在左卫街（今广陵路）卞宅，为扬州耆硕卞薇阁老先生祝寿时，还唱过昆曲。夏天，江树峰二十岁生日晚间，其父用铜箫吹奏《上寿》等名曲。病逝后，薇阁老挽辞中有"一曲竟成广陵散"之句。[2]

现今，江都人民已于江都水利枢纽工程二站东侧（原仙女庙南郊大王庄），立"江石溪先生安息处"碑亭以怀念之。

那时的所谓"曲社"，和旧时的"诗社"没有多大区别，只不过一个作诗，一个唱

---

[1] 石谷：清初画家王翚（1632—1717），字石谷，江苏常熟人。
[2] 据江树峰寄与张鑫基的信。

曲,是一种松散的组织,没有现在的所谓"社长"、"社委",所以也就没有什么名利之争,纯粹的是唱了玩玩的,自娱自乐。那时社会上,还有一些信佛的人(大多是有钱的家庭妇女)结的"莲社"。大家约定逢几(初一或十五)聚集到一起,烧烧香,敬敬佛,念几句"阿弥陀佛",谈点儿家长里短。凑点儿钱(在庵院寺庙聚会就施舍),吃点儿素菜斋饭。"曲社"也是这样,喜欢昆曲的几个同好,大家约定逢几(一般还是用农历)聚集到一起唱曲,谓之"曲聚"、"同期"。或每月一聚,或每周(这是上班的人)一聚、两聚不等。只不过这时的唱曲,和古时的"曲会"不同。古时的"曲会",沈宠绥《度曲须知·中秋品曲》中曾有记载。同一曲牌、同样的文辞,可以按曲唱规则,依字声行腔,唱出不同的旋律来。这时只会唱定腔,而且必须有一个会吹笛子的伴奏。这个会吹笛子伴奏的人,现在尊称为"笛师",那时叫"拍先"(拍曲先生)。于是,当时就聘请"小堂名"(民间艺人)谢庆溥为"拍先"。每次同期结束时,曲友均挨个走谢庆溥面前经过,掏钱给他以感谢其伴奏。次年(1926)即举行义演,演出昆曲《白兔记·回猎》。这是广陵昆曲研究社最早的舞台演出活动。

谢庆溥(1877—1939),字莼江,山东济南人。寓居扬州多年,能说一口流利的扬州话。和王必成客串《虎囊弹·山亭》时,扮演酒保。挑着一副酒担上场时,唱着扬州的民间小调,常常获得一个碰头好。扬州人称他为"小堂名"。他髫龄即学歌吹,旁及各种乐器。闻歌即学,遇谱必抄,生旦净丑,兼收并蓄。舍昆曲外,别无嗜好。竭数十年之精力,熟谙之曲,能不看谱而吹唱者近四百折。昆笛以六孔翻七调,民间俗称"工尺七调轮转",全凭笛师以不同指法和吹口用气求之(今昆剧院团已改用十二平均律定调笛)。谢苦心钻研,或放半孔,或两孔齐放,再以轻重气调节之,七调均能与钢琴一一吻合。当时,扬州、镇江、常州、宜兴等地的许多学校都设昆曲课,均先后聘请先生施教定腔。孙蔚民、薛天游、黄应韶、吴伯匋弟兄、张宴公等均出其门下。钞存曲谱中,有许多是通行昆曲曲谱刊本中所未收的。如《降仙》一谱,曲学家吴梅阅后说:"此谱出自《双红记》,苏州久无传习,弥足珍贵。"[1]其中也有不少扬州昆曲的曲谱,惜因抗战爆发,散失大半。抗战开始后,谢庆溥老先生拟举家避地盐城,不幸于1939年正月以脑溢血殁于泰州,春秋六十有三。

---

[1]此谱张鑫基从徐仲山学曲时也曾用毛笔抄存于绿格本内,后被南京王运洪复印去。王运洪拜访张鑫基的全过程,我始终在场。并曾亲耳聆听张鑫基唱此曲计时,为8分钟。

（二）广陵昆曲研究社的活动

广陵昆曲研究社以抗日战争为界，分为两个时期。抗战前的曲友有：徐笠樵（工生）、宋吉臣、耿耀庭、江石溪、徐仲山、王朗、王必成、李少泉、谢庆溥、林保和、周朗、马捷南、徐凤月、马炳然、吴佑人、王正余、魏毓芝、曹谷云、吴素娟（姜文楼的艺名）等。

宋吉臣，行三，旦，贴角。韵味悠远，能于腔调中蕴蓄剧情。《佳期》、《拷红》，名盖一时，尤其对《拷红》中"那日闲庭刺绣"里的"刺绣"二字，把委屈、怨愤、反抗，都吐露出来。尤其是"刺绣"的"刺"字，既高又长，他那以舌抵齿的吐字功夫，令闻者入其戏境。

王必成，钞关外茶馆主人，扬州小唱名家王万青之父，净角。嗓音洪亮，《虎囊弹·山亭》是其拿手戏。由谢莼江先生卖酒，搭档之表情，宛如化妆，声色俱佳。

王朗，道士，生脚。善唱《惨睹》（八阳）。"说不尽苦雨凄风带怨长……"里的"带"字，很多人唱不上去。有的即使唱出，也不能使人满意。王道士因于徽祭中作"正通"（扬州俗称为喊大赞），颇有功力。对"带"字"舌后缩"发音，响遏行云，十分悲壮。闻者均说，就是要听他的这一个字。

李少泉，字则梁。鼓板功夫极佳，长于小生及丑角。

徐凤月，徐仲山之如夫人，旦角，与徐仲山配戏极佳。

马炳然，亦回民，在淮北板浦与徐仲山先生同事，受其影响，亦喜拍曲。曾于淮北带回《金盆捞月》谱，乃小十番儿锣鼓戏，配音颇为热闹。

民国十九年（1930）7月1日，广陵昆曲研究社在大舞台参加义演活动，剧目为《牡丹亭·学堂》。此时，老少从事昆曲者，人数颇多，几乎每天有聚会。居民喜庆之日，亦邀请曲友至家，安排在上房演唱。

1930年前后，吴佑人、吴庄骊兄弟，已走出书房，公开演唱。佑人之子白匋与征镒，能唱而又善吹笙。医界之汪元臣，教育界之张宴公、贾剑青、孙蔚民、黄应韶等，均业余拍曲。

潘啸岩自外地归来，传授两个学生，一为东圈门棺材店的王正余（擅吹笛），一为刘少椿（善鼓琴），两人都唱小生。

盐商魏仲蕃之子**魏毓芝**，票友**曹谷云**与**吴素娟**（姜文楼之艺名）夫妇二人，均能登台，化妆演出《牡丹亭·闺塾、游园惊梦》、《梳妆》、《跪池》、《琴挑》等剧。

据耿鉴庭《扬州昆曲丛谈》（油印本）回忆，潘啸岩、徐仲山、张宴公、刘绍春

（即刘少椿）诸君，1936年曾与其父子（耿耀庭和耿鉴庭），共拟整理出一整套扬州昆曲。其中包括四个方面：一是传统的扬州昆曲，二是扬州地方历史的古剧本以及选段，三是描写扬州人物的戏，四是外地人创作于扬州、或以扬州为借景所写的戏，惜为日寇入侵所阻。

　　抗战开始后，由于空袭警报，广陵曲社时唱时辍。民国二十七年（1938）元月14日（阴历冬月十二日），日本兵占领扬州，扬州沦陷。善唱《山门》的王必成先生，首先遇难。4月7日，广陵昆曲研究社在徐园（今在瘦西湖）举行最后一期曲会。耿耀庭愤而提议："国破家何在？在这种情况下不必再唱。"大家一致同意，是为前期最后一次曲会。此后，曲友们把弦、笛、鼓、板全部收起。抗战八年，扬州全体曲友绝口不唱昆曲，体现了中国人民应有的民族气节。

　　抗战前，徐仲山有女弟子二人：胥桐华、杭文华。抗日战争期间，举家避居杭州，不再唱曲，常往西湖垂钓消遣。抗战胜利后，旧调重弹，恢复广陵昆曲研究社。一时从学昆曲者颇多，及门弟子有黄枢、罗秉彝、张鑫基、宋一飞、宋一鸣弟兄，和徐绍侯、张孝萱、朱绍桢、郭发弟（慕仪）等。

　　抗战胜利以后，曲友去世者甚多。幸存者除耿耀庭、徐笠樵、李少泉、徐仲山四老外，所余无几：黄应韶和谢庆溥之二子谢也实、谢真萧（工生旦）、刘少椿，以及徐老女弟子胥桐华、杭文华等人。为了庆祝，也为了悼念，广陵昆曲研究社举行了一次同期曲会，演唱了《长生殿·骂贼、收京》、《满床笏·卸甲、封王》、《铁冠图·刺虎》等。从此以后，扬州广陵昆曲研究社即进入它的后期。此时从徐仲山学昆曲者颇多，及门弟子有黄枢、罗秉彝、张鑫基、宋一飞、宋一鸣、徐绍侯、张孝萱、朱绍桢、郭慕仪等。时而由外地来曲社者，还有汪静波。

　　抗日战争后，耿耀庭老先生有感于世事沧桑，改唱生与老生，如《长生殿》中的《酒楼》、《疑谶》、《弹词》诸折，特别对《弹词》用功颇深。顾吉安画师特绘"李龟年江南卖唱图"相赠。耀庭先生于画上题七绝两首：

　　　　朝元阁里教霓裳，转眼兴衰一梦场。
　　　　留得琵琶伴遗老，穷途乞食按宫商。

　　　　一代传人洪昉思，重翻九转谱弹词。
　　　　笑予老去耽丝竹，随意高歌付酒卮。

其孙耿刘同曾从北京寄来耿耀庭老先生照片两帧,刊发在2003年7月《扬州昆讯》上(《扬昆探微录》选刊其一)。2005年7月20日,耿刘同先生又写信述其祖父1951年逝世时的一些情况:

> 六七之日,各界人士分别祭奠。文化界老友数十人参加,有读祭文者,吟挽诗者,以"老先生"开头填词歌唱道情者……一时声泪俱下,泣不成声。唯徐笠樵、徐仲山、胡滋甫诸老,皆银须飘拂,于灵前合拍《哭像》一曲。虽临时由吹手中推选一人司笛,然吞吐抑扬,声情悲戚,满堂无不动容。

耿耀庭的外孙,则说他外祖是儒医杂家,浅刻专家黄汉侯和评话大师王少堂都拜他外祖为师。

据张鑫基回忆,徐仲山青年时代能撇笛,后因右手食指拌猫饭,被鱼刺戳伤,病毒感染而不能屈曲,才不再撇笛。平时授曲,要求颇严,口唱手必拍板,虽一板一眼之差,必予纠正。每教一曲,非教二百遍不止;门人每学一曲,必至精熟并能单独演唱,经先生认可,才能另学新曲。孜孜不倦,曲友及门人等对他十分敬重。先生戏路极宽,生旦净末丑,无一不教;每授一折,必连引子、宾白并其他角色之唱白全部传授。《长生殿》传奇几乎能教外间上演的全套。即使外间久不上演之曲,如《长生殿·神诉》与《北西厢·游殿》,亦能传授,并能说《长生殿·神诉》的演出身段。由此可见晚清以后由于昆剧行将失传,清工向戏工靠拢的痕迹。

徐仲山常告诫弟子,在外参加同期唱曲,凡他人已唱之曲,不应再唱,否则即为不礼貌。他的逸事颇多。清末年间,在苏州参加某宅喜庆堂会,有位客人擅唱《琵琶记·赏秋》折中的牛小姐,但缺蔡伯喈一角,无人能配。徐仲山自告愿意配演。接着赶学曲,即服装也临时赶制。上演时珠联璧合,声容并茂,观众深为叹服。由于徐仲山腹笥颇广,能戏又多,众多举办堂会的主人不让他演中轴或压轴,都一再恳请他担任后台的"戏提调"。所以多次堂会上徐仲山总是搬演《赐福》中的赐福天官(一名福德星君),唱完后即到后台从事指派调拨工作。

徐仲山教授学生,分文不取,尤其对青年学子,循循善诱,谆谆教诲,恨不能将毕生所学倾囊传授。张鑫基幼年被徐仲山收为入室弟子,曾手抄曲谱《白兔记·回猎》、《浣纱记·寄子》等六折,呈请正误。除数处勘误外,备极赞扬。每逢老曲友来访,必说此事。并说张鑫基气力不足,不能吹笛,应攻老生。后又将十分珍视的《与众曲谱》借给张鑫基，让他手抄《长生殿》曲谱多折，及《双红记》的《降仙》曲谱（于绿格本内）。

徐仲山平生提倡昆曲，不遗余力。"昆曲传习所"创办时，曾将其演戏自备的行头全部赠送。徐仲山有珍藏甚久的曲笛三支，遗命：一赠谢泽山，一赠徐铖，一赠郁原宜。这三人皆系随他学曲多年的弟子。徐仲山收藏曲谱颇多，外间铅、石印本仅缺《昆曲大全》，如遏云阁、六也、集成、与众诸谱，无不俱备。前三者并有两部。各种抄本曲谱，不胜枚举。特别是精抄精校之本，每四册以二木板捆束，惜于十年浩劫中全部失去。

二、业余昆曲研究组

中华人民共和国成立后，因为全国最具规模的民间音乐演奏团体，就数泰州和潮州最负盛名，所以，各地不断有专家、学者专程莅泰访问泰州国乐队，听演奏、搞录音。泰州文化馆则由韩伯诗、纪竹、徐源、萧仁与之配合，整理出清代俞氏家班所藏昆剧套曲《回营打围》与《昭君和番》及整套武场锣鼓打击乐曲谱，为研究留存了宝贵的资料。

在扬州，广陵昆曲研究社曲友徐笠樵被推选为扬州市副市长。1950年三八妇女节，广陵曲社于贤良街（今名萃园路）耶酥堂演出《翻身丫头》一折。该剧为徐仲山改编、导演，其门人郭发弟（慕仪）演出，获得当时文化界好评。

1953年，郁念纯和女儿郁原宜一起，随徐仲山拍曲。当时随徐仲山拍曲的，还有谢泽山、刘少椿、徐铖和郭慕兰。

1956年1月，徐仲山因感风寒，卧床半载。5月间与世长辞。门人以"艺界星沉"横幅挽之。享年81岁。

1956年4月，浙江省昆苏剧团进京演出《十五贯》，一出戏救活了一个剧种。扬州市首任文化处处长张青萍，则把在扬州流传的昆曲简称为"扬昆"。据原扬州市市长、省辖扬州市委宣传部长高洁说，"扬昆"早已写入年鉴中。

徐仲山辞世后，大家不能再到徐家曲聚了。经谢泽山倡议，大家于1956年秋天改在大十三湾邰钟衡家中曲聚。每周四、日两次同期。这又以文化大革命为界，分为两个时期。文革前名为"业余昆曲研究组"（扬州市文化处于12月批准：组长周孟芬，秘书张鑫基），组员有：谢泽山、冯幼亭、周孟芬、李清振、胥桐华（老生）、杨秀娥（旦）、郁念纯（冠生）、谢真荓、邰钟衡（老生、又名邰衡、苔痕）、张鑫基（老生）、张孝榴、郁原宜（五旦）、谢谷鸣。学员有：汪宜秀（五旦）、汪鹏程（老生，汪静波之子）、曹敏（五旦）、茅於英（五旦）、郁者淑（小生）、汪蓉蓉（六旦、油脂化学厂），以及江苏省文史馆员朱庶侯（为文学顾问）和道士孙问渠。

谢泽山（1896—1970），识工尺谱，善撇笛，住通泗街。在徐仲山晚年时，谢泽山曾和郁念纯、郁原宜、刘少椿、徐铱、郭慕兰一起，随徐仲山拍曲。徐仲山辞世后，谢泽山是昆曲研究组的发起者。每次同期曲聚时，都是他一家一家地通知到。

谢也实（1912—1988），谢庆溥之长子，原名祯祥，字伯慈。擅吹笛，工生旦，擅唱《长生殿·小宴》中的【粉蝶儿】。上世纪50年代，于旧书肆中搜得其父钞本百余册，汇为《莼江曲谱》。赵景深1965年为之题签。1962年由江苏人民出版社出版的《昆曲津梁》一书，乃谢氏兄弟参考其父莼江先生当年部分书稿，加上自身度曲体验写成，言简意赅。赵景深教授赞誉："真习昆曲者之津梁也。"后居南京。

谢真荓（1918—2007），谢庆溥之次子，原名祯祓。工生、旦，会撇笛。擅唱《牡丹亭·学堂》中的【掉角儿序】、《长生殿·雨梦》。上世纪80年代，著名昆曲家俞振飞来扬州，为其子关怀（今易名"栋天"）做宣传时，谢真荓专门拜访。俞振飞听其吹唱后，认为："扬昆的特色是朴实，不拖泥带水，不同于南昆花俏。"1989年4月，与郁念纯一起被江苏省艺术学科规划领导小组聘为《中国戏曲音乐集成》编委。还和徐沁君、郁念纯一起，被邀参与王守泰主编的《昆曲曲牌及套数范例集》的编写工作。1991年9月5日，来自台湾的昆曲学者、专家一行，与广陵学社、南京大学、扬州大学的部分教师举办"91金秋海峡两岸广陵曲会"。谢真荓代表扬大农学院，以一曲《白罗衫·看状》赢得了台湾曲界的高度赞扬。在扬州曲友中，实力最强。在林鑫考证"扬州昆曲"之初，相处甚洽，无话不谈。林鑫为他家做宣传，他为林鑫一一审定据《佚存曲谱》所译之简谱。曾邀林鑫共同增补日著《昆曲津梁》，后因版权问题而搁浅。他对林鑫说，他年老已无所求，只要帮他把两个儿子带出名来就行。其长子谢谷鸣，从仪真退休后，居扬州。工小生，擅唱《长生殿·见月》中的【摊破金字令】。幼子谢国昆会撇笛。

张鑫基（1930— ），抗战胜利后从徐仲山学昆曲。中华人民共和国成立后，从事教育工作。文化大革命前，为"业余昆曲研究组"秘书；文化大革命后为"扬州市文联昆曲研究组"组长。工末、丑，擅唱《拾金》，曾与曹敏排演过《牡丹亭·学堂》和《狮吼记·跪池》。1962年11月，浙江省昆苏剧团来扬州，于人民剧场演出。张鑫基曾对其古典喜剧《西园记》的剧本整理和演出撰文加以评说，载1962年11月15日《扬州日报》。2002年，张鑫基收了两个弟子：一男一女。男的是医药公司的孙立奎。

曹敏，曹谷云与姜文楼（艺名吴素娟）之女，冯幼亭（谢庆溥的学生，工旦）之女弟子，擅唱《西楼记·楼会》。在冯幼亭、谢真莆、邰钟衡的教授下，和张鑫基、茅於英排演了《牡丹亭·学堂》，先后和笪瑞珍、袁宝傅排演了《牡丹亭·游园》，和张鑫基、谢谷鸣排演了《狮吼记·跪池》，《长生殿》排而未演。

另外，汪蓉蓉也排演了《牡丹亭·学堂》。

上世纪50年代，江苏省苏昆剧团两度（1956年、1958年）来扬演出。扬州市业余昆曲研究组成员与江苏省苏昆剧团的继字辈演员有较广泛的接触，特别是著名曲师吴秀松曾为大家正拍。

1959年10月1日，欣逢建国十周年盛典，扬州市政府、文化处给扬州市业余昆曲研究组两艘篷船（俗名大洋划子）。晚上七时半，自新北门外上船，一路歌吹，经"西园曲水"泛舟瘦西湖上。后于五亭桥桥洞内，憩舟歌昆曲两小时。弦笛声、歌声经湖水映衬，加上桥拱瓮内的共鸣，其音类似笙萧和鸣，清脆绝伦。当其时，明月在天，轻歌入耳，非亲临其境、亲聆其声者不能道出它的妙处。五亭桥上及两旁桥堍上，游人驻足倾听，几无隙地。晚十时半，又乘船赶至小金山月观，演唱了《长生殿·小宴》等名曲。月观位于瘦西湖小金山东首，东半面临水，并有假山之属。月上东山，幽雅恬静，唱曲品茗，别有情趣。

1962年10月，谢也实、谢真莆合著之《昆曲津梁》由江苏省人民出版社出版。12月，浙江省昆苏剧团来扬州，于人民剧场演出《十五贯》。扬州市业余昆曲研究组成员与浙江省昆苏剧团的传字辈老师周传瑛、王传淞，世字辈演员等有较广泛的接触。张鑫基曾撰文评说该团整理演出的古典喜剧《西园记》。

文革十年中，昆曲组停止活动。1978年夏，郁念纯、谢真莆、张鑫基专程登门看望林鑫；林鑫也曾携谢也实、谢真莆合著之《昆曲津梁》，请张鑫基陪同，去花井南巷谢真莆家中回访，答谢并理曲。从此，林鑫被被吸纳为组员。

文革后，昆曲研究组于1980年6月1日具文呈请恢复组织，仅次于北京和上海。批复隶属文联，定名为"扬州市文联昆曲研究组"，组长张鑫基。组员有：郁念纯、谢真莆、邰钟衡、张鑫基、曹敏、林鑫、张孝刘、茅於英、郁原宜、郁者淑、谢谷鸣、臧祖庚、陈达望、徐振民、郑亦琴等。学员有：吴庆玲、葛波、朱小君、金海燕、傅红琳、曹华、吴明珍等（名单存市档案局）。

1986年10月2日，市文联昆曲研究组于工人文化宫演出《孽海记·思凡》庆祝建社三十周年。该剧由曹敏主演，谢真莆正拍。

三、广陵昆曲学社

1986年下半年，邰钟衡退休后，晚上在广陵街道办事处文化站发挥余热，扬州的昆曲清唱活动又一次失去了曲聚的地点。于是，与广陵文化站站长朱祥生协商，准备在其文化站办一曲社。朱祥生慨然允诺，但声明：在我这儿办，必须属我领导。于是，以广陵文化站的名义，聘请郁念纯、谢真莆、邰钟衡、张鑫基为顾问，在广陵文化站举办了两期"广陵昆曲讲习班"，先后培养了热爱昆曲艺术的青年30余人。这些中青年学员，如：曹华、马维衡、马琳琳、孙俊、刘平、刘璐、朱正海、巫亚音、孟瑶、胡志渊、景祥等，后来就成了新成立的"广陵昆曲学社"的首批社员。

1987年11月10日，朱祥生以广陵文化站站的名义，聘请市委宣传部长高洁、文联主席丁家桐、广陵区副区长邵荣中为名誉社长（朱祥生自任社长），聘请郁念纯、谢真莆、邰钟衡、张鑫基、朱俊如为顾问，成立了"广陵昆曲学社"。后来在成立大会上，又另聘苏州曲家龚之钧为名誉顾问。成立大会会场上的大幅标语牌上，除"热烈欢迎市、区各级领导、外地来宾莅临指导"外，并按高洁同志指示，书写了："继承昆曲艺术传统，努力开创'扬昆'艺术新局面！"

在学社初创阶段，朱祥生采取请进来的办法，多次举办曲会，请外地曲友、戏校老师、专业演员上门教学，先后排演了《琴挑》、《游园》、《写状》、《小宴》等折子戏。

1988年，由广陵昆曲学社倡议，扬州谢馥春日用化工厂资助，与广陵文化中心、市园林局、市影剧公司联办，于5月1日至3日，举办了第一届"广陵曲会"。京、津、沪、苏、杭、宁等地专业院团及国内各地曲社的曲友200人应邀来扬参加，盛况空前。全国梅花奖得主洪雪飞、张继青、王奉梅分别演出了《长生殿》、《牡丹亭》、《玉簪记》选场，江苏省昆剧院公演《朱买臣休妻》。1996年至1999年，学社举办第一届和第四届"宁扬曲会"，2001年10月3至4日举行了首届"江苏曲会"，来自各地的曲友演唱了70多支昆曲唱段，首届梅花奖得主张继青也清唱了《烂柯山·痴梦》中的两支曲子，汪世瑜、王奉梅、石小梅、王芳等梅花奖得主，演出了"折子戏专场"。

学社成立后，则多次应邀在上海、苏州、南京、杭州、天津等地参加拍曲交流；

两次参加建国后的"虎丘曲会"。1989年在杭州的"西湖之夜"昆曲演唱赛中,广陵昆曲学社的马维衡、景祥、吴明珍、朱春华和曹华五位曲友都获了奖。

1991年、93年、95年,台湾昆曲爱好者三次与广陵昆曲学社进行了交流,《人民日报》曾做了专门报道。1991年10月和11月,分别与日本国琴师阪田进一和昆曲学者石井望等聚会,双方交流了声腔,共叙了友情。

朱祥生深知,清唱昆曲的朋友,唯演员马首是瞻,只会清唱定腔。1962年,由江苏人民出版社出版的《昆曲津梁》一书,乃谢氏父子度曲经验的结晶。于是,他聘请郁念纯和张鑫基主持了广陵昆曲学社的《扬州昆曲艺术》的编辑工作,发表了耿鉴庭的《扬州昆曲丛谈》,张鑫基的《扬州昆曲的历史沿革及其特点》,以及郁念纯藏谱、王正来厘定的古谱《金瓶梅·散花》。

2001年5月18日,世界19个文化活动和口头文化表现形式,被联合国教科文组织授予首批"人类口述和非物质遗产代表作"称号,我国的昆曲艺术列为第一。云南省昆剧·古乐研究会会长沙江白尼女士,第一时间将此消息电传至扬州。朱祥生极为兴奋,随即写信转告我,准备筹建扬州昆曲工作室,并邀请我担任副主任(朱祥生自任主任)。并于2001年8月,与我一起参加了文化部在杭州举行纪念昆曲传习所成立八十周年活动。在"纪念'昆剧传习所'80周年暨周传瑛(90)、王传淞(95)诞辰"的研讨会上,我认为要保护和继承昆曲,关键是要培养曲友。呼吁各级电视台应学习浙江电视台和山东电视台的经验,每天播放昆剧剧目;文化部门应该借鉴扬州昆曲清唱活动的优良传统——和教育部门联手,在中小学开设昆曲课,将昆曲欣赏和昆曲教唱纳入"素质教育"之中。

2001年10月3至4日在扬州举行的首届"江苏曲会",是中国昆曲进入首批非遗之后的第一次全国性昆曲曲会。中共扬州市委常委、宣传部部长赵昌智欣然到会祝贺,副市长孙永如为"扬州昆曲工作室"授牌。会间,国内各曲社负责人还第一次就昆曲工作举行了"全国曲社发展研讨会"。

2002年年底,市文联按国务院颁发的条例对市属社团进行整顿,将昆曲研究组划为剧协的分支,易名为"扬州市昆曲工作委员会"。

2003年6月,《新华日报》介绍了扬州广陵昆曲学社的拍曲活动;2004年2月,扬州昆曲工作室被扬州市文化局评为2003年扬州市文化工作先进集体;2004年11月,朱春华、曹敏、付红琳获得扬州市"十大票(曲)友"荣誉称号。

此外，巫亚音擅唱《长生殿·酒楼》中的北商调【集贤宾】，吴庆玲擅唱《牡丹亭·学堂》中的【一江风】，和张鑫基唱的《拾金》，皆具扬州昆曲特色。

社长曹华和副社长马维衡，唱曲之外还会操琴，并制作古琴，现俱为扬州古琴广陵琴派传承人。而朱祥生退休后身体欠佳，曲社的工作都落到付红琳身上。

副社长付红琳，网名鱼灯儿，新浪网上有其博客。自幼爱好京剧、昆曲、书画艺术。现为扬州市文化馆京剧联谊社社长、扬州广陵昆曲学社副社长、扬州市美协会员、省老干部书画会会员。京昆皆擅，能戏很多。不争名，不争利，不介入无谓的内耗。2009年曾在东花园小学谭爱兰校长的支持下，通过该校的艺术教研组组长宋老师，把昆曲传播到幼小的学生中，收到了可喜的效果。

四、曲学家任中敏和徐沁君

任中敏（1897—1991），扬州人。词曲学家、戏曲理论家、教育家、敦煌学家。名讷，字中敏，笔名二北、半塘。1918年与朱自清一起考入北京大学，朱在哲学系，任在国文系。其志趣在词曲，深得曲学大师吴梅赏识，遂从吴专修词曲。1920年大学毕业，于扬州、南京等地教书，继于上海大学、南方大学、复旦大学教授词曲。1927年4月，应胡汉民之邀赴南京任国民党中央宣传部秘书。1929年辞去秘书之职，任镇江中学校长，自此专心著书。

1930年到1931年，任中敏把《读曲丛刊》、《曲苑》所未收的元、明、清及近代学者戏曲论著、史料三十四种，和自编的《曲海扬波》六卷，汇集成《新曲苑》。如兴化刘熙载（1813—1881）的《艺概》，含《文概》、《诗概》、《赋概》、《词曲概》、《书概》、《经义概》六种各一卷。《词曲概》中有一部分论曲，重在论曲与诗、文、词、赋的传统关系，其他则多谈曲韵。唯其中提出的"破有"（反对过施情彩）、"破空"（反对不近人情）主张，颇有创见，对后世戏曲研究有一定影响。另外，把明朱权《太和正音谱》对元曲的多类品评约为三品：清深、豪旷和婉丽，为后来曲学家所注意。任中敏摘其论曲部分收入《新曲苑》，题名《曲概》。

任中敏另著有《散曲丛刊》、《词曲通义》。1951年任四川大学文学教授时，出版了《敦煌曲初探》、《敦煌曲校录》。1958年到1961年《唐戏弄》、《教坊记笺订》相继问世。1978年为北京中国社会科学院兼职研究员。

任中敏1980年回故乡，任扬州师范学院教授。1981年被国务院批准为中国首批博士生导师，扬州师院成立词曲研究室。是年出版的《优语集》，搜集整理的语条自周至近代三百五十五则，为王国维《优语录》的七倍，有"优语史"之称。1982年出版《唐声诗》。1984年7月，扬州师范学院词曲研究室编辑《曲苑》，由江苏古籍出版社出版。任中敏的《唐戏弄》由上海古籍出版社出版。1990年出版《隋唐五代燕乐杂言歌辞集》。1991年获国务院颁发的"为发展高等教育事业做出突出贡献"的政府特殊津贴。同年11月7日突发脑溢血，救治无效，于12月13日逝世，享年九十五岁。

任中敏治学严谨，不趋时，不牵强，不在乎命运多舛，顽强而忘我。他要求自己"一年三百六十天，天天工作，一天工作十二小时，说到做到"。从而为发掘和弘扬民族文化遗产作出了非凡的贡献，成为中国近代的一位杰出学者。

任中敏在戏曲方面的主要成就在于"唐"：《敦煌曲初探》、《敦煌曲校录》、《唐戏弄》、《唐声诗》、《隋唐五代燕乐杂言歌辞集》，故而自号"半塘"。

《唐戏弄》是继王国维《宋元戏曲考》后，专门研讨唐五代戏曲演进过程的著作。全书八章六十五节，除首章"总说"概述戏曲发展历史外，就辨体、剧录、伎艺、脚色、演员、设备等方面，详细论述唐戏已粗具戏曲表演艺术的初期形态，并追索和考证唐戏弄的脚本、戏台、音乐、化妆、服饰、道具等特征，从而提出"我国演故事之戏剧，固早始于汉，而盛于唐"，以及周有"戏礼"，汉迄隋有"戏象"，唐有"戏弄"，宋元以后有"戏曲"的主张，并认为不得单独割断宋元之戏剧与唐戏剧间必然之启承渊源。《唐戏弄》所展示的唐戏全貌为中国戏剧史研究开辟了新的起点，为此，日本汉学界盛赞"中国文化人类学方面贡献最大的任二北唐戏弄"。但"任中敏教授在《唐戏弄》一开头的'总说'中，即已声明：'此书所据者，仅零星资料而已。专凭此资料本身，每难成说，必赖有推测与理解以联缀之、弥缝之，系点为线，而面、而体。譬如仅得古陶碎片若干，试为拼合胶附，以求原器之具体轮廓，其间不免踏空逞臆之处，较之原器，即随在可以造成成错误也。'这是何等谦虚啊！然而也说明了该书纯属探讨性质。"

上世纪80年代末至90年代初，徐沁君协助任中敏指导了两届博士研究生，有博士生三人，王小盾、季国平、李昌集，他们在词曲学研究领域都颇有造诣。1993年，徐沁君又协助袁世硕指导了一届博士研究生，深得任先生和袁先生的敬重。他的学生刘祯、黄强、杨栋、许建中等人现已全部是教授，大多成为博士生导师，在教学、科研以及业务管理岗位上做出了较好的工作，取得了一定成绩。1999年，许建中继承李渔"结构第一"的戏曲理论，和徐沁君的《明清传奇研究》与曲律学研究，出版了

《明清传奇结构研究》。

　　徐沁君（1911－2001），原名瀛，江苏靖江人，扬州大学文学院（原扬州师范学院中文系）教授，著名的中国古典戏曲研究专家，中国古典戏曲学会理事。[1]徐沁君在1980年之前，主要整理出版了《新校元杂剧三十种》。他在曲学方面的贡献，在于对南北曲律完整、系统的整理和研究：完成了《元北曲谱简编》和《南曲曲谱简编》。前者收录于1990年上海辞书出版社《元曲鉴赏辞典》附录，这是由当代大陆学者完成的第一部北曲曲律学研究成果。后者与《元北曲谱简编》合编，收录于1997年浙江教育出版社出版的《中国曲学大辞典》，易名《曲牌》。这是国内当代学者首次对南曲曲律作出的系统整理。1983年，又参加王守泰先生主编的大型学术专著《昆曲曲牌及套数范例集》的编撰，任副主编之一。1994年上海文艺出版社出版《昆曲曲牌及套数范例集》（南套）卷，177万字；1997年学林出版社出版《昆曲曲牌及套数范例集》（北套）卷，150万字。此著把传统昆剧、昆曲的文学艺术结构概括为"集折体"、"联曲体"、"曲牌体"三体，文学艺术程式概括为"词式"、"乐式"、"套式"三式，艺术结构的组织原则总结为"以套为纲，依腔定套"；对昆曲曲词与声腔的结合关系及其规律，进行了深入、细致的分析，构建了较为完整的昆剧理论体系，立论全面、系统，方法科学、严谨，受到了汪海粟、俞琳、张庚、俞振飞、武俊达、苏昌辽、王季思、郭汉城、傅雪漪、陆萼庭等名家的高度评价。

　　曲律学研究作为曲学研究的重要组成部分，是对古典戏曲、散曲体制方面的基础研究。徐沁君认为，研究古典戏曲必先通晓曲律，而后才能进一步开展高层次的理论研究工作；如果不研究古典戏曲文献，不精通古典戏曲的文学形式，就无法、至少是很难接近古典戏曲。南北曲曲谱自清乾隆年间《九宫大成南北词宫谱》以后，近现代研究者已屈指可数。北曲研究除蔡莹的《元剧联套述例》（1933）等数种外，以台湾郑骞先生的《北曲新谱》（1973）和《北曲套式汇录详解》（1973）最为系统、细致。然仍或有缺憾，且郑先生不治南曲。南曲研究仅有王季烈先生的《螾庐曲谈》（1922）和许自衡的《曲律易知》（1922）等，对于南曲联套规律有所总结。兼治南北曲律的以吴梅先生的《南北词简谱》（1930）最为著名，影响最大。稍后周明泰《元明乐府套数举略》（1932）仅限散曲，不收剧曲。近半个世纪以来，我国大陆学者几乎没有人再研究曲律，兼治南北曲的专家更属凤毛麟角，难寻踪影。徐先生上

---

[1]据许建中《先师徐沁君先生传略》，参见《戏曲研究》第七十辑，文化艺术出版社，2006年6月，页313－318。

承吴梅先生的研究传统，同时又吸收了当代曲学研究的新成果，对南北曲曲律重新进行了系统整理和研究。广泛参考前代曲谱，大量归纳作品例曲；以历史发展的观点，援引大量作品为例证，考镜源流，重新校订定格，兼顾变格，说明异名、误题以及与词牌、诸宫调异同等情况；揭示首牌和次牌等组套方式、孤牌成套、构成集曲、是否与小令兼用等不同的曲牌特征；采用新式标点。这四个方面构成了徐先生的研究特色，是徐先生曲律学研究的独创性贡献，不仅具有方法论意义，而且为今天读者提供了具有可操作性的阅读平台。

　　郁念纯（1912—1997），宝应人。解放前于盐城中学一直讲授国文，解放后在扬州中学教数学。1953年起，随徐仲山老先生拍曲。工作之暇，拍曲之余，在扬州小东门外汤姓冷书肆购得清代昆曲曲谱抄本三十种。1965年7月，赵景深来扬州师院访问时曾与扬州市业余昆曲研究组一起拍曲，建议迅速付印以广流传。1988年暮春，江苏省戏曲学校王正来为编《中国戏曲音乐集成·江苏卷》收集资料来到扬州，住在郁念纯家中。问及昆曲资料，郁念纯方出示其所藏抄本三十种。经王正来鉴定，均为清康、乾、嘉、道、咸、同年间抄本，其中尤珍贵者为未刊之孤本及珍本。1990年，得到扬州师范学院暨徐沁君和王正来的全力支持，又承国内诸多艺术研究院所及曲友的解囊，才刊出《佚存曲谱》初集两册（未刊录的大部分系清工曲本），深为俞平伯、任中敏、赵景深等名家学者所重，文化部为之嘉奖。至于第二集，徐沁君曾向林鑫出示初步拟就的目录。郁念纯并将原件全部委托王正来捐赠省文化艺术研究所（张鑫基劝其赠送扬州市图书馆古籍部，郁念纯执意送交省文化艺术研究所）。扬州文化艺术研究室曾派吴铁铮教授专程去宁拍照，因王正来被唐建光、孟瑶删改稿件气得跳楼身亡而付诸东流。

　　因为郁念纯是扬州市文联昆曲研究组最年长的组员，去世六年后（2003年4月），张鑫基以"罗梦洛"的笔名，在《扬州昆讯》复刊后的第6期上撰文纪念他，并回答了蔡文锦等人对"郁念纯是教数学的，居然对古典文学有研究"的疑问——

　　　　殊不知，旧时的私塾是以文史和珠算为主的，新式学堂内的教员也大多是参加过晚清的科举考试的文人。例如，当时在宝应中学教郁念纯国文的教员，就是我们江都县（今扬州）仙女庙（今江都）的晚清举人严绍曾老先生（字贯公，号聘卿）。加之抗日战争时期，扬州中学兵分三处：西南、上海、里下河。郁家曾将扬州

209

中学的范耕砚老先生请至家中,为郁念纯教授先秦诸子和《说文解字》。现在苏大的芮和师与陶纫盒两位先生,当时曾附读于郁家。而今范耕砚之子范震已在台湾将其父之遗著悉数出版,取名《蕭砚斋丛书》。《说文授读》就在其中。正因为郁念纯先生国学根基深厚,故而后来执教于盐城中学时一直讲授国文。

国民党军队在淮海战场上失利后,盐城中学南迁。当时李铁凡等人在镇江曾与郁念纯先生相约,一起赴台湾或美国。郁念纯先生因家属太多,未能成行。否则不也和李铁凡先生一样,成为美国有名的汉学家吗?不仅郁念纯先生后来每每忆及此事就痛哭流涕,连我们闻者亦在旁为之扼腕叹息。

我也曾为其《佚存曲谱》写了两篇研究性的文章:《"扬昆"的演唱风格》,载《艺术百家》2000年第2期;《谈〈佚存曲谱〉》,载台湾《书目季刊》第三十四卷第四期,2001年3月16日出版。

1983年,郁念纯和徐沁君一起,被邀参与王守泰主编的《昆曲曲牌及套数范例集》的编写工作。1987年9月,郁念纯被《中国戏曲志·江苏卷》编辑部聘请,参加编撰和审稿工作。郁念纯还曾被徐沁君聘请为扬州昆曲研究班、扬州师院戏曲研究班教师。

五、扬剧王子李政成的昆曲情缘

李政成,1969年出生于梨园世家,母亲是扬州市扬剧团的主要演员李开敏——现为扬剧国家级传承人。1977年,因母亲在团内演《蝶恋花》,缺少毛岸英这个演员而被导演李竹邨发现,吸收进团。1981年进扬州地区文艺训练班,1985年训练班正式命名为戏校(三年中专),在京剧名家隗慧虎(艺名盖春楼,与厉慧良为师兄弟)的调教下,练就了一身扎实的武功,当了七年的"武状元"。1988年8月,毕业回团后,由于文戏居多,致使一贯成绩优异的"武状元"坐了冷板凳。1989年,无戏可唱的李政成选择了停薪留职,组织乐队当歌手,唱流行歌曲。正如隗慧虎当年对他所说:"只要有天赋,嗓音迟早会唱出来的。"他不仅靠"唱"赚了可观的钱,而且磨练了自己独特的扬剧唱腔。

1994年下半年,新团长陈卫找到了李政成,希望他能回团发展。1995年回团后,他接到的第一个角色是《狸猫换太子》的陈琳。高亢清脆的嗓音与细腻的表演,获得了大家的认可。2002年，为纪念史可法诞辰400周年，他主演了《史可法》，在表演和唱功上都有了质的飞跃。嗣后，对剧本和舞台表现进行了精心修改，2003年9月应上海天瞻舞台和东方电视台之邀，携该剧和一台新编排的扬剧折子戏赴上海演出，其中有一折昆曲《夜奔》为江苏省昆剧院柯军所授。同年12月，经江苏省戏剧家协会推荐，赴京申报梅花奖。2004年4月18日，扬州市人民政府和中国文联、中央电视台联合主办了宁启跌路开通、中国扬州"烟花三月"国际经贸旅游节开幕式暨第21届戏剧梅花奖颁奖《烟花三月下扬州》大型晚会，在新落成的扬州火车站广场隆重举行。李政成成为扬州戏剧界获梅花奖的第一人。

2008年，"扬州昆曲"入选扬州市首批非物质文化遗产名录，扬州市扬剧团理所当然地成了保护和传承的单位，李政成也理所当然地成了扬州昆曲的传承人。但由于没有专人来编排、导演，所以李政成坦陈："扬州昆剧团的牌子，一直没敢挂。"然而，作为人类非物质文化遗产的昆曲，在世界范围的影响要远远超过扬剧，所以，李政成把重点放在对剧团后备力量的培养上。他请来了多名昆曲名家，为扬州艺校扬剧班的学生们授课。如今，《扈家庄》、《下山》、《探庄》、《牡丹亭》等剧目已经唱得有模有样。李政成信心十足地说："再过两三年，当这帮孩子都出来的时候，扬州昆剧团的牌子就能挂出来了。"

扬州昆曲的新生，应该归功于党和政府的重视和大力扶植。2001年，中国昆曲成为世界非遗，忽如一夜春风来，千树万树桃花开。2001年8月，文化部首先在杭州举行"纪念'昆剧传习所'80周年暨周传瑛（90）、王传淞（95）诞辰"活动。2002年，江苏省昆剧院院长柯军专程来扬州联系恢复"扬昆"的具体事宜；并向李政成传授昆剧《夜奔》和《沉江》。后来，副院长李鸿良和黄小午也专程来扬州，向李政成传授昆剧《扫松》；李政成2003年在上海、北京恢复演出《夜奔》，并获得好评，宣告昆曲在扬州有了自己的传人。

这里值得一提的是，江泽民同志看了拙著《扬昆探微录》后极为高兴，2005年春回到扬州时，指示：成立剧团，恢复演出。海内外学术界经讨热烈的争论，意见也趋于一致：中国昆曲成为世界首批非遗之后，不是把它放进博物馆里陈列，而是要继续通过口头传承下去。尽管在这之前有江苏省昆剧团柯军等人对李政成的支持和培植，但如果没有江泽民同志的指示，单凭他的微博力量是不可能打开新生的局面、取得如此成果的。

江泽民同志的指示，引起扬州市委宣传部和文化局的重视。2007年，栾虹处长果断地要求扬州市扬剧团作为扬州昆曲的保护单位,对扬州昆曲进行市级申遗工作。希望李政成能沿着在上海、北京恢复演出《夜奔》这一步走下去,将昆剧与扬剧"风搅雪"、"两下锅",在推动扬剧吸收作为百戏之祖的昆剧的优秀传统,规范扬剧的手眼身步法及以字行腔,丰富扬剧的艺术表现力,丰富扬剧的唱腔和剧目的同时,创造性地恢复出"扬州昆曲"来。

2007年,李政成参与第三届巴黎中国戏曲节上演出的昆曲《白蛇传》,说明了中国戏曲界对昆曲在扬州有了自己的传人的承认。于是,扬州市政府要将"扬州昆曲"列为首批非遗,由扬州市扬剧团进行保护时,得到了专家们的力荐。如果没有江泽民同志"成立剧团,恢复演出"的明确指示,扬州在昆曲发展史上的地位,也永远只能是历史上的功绩;如果没这一明确指示,1991年刘厚生在上海对广陵昆曲学社负责人所提的希望——扬州的昆曲活动逐步恢复到《扬州画舫录》中记述的状况,只能成为一句空话。

附录一 "清曲"考[1]

2006年10月21日（星期六），《扬州晚报》B1版《绿杨风》栏目刊载了一篇《一曲黄莺儿　待唱六百载》。为什么要"待"到六百年以后再唱？这引起了我的兴趣。拜读以后，方知是作者故弄玄虚，有意将"传唱"写作"待唱"，以此来吸引读者的眼球。

可能有人没有注意到这篇文章，为免大家翻检之劳，现将其大意略述如下。这篇文章大致说了三个意思：

（一）李开敏所唱的【黄莺儿】，是（扬州）清曲大师王万青亲自传授的，【黄莺儿】是元代就已经流行的散曲，而《风·花·雪·月》这四首唱词则是明初朱权所作（这些曲词被后人收入《风月锦囊》一书，流落到西班牙，于上世纪末才得以披露），作者"曾将《风月锦囊》中的曲词与扬州清曲曲词列表对照，发现其中除个别字句和唱词排列上略有差异外，几乎如出一辙"，所以，一曲黄莺儿，原汁原味传唱了六百年。

（二）像【黄莺儿】《风·花·雪·月》那样在扬州清曲中原汁原味唱了几百年的还有……近百首，因此有人说，扬州清曲是明清俗曲的活化石，我们并不夸张。

---

[1] 2006年，《扬州清曲》三卷本出版时，有人因为拙著《扬昆探微录》中对扬州文化界中在研究扬州清曲中的错误有所论及，要我做一个详细的澄清。我撰写了《小唱考·清曲考·小曲考》一文，被扬州两家杂志分成三次刊登。因外地读者常将"扬州清曲"误当作"扬州昆曲"的清唱，故摘此第二部分作为附录。

（三）明人卓珂月"把明代俗曲与唐诗、宋词、元曲相提并论"，"可惜明代俗曲大多流传在口头上，留下的资料极少，所谓'我明一绝'，究竟表现在哪里，已无法听到"。

这篇文章，涉及到几个朝代的音乐名词：1.清曲，2.元代就已经流行的散曲，3.扬州清曲，4.明清俗曲。我在撰写《扬昆探微录》的过程中，由于要探究扬昆的形成过程，必得探究扬州昆曲与扬州地方演唱艺术——扬州小唱（扬州清曲）之间的相互关系，因而对不同历史时期的音乐进行了考证，故对其间的关系和区别有所了解。今不揣冒昧对该文所涉及到的几个音乐概念进行剖析，以就教于海内外方家，并供研究者参考。

"清曲"这一名称的由来

要谈"清曲"，先要从宋代的嘌唱和唱赚谈起，宋代的嘌唱和唱赚是艺术歌曲中的两种形式。嘌唱是在小词的演唱中进行了音乐上的变奏而形成的一种歌唱方法和由此产生的一种新的歌曲形式。唱赚这种唱曲形式，则是若干个曲调联结而成。如董解元《西厢记》中的"缠令"和后来昆曲的南曲中的"赚"。[1]

到了元代，元代流行的音乐是元曲——包括杂剧（戏曲）和它的余波散曲。为了与流传于南方的南戏所用的音乐相区别，人们把元曲称为"北曲"（南宋初年发展起来的南戏所用的音乐则称为"南曲"，和"北曲"不仅流传地域不同——以淮河为界，音韵和声腔也不同）。元曲又有小令和套数之分。杂剧里只有套数，没有小令。散曲里有小令，也有套数。

宋代的嘌唱、唱赚这两种唱曲形式，延续到元代以后，因为只唱散曲（嘌唱唱小令，唱赚唱套数），就被谓之"清唱"（杂剧装扮人物，表演故事，谓之"演唱"）。而散曲也就有了"清曲"这个别称，这是由清唱派生出来的——因其表演形式而得名。[2]这是"清曲"这一名称的由来。

---

[1] 杨荫浏《中国音乐史稿》（上），人民音乐出版社，2004年3月，页302—305。
[2] 杨荫浏《中国音乐史稿》（下），同上，页633。亦可参看《中国曲学大辞典》，浙江教育出版社，1997年12月版，页687。

明清"清曲"是昆曲的清唱

到了明代正德之前，南曲戏文吸收北曲杂剧的特点演变为"传奇"，且出现了各种腔调之间的竞争。魏良辅对昆山腔进行改革，"别为清曲"，南曲才有了"清工"（清唱）与"戏工"（演唱）、"清曲"与"传奇"之分。[1] 就散曲而言，从明初到昆腔勃兴之前，盛行北曲；昆腔勃兴之后，盛行南曲。[2] 后经梁辰鱼等人将新昆山腔运用到自己创作的剧本中去，使新昆山腔由拍曲的几案登上了剧坛，扩大了影响。故而，清曲（散曲）在明清文献中又和传奇并列。如张锜的《衡曲麈谈》，就曾这样说："传奇之曲，与散套异。传奇有答白，可以转换，而清曲则一线到底。传奇有介头，可以变调，而清曲则一韵到底。人第知传奇中有嬉、笑、怒、骂，而不知散曲中亦有离、合、悲、欢。"[3] 再经吴中曲家的张扬，"四方歌曲必宗吴门"[4]，于是，万历以后，昆腔成了传奇的标准唱腔。每年中秋节，苏州虎丘都举行盛大的曲会，清唱名家逞技角胜。[5]

"扬州清曲"这一名称的由来

清代前期，扬州民间就流传着一种"小唱"。唱者自操乐器，有时犹可见其沿街卖艺，或夏夜纳凉时自娱。它是在明代小曲和扬州小调的基础上，吸收江淮一带的俗曲民歌而成的一种地方曲种。成书于乾隆六十年的李斗《扬州画舫录》，对扬州当时处于极盛时期的昆曲（包括清唱和演唱）和扬州"小唱"（又叫"小曲"）都作了较为全面的记载。

"小曲"之所以谓之"小"，并不是指曲式的短小而言，而是与戏曲扮演相比较而言——指其表演形式比较简单——在清代，就把昆腔和弋阳腔这两种扮演戏曲故事的演唱称为大曲，而把民间流传的小调儿称为小曲（参见下引之康熙年间的刘廷玑《在园杂志》）。李斗的《扬州画舫录》，就有时把在扬州民间流传的小调儿称

---

[1] 魏良辅《曲律》，亦可参看《中国曲学大辞典》，页687。
[2] 任中敏《散曲概论》，亦可参看《中国曲学大辞典》，页5。
[3] 《中国古典戏曲论著集成》（四），中国戏剧出版社，1959年7月，页268。
[4] 明末徐树丕《识小录》卷四，转引自陆萼庭《昆剧演出史稿》，（台湾）"国家出版社"，2002年12月，页76。
[5] 参见明张岱《虎丘中秋夜》，载《陶庵梦忆》，上海古籍出版社，1982年12月，页46—47。

为"小曲"，有时称为"小唱"。而扬州人则习惯称为"扬州小唱"。

由于清代不准官吏在公开场合招妓女用酒，但准许招"雏伶"，于是康熙时京师称专以侑酒为主的"男宠"（男妓）为"小唱"。所以，"1940年，扬州一批小唱名家在扬州教场南首老龙泉茶社对外公演，为区别以往的小曲、小唱，正式挂牌'扬州清曲'"[1]。这是"扬州清曲"这一名称的由来。

同"名"不一定同"实"

《扬州曲艺志》是目前研究扬州曲艺最实事求是的著作，因而也是目前研究扬州清曲最具权威的著作。而有研究者仅仅因为字面的相同，忽视李斗在《扬州画舫录》中的历史记载，误将1940年才定名为"扬州清曲"的扬州小唱和明清文献中所述之"清曲"划上了等号，而套用明张錡《衡曲麈谈》中对传奇与散套（清曲）的论述，说"扬州清曲"当时"已不仅是只能短小的抒情清唱，而且具有表现人物故事的完整唱段了"[2]。

扬州清曲和明清"清曲"不仅不是同一个概念，而且也没有什么直接的关系。它们不仅音韵和声腔不同，伴奏的乐器也不相同。请看《扬州画舫录》的记载："清唱以笙、笛、鼓板、三弦为场面"，"清唱鼓板与戏曲异：戏曲紧，清唱缓"，悠扬顿挫，极尽其"雅"；"小唱以琵琶、弦子（林按：即三弦）、月琴、檀板合动而歌"。这是必须要弄清楚的，绝不能仅仅因为改了"清曲"这一名称就划上等号。

尤其令人感到震惊的是，有人竟把元代睢景臣的散曲《高祖还乡》也说成是"扬州清曲"。众所周知，王国维对元曲评价甚高，他在《宋元戏曲考·序》中，引扬州焦里堂《易余龠录》一书的话说："凡一代有一代之文学：楚之骚，汉之赋，六代之骈语，唐之诗，宋之词，元之曲，皆所谓一代之文学，而后世莫能继焉者也。"这样看来，被称为一代文学的元杂剧，岂不都是用"扬州清曲"演唱的吗？这一论断可谓惊世骇俗！

---

[1]《扬州曲艺志》，江苏文艺出版社，1993年12月版，页41。
[2]《扬州清曲·扬州清曲浅谈》，页5；《中国大百科全书·戏曲曲艺卷》，中国大百科全书出版社，1983年版，页529。

研究音乐应该依据曲谱而不是曲词

　　而《一曲黄莺儿　待唱六百载》的第一个意思，因为作者"曾将其（指扬州清曲大师王万青亲自传授给李开敏的【黄莺儿】的）唱词和明初朱权所作的《风·花·雪·月》曲词列表对照，发现其中除个别字句和排列上略有差异外，几乎如出一辙"，所以断定李开敏所唱的【黄莺儿】，就是元代已经流行的散曲【黄莺儿】，原汁原味传唱了六百年。这和把元代睢景臣的散曲《高祖还乡》说成是"扬州清曲"，可谓是异曲同工，都属无稽之谈。

　　其实，既然"个别字句和排列上略有差异"，就已经不是"原汁原味"了，何况研究音乐应该依据曲谱（旋律和节奏）而不是曲词的异同呢。众所周知，毛主席词《蝶恋花·答李淑一》就有两种不同的唱法。同样的曲词可以唱出不同的曲调：可以唱成越剧，也可以唱成扬剧、粤剧、豫剧、京剧；可以唱成评弹，也可以唱成大鼓。我们总不能仅仅因为曲词的相同或相近，就说它的曲调（旋律和节奏）也相同，"原汁原味唱了几百年"。如果单从【黄莺儿】这一名称看，不仅扬州小唱（扬州清曲）中有（如李开敏所唱），北曲（元曲）中有（如明初朱权所作），而且还有人研究出北曲和南曲中的【黄莺儿】都是源自宋词和诸宫调中的【黄莺儿】，[1]你能说它们都唱得一模一样吗？如果说它的渊源，不仅可以上推至元，还可以上推至宋；但绝不能划上等号，说它"原汁原味唱了几百年"。搞学术研究者，不可不辨真伪，不去深究缘由，否则，你辛辛苦苦研究了几十年，写了几十篇文章，印了一大堆书，头发都忙白了，自以为是新发现，结果却因为研究的方法不对头，证据靠不住，一切都付诸东流。

原载《扬州史志》2006年第四期

---

[1]《王国维戏曲论文集·宋元戏曲考》，页57、96；李昌吉《中国古代散曲史》，华东师范大学出版社，1991年8月版，页12。

附录二　扬州昆曲研究资料索引

一、专　著

《中国古典戏曲论著集成》　中国戏剧出版社，1959年7月–1960年1月

《扬州画舫录》　［清］李斗，中华书局，1960年4月

《中国戏曲通史》　张庚、郭汉城主编，中国戏剧出版社，1980年4月

《扬州曲艺志》　江苏文艺出版社，1993年12月版

《江苏戏曲志·扬州卷》　江苏文艺出版社，1997年12月

《明清传奇史》　郭英德，江苏古籍出版社，1999年8月

《昆剧演出史稿》（修订本）　陆萼庭，（台湾）"国家出版社"，2002年12月

《扬昆探微录》　林鑫，中国戏剧出版社，2004年10月

《江苏特色文化丛书》　苏州大学出版社，2006年12月

《扬州曲话》　林鑫，陕西人民出版社，2007年12月、2008年9月

二、期　刊

《两淮盐业与明清扬州城市文化》　王振忠，《盐业史研究·第三期》，四川，自贡市盐业历史博物馆，1995年

《扬州昆曲考证》　林鑫,《扬州职业大学学报》1999年3月

《"扬昆"的演唱风格》　林鑫,《艺术百家》2000年2月

《扬昆简论》　林鑫,《扬州大学学报》(人文社会科学版)2000年7月

《谈〈佚存曲谱〉》　林鑫,台湾《书目季刊》2001年3月

《〈扬州昆曲大事记〉注》　林鑫,《扬州社会科学》2003年3月

《扬州剧坛对昆曲的贡献》　林鑫,《扬州社会科学》2003年3、4合刊12月

《昆剧中的扬州白》　林鑫,《上海戏剧》2006年第4期

《"康乾盛世"的扬州昆曲》　林鑫,《中国昆曲论坛2005》,苏州大学出版社,2006年6月

《昆剧"亦当与世迁移"》　林鑫,《中国昆曲论坛2006》,古吴轩出版社,2007年7月

《扬昆形成的时代背景》　林鑫,《扬州史志》2006年第3期9月

《"小唱"考》　林鑫,《扬州社会科学》2006年第四期12月

《"扬州清曲"与元散曲、明清清曲、明清俗曲的区别》(上下)　林鑫,《扬州史志》2006年12月、2007年3月

《扬州昆曲与京剧》　林鑫,《中国昆曲论坛2008》,古吴轩出版社,2009年6月

后　记

　　拙著《扬昆探微录》深受学术界的抬爱之后，扬州市政府已根据《扬昆探微录》中的资料将"扬州昆曲"列为首批非物质文化遗产，且有具体的保护单位在恢复演出；一些原先误以为我考证扬州在昆曲发展史上的地位是和他们抢着出风头的曲友，现在也纷纷以传人自居。

　　在这里，我要衷心感谢我的老师李夜光暨常振江教授（当时在扬州师院编辑学报），使我步入了学术的殿堂；感谢孙昕校长要我在讲授古典文学和古代汉语两门课的同时，和朱捷、陈午楼一起，分别在校内开设戏曲、小说、美学三门选修课，使我有机会对"扬州昆曲"这一历史阶段的存在，从各个不同的侧面先行辨证考究；感谢蔡德荣书记再三再四地要我将这些研究成果发表出来，以就教于海内外方家；感谢孙映江校长和周胜校长对我的勉励，深怕我获得教授资格之后马放南山、刀枪入库；感谢市委有关领导、市人大、市社科联、市文广新局、市文联、市档案局等新老领导对我的一再关怀，感谢王永健、王秋桂、许建中、刘存南、朱国芳、朱复、吴敢、沈世华、李坦、张澄国、周秦、林继凡、高福民、夏莉莉、顾聆森、褚铭和一些不愿署名的师友的支持。尽管也有个别年轻朋友对一些早经学术界定评的史实提出异议，足见他们对我还是关爱的，在此一并表示感谢。

　　近几年来，市有关领导曾多次批评我对扬州昆曲宣传不力："你研究扬州昆曲一辈子了，发现扬州昆曲不仅形成了近代昆剧的艺术特色，而且最后形成了京剧，为什么不继续宣传宣传。"感谢中国戏曲学院戏文系主任、博士生导师谢柏梁教授前来约稿,给予我再次宣传扬州昆曲的机会。于是,我不顾自己才疏学浅,勉为其难地写成。

　　书稿写成后,我请李坦兄赐序。李坦兄说:"现在许建中做文学院院长了,这个序应当由他来写。因为写的是戏曲,你最好再请一个搞戏曲的写个序。"于是,在给扬州大学文学院许建中院长送去书稿的同时,也给中国戏曲学院钮骠副院长寄去书稿。钮骠副院长事务繁忙,又恰逢搬家,然亦拨冗为此书作序,谨在此表示深深的谢意。

　　感谢扬州大学文学院许建中院长和中国戏曲学院钮骠院长赐序,感谢上海古籍出版社为此书的出版做了大量的工作。

林探微

2011年10月24日

书于不舍斋

后
记

图书在版编目（CIP）数据

　烟花三月：扬州昆曲人物评传 / 林鑫，林喆著. —
上海：上海古籍出版社，2012.1
　（中国京昆艺术家传记丛书）
　ISBN 978-7-5325-6173-5

　I.①烟… Ⅱ.①林… ②林… Ⅲ.①昆曲—艺术家—评
传—扬州市 Ⅳ.①K825.78

　中国版本图书馆CIP数据核字（2011）第244314号

中国京昆艺术家传记丛书
烟花三月
——扬州昆曲人物评传
林鑫　林喆　著

上海世纪出版股份有限公司
上　海　古　籍　出　版　社　出版发行
（上海瑞金二路272号　邮政编码200020）
（1）网址：www.guji.com.cn
（2）E-mail:guji@guji.com.cn
（3）易文网网址：www.ewen.cc

上海世纪出版股份有限公司发行中心发行经销
上海丽佳制版印刷有限公司印刷
开本787×1092　1/18　印张$14\frac{6}{18}$　字数 250,000
2012年1月第1版　2012年1月第1次印刷
印数　1—1,800
ISBN 978-7-5325-6173-5/J·381
定价：38.00元

如有质量问题，读者可向工厂调换